dtv

W0087006

Die rechtsextreme Bewegung in Deutschland ist vielschichtig geworden. Ihre Strategen rekrutieren Nachwuchs, Mitläufer und Wähler durch Musik, ständige Präsenz auf den Straßen und soziale Themen. Die NPD fungiert als parlamentarischer Arm: Durch die Wahlerfolge in ostdeutschen Bundesländern verfügt die völkische Partei über einen professionellen, durch öffentliche Gelder finanzierten, Parteiapparat. Die »Freien Kameradschaften« und andere Neonazis bilden die aktionsorientierte Basis. Patrick Gensing untersucht seit Jahren das Phänomen Rechtsextremismus und berichtet darüber in diversen Medien. Er beleuchtet hier, wie die Rechtsextremen agieren, und er zeigt, was die Gesellschaft und die demokratischen Parteien gegen deren Erstarken tun können.

Patrick Gensing, Jahrgang 1974, arbeitet als freier Journalist unter anderem für *tagesschau.de* und *Panorama*. Seit Dezember 2005 betreibt der Autor das Internet-Projekt *NPD-blog.info*, das die rechtsextreme Bewegung in Deutschland und Europa beobachtet. Die Seite war für den Grimme Online Award 2007 nominiert. Zudem war Gensing für den »Goldenen Prometheus« in der Kategorie »Online-Journalist des Jahres 2008« nominiert, für das Internet-Projekt *Störungsmelder* wurde er als Autor mit dem »Grimme Online Award 2008« ausgezeichnet.

Patrick Gensing

ANGRIFF VON
RECHTS

Die Strategien der Neonazis –
und was man dagegen tun kann

Deutscher Taschenbuch Verlag

*Alle Zitate werden im Originalwortlaut wiedergegeben,
Rechtschreibung und orthografische Fehler wurden nicht
korrigiert.*

Originalausgabe
Juli 2009
© Patrick Gensing 2009
© Deutscher Taschenbuch Verlag GmbH & Co. KG,
München
www.dtv.de
Sämtliche, auch auszugsweise Verwertungen bleiben vorbehalten.
Dieses Werk wurde vermittelt von Piper & Poppenhusen GbR,
Literarische Agentur, Herrn Dr. Ernst Piper, Lindenthaler Allee 6, 14163 Berlin
Umschlagkonzept: Balk & Brumshagen
Satz: Greiner & Reichel, Köln
Gesetzt aus der Minon 10/12˙
Druck und Bindung: Druckerei C. H. Beck, Nördlingen
Gedruckt auf säurefreiem, chlorfrei gebleichtem Papier
Printed in Germany · ISBN 978-3-423-34551-4

Inhalt

Einleitung

Ein stürmischer Novembertag in der Hauptstadt von Mecklenburg-Vorpommern, der Wind peitscht über den See neben dem prunkvollen Schweriner Schloss, darin tagt der Landtag. Eine umfangreiche Tagesordnung steht an, von 09.00 Uhr bis 00.55 Uhr soll beraten, debattiert, entschieden werden. Ganz rechts außen – an den Fensterplätzen – sitzt die NPD-Fraktion aufgereiht hintereinander: Udo Pastörs, Stefan Köster, Tino Müller, Michael Andrejewski, Raimund Borrmann und Birger Lüssow. Einige Meter dahinter, sozusagen als Puffer zu den Journalisten, beobachten Peter Marx und Andreas Molau die Sitzung. Sie sind bzw. waren die Strategen der NPD; wie Teamchef und Trainer beim Fußball analysieren sie das Geschehen, Ideen scheinen sie aber nicht zu haben, wie man die Aufmerksamkeit auf die NPD-Fraktion lenken könnte. Der»Kampf um die Parlamente« gestaltet sich zäh – und wenig aufregend. Lüssow, der aus der regionalen Neonazi-Szene kommt, wippt dennoch nervös mit dem Fuß, sein Redebeitrag bei der Aussprache anlässlich des »Berichts der Expertenkommission Zukunft der Erziehung und Bildung unter Berücksichtigung des lebenslangen Lernens in Mecklenburg-Vorpommern« steht offenbar bevor. Schon mehrmals hatten NPD-Abgeordnete für Lacher in der Öffentlichkeit gesorgt, weil sie sich verhaspelten oder halbe Wörter verschluckten und insgesamt im Umgang mit Medien und anderen Abgeordneten einen äußerst unprofessionellen Eindruck machten. Etwas unentschlossen steht Lüssow auf, geht zu Pressesprecher Molau, wechselt einige Worte mit ihm, um die Zeit zu überbrücken. Der laufenden Debatte über die Bildungspolitik schenkt Lüssow kaum Aufmerksamkeit – obwohl er genau zu diesem Thema sprechen wird.

Dann sein Auftritt, nur wenige Minuten lang, dennoch hechelt sich der Landtagsabgeordnete mit der Figur eines Gerüstbauers und der Frisur eines GI durch seinen Text. Bei einigen Wörtern mit drei oder mehr Silben nuschelt Lüssow bedenklich. Die Abgeordneten der demokratischen Fraktionen kennen dieses Schauspiel bereits, doch gewöhnen können sie sich offenbar nicht ganz daran. Einige schauen böse zu Molau und Marx, den braunen Strippenziehern, so als ob deren Worte aus dem Munde Lüssows ihren Weg in den Plenarsaal fänden. Die gewohnte Generalabrechnung der NPD:»Uns trennt das Menschenbild«, verkündet Lüssow, der in seinem dunklen Anzug auch ein Personenschützer sein könnte.»Wir Nationalen lehnen den Gleichheitsgedanken ab.«

Pastörs, Einpeitscher der Fraktion, sozusagen der Kapitän auf dem Spielfeld, haut mit der flachen Hand auf sein Pult, um Begeisterung zu signalisieren. Der Fraktionschef redet immer wieder motivierend auf seine Mitstreiter ein, Lüssow hält sich derweil nicht mit Details zum Expertenbericht zur Bildungspolitik auf, wirft den Experten stattdessen vor, sie wollten»Stasi-Akten« über Kinder anlegen, die herrschende Politik sei ein»bildungspolitischer Mastbetrieb« der Wirtschaft mit dem Ziel der Gleichschaltung. Statt immer wieder Lernmethoden und -erfolge zu beobachten und zu dokumentieren sollte man sich mit»den Kindern beschäftigen«, so der fachlich wenig fundiert wirkende NPD-Beitrag zu der Debatte. Zwischenrufer weisen bei dieser Gelegenheit auf die neonazistische HDJ hin, in der Rechtsextremisten Kinder militärisch drillen, über Verbindungen zwischen HDJ und NPD-Fraktion ist immer wieder berichtet worden. Doch Lüssow legt weiter nach: Die NPD bekenne sich zur Ungleichheit der Menschen, ein Volk brauche Hand- und Kopfwerker. Dann mokiert Lüssow sich noch über die fehlende Qualität bei vielen Abiturienten und propagiert ganz im Sinne der Ungleichheit die Förderung von Eliten.

Dann ist der Spuk plötzlich vorbei, Lüssow verlässt fluchtartig das Rednerpult und schreitet die Reihe seiner Fraktionskameraden ab, sucht den Blickkontakt, doch aufmunternde Worte fallen nicht. Auch Fraktionsgeneralsekretär Marx schaut nur zu

Boden. Lüssow wirkt wenig zufrieden mit seinem Auftritt, lässt sich in seinen Abgeordnetensessel fallen. Eine Rednerin der CDU geht stellvertretend für die demokratischen Fraktionen kurz auf die NPD-Tiraden ein:»Ich denke, ich spreche für alle demokratischen Fraktionen, wenn ich sage: Ja, wir haben ein anderes Menschenbild als die NPD.«In der Tat.

Theorie: Rechtsextreme Ideologie

1. Was will die NPD eigentlich?

Für uns ist das kein Holocaust-Gedenkmal, sondern wir bedanken uns dafür, dass man uns dort jetzt schon die Fundamente der neuen deutschen Reichskanzlei geschaffen hat.

(Udo Voigt im April 2004)

Das Reich ist unser Ziel und die NPD ist unser Weg.

(Udo Voigt im März 2000)

Viel wird über die NPD berichtet – über Aufmärsche, Straftaten ihrer Funktionäre und Provokationen im Parlament. Wenig wird die Ideologie dahinter thematisiert. Wie Außerirdische kommen die Neonazis daher,»Ewiggestrige«, die es zu verdammen gilt. Warum eigentlich? Warum gibt es Jahrzehnte nach Auschwitz noch Neonazis? Was sagt das über unsere Gesellschaft aus? Und: Was will diese NPD eigentlich? Was steckt hinter ihren gezielten Provokationen, hinter den verschiedenen Aktionsformen der Partei und ihrer Verbündeten? Ein Blick in das aktuelle und noch gültige Parteiprogramm gibt Aufschluss.

Es stammt aus dem Jahr 1996, eigentlich wollte die NPD sich bereits längst ein neues verpasst haben; es blieb bislang – wie so oft bei dieser Partei – bei der Ankündigung. Das Programm umfasst 15 Punkte, welche insgesamt gerade einmal ebenso viele knapp bedruckte Seiten füllen. Dies reicht aber aus, um zu demonstrieren: Die NPD kann mit dem Begriff »völkisch« am treffendsten beschrieben werden. Das Volk ist demnach alles: die einzelne Person, die Natur, die Wirtschaft, die Bildung – alles soll nur dem Ganzen, eben dem Volk, dienen. Eine Zwangsgemeinschaft, die bei der NPD durch »schicksalhafte Abstammung«, Kultur und »Volkstum« definiert wird – und die über sämtlichen Einzel- und Gruppeninteressen steht.

In den einleitenden »Grundgedanken« ihres Programms konstruiert die NPD einen unüberwindbaren Gegensatz zwischen

»dem Volk« und »den Mächtigen«, ein zutiefst antidemokratischer Leitgedanke: Das Volk – entmündigt und dumm gehalten von einer kleinen, korrupten Clique, die von ausländischen Mächten gelenkt wird. Durch diese Darstellung soll das demokratische Modell westlicher Prägung diskreditiert werden. Die Möglichkeiten zur politischen Mitgestaltung werden komplett ausgeblendet – dabei bedienen sich die Rechtsextremisten dieser selbst überall, jedoch nicht, um konstruktiv mitzuarbeiten, sondern um das System »abzuwickeln«.

Gleichzeitig spielt sich die radikale und extreme Rechte, aber nicht nur die, gerne als Opfer von angeblich übermächtigen linken Politkartellen, Denkverboten und Maulkörben auf. Diese Selbstinszenierung zieht sich bereits über viele Jahrzehnte hin, ungeachtet der Tatsache, dass seit dem Zweiten Weltkrieg in der Bundesrepublik mitnichten linke Regierungen sonderlich oft am Ruder gewesen wären. Und in Zeiten des Internets mit unendlich vielen Möglichkeiten, sich zu informieren und auch eigene Inhalte zu präsentieren, erscheint die Mär von Zensur und Meinungsunterdrückung besonders lächerlich. Die Informationsfülle trägt allerdings nicht unbedingt zu mehr Rationalität in der Bevölkerung bei – im Gegenteil: die Unübersichtlichkeit lässt den Wunsch nach Übersichtlichkeit weiter gedeihen, immer neue Verschwörungstheorien sind die Folge, viele Menschen suchen offenbar nach einfachen Antworten auf komplizierte Fragen. Verschwörungstheorien werden in rasender Geschwindigkeit durch das Internet verbreitet, digitale Dolchstoßlegenden sozusagen.

Das Reizvolle an diesen Konstrukten: Persönliche Mitverantwortung gibt es nicht, sämtliche Probleme der Welt können auf »die da oben« oder geheimnisvolle Mächte geschoben werden. Bei den Völkischen ist ohnehin fast nie vom Einzelnen oder von Individuen die Rede – am allerwenigsten, wenn es um Freiheiten geht –, nur dann, wenn es die Pflichten am Volk betrifft. So soll jeder die Aufgabe zum Wohle der Zwangsgemeinschaft erfüllen, die seiner angeblich angeborenen Begabung entspricht.

In der Idealvorstellung der NPD bekommen die deutschen Frauen natürlich Kinder und kümmern sich um die Familie und den Haushalt, Bauern sorgen für gesundes Getreide, aus dem die Hausfrauen oder kleine Bäckereien das deutsche Brot backen. Die deutschen Bauern sind der »Nährstand« des Volkes, der gute deutsche Unternehmer schafft Arbeitsplätze und entlohnt seine fleißigen deutschen Mitarbeiter gerecht. Eliten treiben die wissenschaftliche Entwicklung voran, allerdings in eng abgesteckten Grenzen. Wie die Geisteswissenschaft in einem NPD-Staat aussehen würde, liegt nahe, denn die Völkischen geben sich auch im 21. Jahrhundert weiterhin antimodern, lehnen »Aufklärungsutopien« ab. Nicht umsonst fischen auch viele Esoteriker gerne in den trüben Gewässern, an deren Ufern Argumente im braunen Morast versinken und die Mythologie seltsame Blüten treibt.

In der Weltsicht der NPD ist das Volk ein lebendiger Organismus, der gesund, krank, kräftig, schwach, verwurzelt, entwurzelt oder wehrhaft sein kann – und genau wie das deutsche Volk als Ganzes leben soll, kann es auch sterben, erdrosselt, erdolcht oder verseucht werden durch die Feinde, welche die Völkischen überall wittern. Überhaupt formulieren die NPD-Strategen äußerst martialisch und demonstrieren so ihre Denkweise: Bereits in den einleitenden Sätzen der »Grundgedanken« werden »multiethische Exzesse« beschworen, denen »das deutsche Volk ausgesetzt« sei. Passender könnte die Bezeichnung »Grundgedanke« nicht sein, denn die Überbetonung von vermeintlichen Feinden, der Wahn, einen ständigen Überlebenskampf führen zu müssen, gehört tatsächlich zu den wichtigsten und am festesten verankerten Betonpfeilern des rechtsextremen Gedankenbunkers, an dem Argumente und Fakten abprallen. Je geschlossener das Weltbild, desto undurchdringlicher wird dieser Betonsarg – um in dieser militärischen Sprache zu bleiben. Alles Fremde wird konsequent als Bedrohung gesehen, maximal als Verbündeter gegen andere Feinde. Das Schüren von Ängsten sowie apokalyptischen Endzeitvisionen gehört zur Paradedisziplin der NPD.

Mit dem ersten Satz ihres Programms legt die NPD den Blick auf das Fundament ihres Gedankenbunkers frei: »Volkstum und Kultur sind die Grundlagen für die Würde des Menschen.« Bereits in der NS-Zeit spielte das »Volkstum« eine gewichtige Rolle, wurde als Gegensatz zur Vielfalt propagiert. Und zuvor war es von ultrakonservativen bis reaktionären Kräften immer wieder als Gegensatz zu den universellen Menschenrechten strapaziert worden. Was genau zum Volkstum gehört – und vor allem was nicht –, lässt sich kaum definieren. Zumeist geht es um Kultur aus dem einfachen Volk, Begriffe wie »ehrlich«, »natürlich« und »bodenständig« qualifizieren Volkstum gegenüber »dekadenter«, »abartiger« oder »kranker« Kunst. Bereits in der Weimarer Republik setzten die Völkischen auf das »Volkstum«, um – ähnlich wie heutzutage – der Komplexität der industriellen Massengesellschaft zu begegnen. Was damals die Industrialisierung war, ist heute der gesellschaftliche und wirtschaftliche Wandel durch die fortschreitende Globalisierung. Dabei stellt die wirtschaftliche Globalisierung gar nicht die größte Gefahr für die NPDler dar, als weitaus schlimmer empfinden die Völkischen kulturelle Weiterentwicklungen. So, als ob es jemals »die« deutsche Kultur gegeben hätte. Der Migrationsforscher Klaus J. Bade meint dazu in einem Interview mit dem Autor:

Kultur ist kein Zustand, sondern ein Prozeß. Darin findet jede Zeit ihre eigene Form. Man muss also immer genau hinsehen, was zu welcher Zeit unter »Kultur«, »deutsch« und »Volk« verstanden wurde. Die deutsche Kultur wie das deutsche Volk sind Ergebnis der verschiedensten kulturellen Einflüsse in einem Kulturaustausch, aus dem Europa als Kulturregion hervorgegangen ist. Durch Zuwanderung geprägte Zeiten hat es dabei immer wieder gegeben – und viele dieser Zeiten kannten die Angst vor der damit verbundenen Veränderung und die Idealisierung erträumter vergangener Zustände. Die aber waren in Wirklichkeit meist nur ersehnte Traumbilder im Gegenentwurf zu einer schwarz in schwarz gemalten Gegenwart und gefürchteten Zukunft. Wenn aber diese Zukunft später erlebte Gegenwart geworden war und andere Wanderungsbewegungen ins Land kamen, dann erschienen die seinerzeit beklagten, inzwischen Geschichte gewordenen Migrations- und Integrationsprobleme oft in harmonischen Farben als neue Gegenbilder zu den dann wieder als viel düsterer erlebten Migrations- und Integrationsverhältnissen. Solche Erfahrungswechsel kennen die meisten Einwanderungsländer.

Die NPD führt immer wieder den Begriff Kultur an – dieser klingt harmlos und ist positiv besetzt. Was sich genau dahinter verbirgt, vermögen Rechtsextremisten allerdings kaum zu benennen. Auf Nachfragen werden zumeist Sprache, Essen, Gewohnheiten genannt. Welche Speisen, Moden und Musikrichtungen denn nun aber deutsch seien, das können Rechtsextremisten kaum benennen. Auch auf große Denker beziehen sich Rechtsextremisten gerne, was die allerdings von dem Lob solcher Kleingeister halten würde, sei dahingestellt. Klaus Bade meint zu dem Kulturbegriff der Völkischen:

Die Rede von der »tausendjährigen deutschen Kultur« ist eine völkische Fiktion. Wer sie im Munde führt, sollte sich doch mal »zurückbeamen« um 1000 Jahre – er würde dann im Zeitalter der Kreuzzüge landen und sicher wenig Spuren von dem finden, was er heute unter »deutscher Kultur« versteht. Und auch das »Heilige Römische Reich deutscher Nation«, von dem seit dem 15. Jahrhundert gesprochen wurde, hat mit der im 19. Jahrhundert vor der Reichsgründung ersatzweise viel besungenen deutschen Nation, mit dem erst 1871 geschaffenen deutschen Nationalstaat und mit dem Staatsvolk in seinen Grenzen ebenso wenig zu tun wie mit dem deutschen Volk in der Bundesrepublik Deutschland heute.

Der Kulturbegriff stellt ein tragendes Element des rechtsextremen Ideologie-Konstrukts dar. Viele Rechtsextremisten definieren den Menschen über die kulturellen Eigenarten, andere ausschließlich über dessen Abstammung; doch auch die Frage, ab der wievielten Generation jemand Deutscher sei, können Völkische nicht beantworten. Sind die Hugenotten, die im 17. Jahrhundert nach Brandenburg-Preußen und in andere deutsche Länder flüchteten, für die NPD Deutsche? Wenn ja – warum? Wenn nein, warum nicht? Fragen über Fragen, Migrationsforscher Klaus Bade beschreibt das Phänomen so:

Migration und Integration prägen die europäische Geschichte seit ihren Anfängen. Heute stehen sie aus aktuellen Gründen im Mittelpunkt öffentlicher Aufmerksamkeit. Viele Europäer halten die neuen Herausforderungen für eine historische Ausnahmesituation. Sie irren. Wanderungsbewegungen waren seit jeher Teil der europäischen Geschichte. Viele, die sich gegenwärtig über die Integration von Fremden sorgen, wissen nicht, dass sie selber ferne Nachfahren von Zuwanderern sind.

Die NPDler als ferne oder weniger ferne Nachfahren – dem Parteimitglied Michael Andrejewski wird in Neonazi-Kreisen schon mal gerne sein »undeutscher« Name vorgehalten – stellen also mit dem ersten Satz »Volkstum und Kultur sind die Grundlagen für die Würde des Menschen« in ihrem Grundsatzprogramm deutlich und öffentlich fest: Die Würde des Menschen ist für sie keineswegs unantastbar, es gibt sogar bestimmte Voraussetzungen und Bedingungen: Grundlage seien »Kultur und Volkstum«. Ohne diese – äußerst schwammigen – Begriffe keine Würde, und somit auch nur eingeschränkte oder gleich gar keine Rechte.

Bereits mit diesem Satz legt die NPD die Basis für eine Willkürherrschaft. Einzelne Personen, die nicht der Norm entsprechen, können nach Belieben ausgeschlossen werden. Denn ob die NPD zum Beispiel eine Elektropunk-Band, deren Mitglieder bei Konzerten in Strapsen auftreten, als volkstümlich einstufen würde, darf wohl zumindest angezweifelt werden. Was mit Leuten passiert, die nicht zur Volksgemeinschaft gehören oder ihr nicht genug dienen – und somit zu Feinden werden –, kann in Geschichtsbüchern nachgelesen werden.

Damit stellt sich die NPD selbst ins Abseits, sie erkennt die elementaren Grundsätze des menschlichen Zusammenlebens nicht an. Die Rechtsextremisten sind es nicht, die willkürlich ausgestoßen werden, sondern dadurch, dass sie nicht den elementarsten Vereinbarungen folgen, isolieren sie sich selbst. Denn in der Menschenrechts-Charta der Vereinten Nationen heißt es in Artikel 1:

Alle Menschen sind frei und gleich an Würde und Rechten geboren. Sie sind mit Vernunft und Gewissen begabt und sollen einander im Geist der Brüderlichkeit begegnen.

Und das Grundgesetz der Bundesrepublik Deutschland beginnt folgendermaßen:

Die Grundrechte

Artikel 1
(1) Die Würde des Menschen ist unantastbar. Sie zu achten und zu schützen ist Verpflichtung aller staatlichen Gewalt.

Allen Menschen im Geist der Brüderlichkeit begegnen? In der NPD-Welt zählen Ideale wie Freiheit, Gleichheit, Brüderlichkeit nicht, die rechtsextreme Partei eröffnet in ihrem Grundsatzprogramm lieber den ideologischen Kampf gegen »200 Jahre Aufklärung«, für das »schicksalhafte« Kollektiv, gegen das Individuum. Die größten Schlachtfelder der Völkischen: Volk gegen Gesellschaft, Volkstum und deutsche Kultur gegen Materialismus, »deutsche Eigenarten« gegen multikulturell, »gutwillige Nationen« gegen »imperialistische und gleichmacherische Kräfte«, Gemeinschaft gegen Selbstverwirklichung sowie »schrankenlosen Egoismus«.

Wer nun denkt, etwas mehr Gemeinsinn könnte der Gesellschaft wohl kaum schaden: Der Gemeinschaft in einem NPD-Staat kann niemand entrinnen, sie ist erzwungen. Wünsche,

Pläne und Willen des Einzelnen diffamiert die NPD als »schrankenlosen Egoismus«. Wer sich aus der Volksgemeinschaft herausnimmt, da er die gesetzten Normen nicht erfüllen kann oder will, wird zum Feind. Dies gilt beispielsweise auch für Frauen, die eine Abtreibung vornehmen lassen. Das will die NPD verbieten; dabei geht es aber nicht um die Würde und den Wert des einzelnen Menschen, sondern ausschließlich um den biologischen Fortbestand des Volks, des deutschen Volks. Besonders deutlich wurde dieses Denken im Herbst 2008 in Bayern, wo die »Freien Nationalisten München« dazu aufriefen, eine Kundgebung der Organisation »EuroProLife« zu unterstützen. Der ehemalige Vorsitzende der NPD-Nachwuchsorganisation Junge Nationaldemokraten (JN), Philipp Hasselbach, lieferte ein Lehrstück der völkischen Argumentation, das die Ideologie der Ungleichwertigkeit genau darlegt:

Eine grauenvolle Tatsache ist es jedoch, daß jeden Tag ungefähr 1000 Kinder in der Bundesrepublik abgetrieben werden – 1000 Kinder, denen man die Chance auf ein Leben bereits im Mutterleib nimmt. Eine erschreckende Zahl, da dies einmal mehr zur negativen demografischen Entwicklung in unserem Land beiträgt. Währenddessen läßt sich seit Jahren die Gebärfreudigkeit gerade ausländischer Familien feststellen. Nichtdeutscher Nachwuchs welcher – gefördert durch das herrschende System – in manchen Alterskategorien bereits den Löwenanteil bildet. In Zeiten zunehmender Homosexualisierung und Familienfeindlichkeit von Seiten der etablierten Politik steht damit unserem Land insgesamt eine katastrophale Zukunft bevor. Abtreibung ist durch fast nichts zu rechtfertigen, denn Familien sind die Keimzelle des Volkes aus der Kinder hervorgehen, die eines Tages unser Werk für ihre Nachkommen weiterführen und entwickeln sollen. Ein souveräner Staat muß daher dem Schwangerschaftsabbruch einen deutlichen Riegel vorschieben und insbesondere wirtschaftliche Absicherung bieten.

Noch nicht einmal die Zahlen, die Hasselbach aufführt, stimmen, denn seit Jahren geht die Anzahl der Schwangerschaftsabbrüche in der Bundesrepublik zurück. Nach Angaben des Statistischen Bundesamtes wurden im Jahr 2007 116 871 Schwangerschaftsabbrüche gemeldet, ein Rückgang um 2,4 Prozent gegenüber dem Vorjahr – und nicht mehr als 350 000, wie Hasselbach ohne Quellenangabe behauptet. Auch die Zahl der Abtreibungen bei Unter-18-Jährigen ging übrigens erneut zurück – und zwar um sechs Prozent. Seit 1996, dem ersten Jahr nach Einführung der Fristenregelung, lag die Zahl noch nie so niedrig. Die von Gegnern der Fristenregelung prophezeite massive Zunahme ist nicht eingetreten. Vielmehr ist die Zahl gegenüber den 1980er Jahren deutlich gesunken – dank besserer Verhütung und Aufklärung. Der Autor machte die »Lebensschützer« auf die öffentlich geäußerten Absichten der Neonazis aufmerksam. In einem Antwortschreiben schrieb eine Vertreterin von EuroProLife dazu:

EuroProLife ist eine reine Gebetsvereinigung, die in keiner Weise politisch aktiv ist. Wir möchten betonen, dass wir unsere Veranstaltung als Gebetsprozession und nicht als Demonstration betrachten. Jeder, der von Herzen in diesem Anliegen mit uns mitbeten möchte, ist willkommen.

Nachdem diese Geschichte öffentlich aber weitere Kreise zog und sich tatsächlich 30 Neonazis der Prozession angeschlossen hatten, reagierten die »Lebensschützer« doch noch: Eine »Lebensschützerin« sagte gegenüber der Münchner Zeitung tz: »Den Inhalt ihrer Flugblätter kann man als christlich bezeichnen.« – wenn man die völkische Ideologie der Ungleichwertigkeit ignoriert, geht das möglicherweise. Das Präsidium von EuroProLife erklärte, man »bringt und brachte nochmals klar und deutlich zum Ausdruck, dass der Veranstalter sich von neonazistisch geprägten Gruppen und sonstigen ideologischen Trittbrettfahrern entschieden distanziert.« Eine klare Abgrenzung zwischen den christlichen Betern und allen nichtchristlichen Ideologien sei

»für jeden sichtbar zutage getreten, als die Christen Gott um Erbarmen für alle seine Kinder anriefen und sich dabei sowohl auf der Luitpoldbrücke beim Friedensengel als auch an vier weiteren Stationen des Gebetsweges niederknieten«.

Zurück zu den Neonazis, die Elterngeld als familienfeindlich bezeichnen. Warum? Das macht die NPD in ihrem Grundsatzprogramm deutlich, in dem sie das konservative Familienbild als einzig anerkannte Form des Zusammenlebens benennt:

Im Zusammenleben mit Eltern und Geschwistern erfährt der Heranwachsende in der häuslichen Geborgenheit die natürliche Erziehung, die ihm hilft, sich zur Persönlichkeit zu entwickeln. Diese Geborgenheit ist das beste Bollwerk gegen die Zunahme psychischer Erkrankungen der Jugend.

Durch das Elterngeld würden aber das Geschlechterverhältnis und die »natürliche« Rollenzuweisung aufgelöst, meinen die Neonazis. Auch hier fällt die kriegerische Sprache auf, die ständige Bedrohungen suggerieren soll: die Geborgenheit als »Bollwerk«. Das Familienbild der NPD war, ist und bleibt stockkonservativ, die rechtsextreme Bewegung männlich dominiert. Daher kein Wunder, dass die NPD durch diverse staatliche Geldleistungen Frauen dazu motivieren will, ihr Leben ausschließlich dem Haushalt und der Kindeserziehung zu widmen. Forderungen, welche die angeblich so moderne NPD in programmatische Schwierigkeiten bringen. Denn noch ist es ihr nicht ansatzweise gelungen, ihr verstaubtes Frauenbild als post-feministisch zu verkaufen. Dabei möchte die NPD dringend weibliche Mitglieder für sich gewinnen. So arbeitet die Parteiorganisation »Ring Nationaler Frauen« an einem postfeministischen Positionspapier – einzig: es fehlt an konkreten Theorieinhalten.

Doch nicht nur der Einzelne, auch Gruppen und Organisationen, die für die demokratische Willensbildung und die Durchsetzung von gemeinsamen Interessen entscheidende Bedeutung haben, müssten sich der Zwangsgemeinschaft unterwerfen: Der

Staat habe »über den Egoismus einzelner Gruppen« zu stehen, verkündet die NPD. Damit wird aber der einzelne Mensch dem Staat hilflos ausgeliefert, denn Parteien, Gewerkschaften und Verbände haben den Zweck, Interessen und Bedürfnisse zu bündeln und kraftvoll zu vertreten. Doch alle diese Organisationen stehen in einem NPD-Staat unter dem »Wahrer des Ganzen«. Was dies genau bedeutet, führt die Partei zwar nicht aus, aber auch hier liegen bereits sehr konkrete Erfahrungen aus den Jahren 1933 bis 1945 vor: gleichgeschaltete Gewerkschaften und Parteienverbote. Denn welche Interessen »das Ganze« verfolgt, entscheidet der Staat. Zwar fügt die NPD noch einen Satz relativierend ein, wonach die »Überprüfung der Rechtmäßigkeit der Entscheidungen« die »Grundlage einer jeden gesetzlichen Ordnung« sei, doch was dies genau bedeutet, wird nicht verraten. Dafür soll es einen Präsidenten geben, der als »Staatsoberhaupt über den Parteien und dem politischen Tageskampf« steht. Dieser wird im NPD-Staat nicht von den Parteien (via Bundesversammlung), sondern vom Volk – zumindest von denen, die nach NPD-Definition dazugehören – gewählt. Bekanntermaßen ließ sich auch Adolf Hitler im Amt bestätigen: In einer Volksabstimmung stimmten im August 1934 fast 90 Prozent der Wähler für die Vereinigung der Ämter des Staatsoberhaupts und des Reichskanzlers. In einer NPD-Erklärung aus dem Jahr 2007 »zum Verhältnis der NPD zu Nationalsozialismus, Gewalt und Rechtsstaatlichkeit« heißt es:

Ziel der NPD ist die Volksdemokratie und die Abschaffung der Abhängigkeit des deutschen Volkes vom Zinskapitalismus.

Der Begriff Volksdemokratie vermittelt vor allem ideologische Inhalte. Von Volksdemokratie war auch in sozialistischen Staaten die Rede, das Wort »Volk« meinte im sozialistischen Sprachgebrauch ebenfalls nicht die Gesamtheit der Bevölkerung, sondern alle aufgrund ihrer objektiven historischen Stellung und Rolle fortschrittlich handelnden Kräfte einer Gesellschaft. Die

NPD spricht hingegen nicht von einer Gesellschaft, sondern definiert die zum Volk Dazugehörigen durch Abstammung und Volkstum. Sie schließt zig Millionen Menschen aus, will »Ausländer« – auch eingebürgerte – »zurückführen«. In einem NPD-Staat würde es also zu Deportationen von mindestens zehn Millionen Menschen kommen, da diese nach rechtsextremer Definition keine »Volksdeutschen« seien.

Bei öffentlichen Auftritten kokettiert die NPD gerne mit antikapitalistischen Parolen, doch der völkische Antikapitalismus ist kein wirklicher Antikapitalismus, sondern ebenfalls ausschließlich dem Wohl der Volksgemeinschaft verbunden. Die NPD bekennt sich in ihrem Programm beispielsweise zu einem »freien und sozialverpflichteten Unternehmertum«. Hier wird das Bild des gerechten, anständigen und ehrlichen deutschen Unternehmers gezeichnet – als Gegenentwurf zu dem »raffenden«, »vagabundierenden«, internationalen Zinskapitalismus. Ein Bild, das auch bei linken Kapitalismusgegnern und während der Finanzmarktkrise 2008 immer wieder auftaucht. Diese Schmalspur-Kapitalismuskritik ist aber nie progressiv, sondern sie vereinfacht komplexe Zusammenhänge unzulässig und präsentiert durch eine Personalisierung Sündenböcke, die für die systemimmanenten Unzulänglichkeiten des Kapitalismus büßen sollen. Mit solchen simplen Konstrukten spielt man stets den Völkischen in die Hände. In ihrem Parteiprogramm beschreibt die angeblich so antikapitalistische NPD eine Zielgruppe, die in der realen Welt kaum im Verdacht steht, mehrheitlich mit dem Kampf für den Sozialismus zu sympathisieren:

Die mittelständische Wirtschaft muss als lebenswichtiger Bestandteil unserer Volkswirtschaft erhalten und besonders in Mitteldeutschland [gemeint ist Ostdeutschland, PG] gestärkt werden.

Stärkung des Mittelstandes, Gewerkschaften, die dem Interesse des Staates dienen, und Menschen, deren Würde und Rechte an Bedingungen geknüpft sind: Der angebliche Antikapitalismus der NPD hat mit sozialistischen Idealen nichts gemein. Denn das Kollektiv, welches auch im Sozialismus eine gewichtige Rolle spielt, konstruiert sich bei den Völkischen – wie oben dargelegt – ausschließlich durch Abstammung und Volkstum.

Einen wichtigen Platz im NPD-Programm nimmt der Umweltschutz ein. Dies mag auf den ersten Blick überraschen, aber auf den zweiten Blick wird schnell klar, dass Umweltschutz bei der NPD vor allem Heimatschutz bedeutet. Dies passt den Völkischen perfekt ins Konzept: Sie hantieren gerne mit wenig konkreten Begriffen wie »ursprünglich« und »natürlich«, und da dürfen Natur sowie vermeintlich ursprüngliche Kulturlandschaften nicht zu kurz kommen. Diese stellen, genau wie auch das Volk und die Wirtschaft, einen Teil des Ganzen dar. Zur Wirtschaft schreibt die NPD beispielsweise:

Die deutsche Wirtschaft [...] hat dem deutschen Volk, seiner materiellen Sicherung [nicht Wohlstand, denn das wäre dekadent, PG] und seiner geistig-kulturellen Entwicklung zu dienen.

Und zur Natur:

Deutsche Landschaften sind Kulturlandschaften. Deshalb kann Umweltschutz grundsätzlich nicht getrennt von der kulturellen Entwicklung gesehen werden.

Immer wieder schlägt die Grundidee durch: das Ganze als oberste Instanz, das deutsche Volk gemeinsam mit den deutschen Kulturlandschaften darunter – um die Blut-und-Boden-Ideologie abzurunden, fehlen noch die Bauern, keine Großbauern, sondern der auch in Heimatfilmen beliebte Familienbetrieb, den die NPD mit öffentlichen Geldern subventionieren will, für ihre kitschige heile kleine Welt ist ihr nichts zu teuer:

Die Erhaltung der natürlichen Lebensgrundlagen ist wichtiger als die Rentabilität von Betrieben. Aus diesem Grund fördert die NPD den bäuerlichen Familienbetrieb auch in benachteiligten Gebieten.

Gegenfinanzierung für diese Subventionen: Enteignung und Deportation der Millionen von Menschen, die nicht zur Volksgemeinschaft gehören sollen – ein Modell, welches schon einmal populär war in Deutschland.

Hinter diesen Ideen stecken der Wunsch nach Homogenität, die Ablehnung der Moderne, die historisch vollkommen haltlose Idealisierung von vermeintlich ursprünglichen Zuständen sowie die Angst vor komplexen und ausdifferenzierten Gesellschaften, in denen sich das Individuum durch seine Individualität und nicht durch seine Nationalität und die fest zugewiesene Rolle in der Volksgemeinschaft definiert. Eine Gesellschaft, in der es Dutzende Lebensentwürfe gibt und zumindest die Möglichkeit (!) der freien Entfaltung des Einzelnen, macht den NPD-Mitgliedern und -Anhängern Angst. Die Völkischen streben hingegen einen Staat an, in dem jeder aufgrund seines »Schicksals« einem fest vorgegebenen Lebensweg folgt. So will die NPD besonders die Eliten fördern, das »Dogma der angeblichen Gleichheit der Menschen« habe das »Schul- und Hochschulwesen in den heutigen desolaten Zustand versetzt«, heißt es in dem Grundsatzprogramm. Und auch im Landtag hält die NPD mit solchen Forderungen nicht hinter dem Berg:

Unser erstes Augenmerk hat dem Gesunden und Starken zu gelten. Dieses ist zuallererst zu fördern und zu unterstützen. Dies ist keine Selektion, sondern einfache Logik. *(Udo Pastörs, NPD-Fraktionsvorsitzender in Mecklenburg-Vorpommern im Januar 2007 im Landtag)*

Nun kritisieren Wissenschaftler und internationale Organisationen wie die OECD bereits seit Jahren gebetsmühlenartig, dass in der Bundesrepublik Kinder aus armen Familien deutlich weniger Chancen haben und weniger gefördert werden als

Gleichaltrige, deren Eltern mehr verdienen. Für die NPD sind die schlechteren Chancen der ärmeren Kinder schon zu gut, oder genauer formuliert: vollkommen überflüssig. Denn sie propagiert einen Ständestaat, in dem die Kinder von Bauern »den bäuerlichen Familienbetrieb« fortführen müssten. Sonst würden ja die »traditionellen Kulturlandschaften« und »natürlichen Lebensgrundlagen« kaputtgehen. Schön für das »Volkstum«, schade für das Bauernkind, das lieber studieren wollte. Mit revolutionär, wie die NPD sich gerne bezeichnet, hat das alles auf jeden Fall nichts zu tun. Eher mit reaktionär.

Erst auffällig spät in ihrem Grundsatzprogramm spricht die NPD eines ihrer Lieblingsthemen direkt an: die Vergangenheit. Dies spiegelt aber auch die öffentliche Strategie wider, sich auf das Thema NS-Zeit nicht »festnageln« zu lassen, wie es in einer internen Handreichung heißt. Mit gutem Grund, hier werden die Absichten der Partei am schnellsten sichtbar – so erkennt die NPD die heutigen Grenzen nicht an, ein Blick auf die Partei-Homepage reicht, um zu sehen, was ihr vorschwebt:

Screenshot NPD, zuletzt eingesehen am 22. September 2008

Wir Nationaldemokraten bringen diese widerwärtige Verzichtspolitik seit Jahrzehnten mit der klaren Aussage: »Verzicht ist Verrat« auf den Punkt. Im Zusammenhang damit, dass wir beständig deklamieren, dass die BRD-Führung nicht souverän ist, bleibt uns nach einer deutschen Souveränität und einem dann zwangsweise damit verbundenem nationalen Führungswechsel die Forderung nach einer Anwendung des Völkerrechtes offen.

Keine nach 1945 von den Siegern willkürlich und zwangsweise erfolgte Grenzziehung und Umsiedlung in Europa hat vor einer endgültigen europäischen friedensvertraglichen Regelung freier, souveräner Staaten unter Anwendung des Völkerrechtes auf Dauer Gültigkeit. *(Udo Voigt im August 2007)*

Zudem soll die »Geschichtsklitterung zum Nachteil Deutschlands geächtet« werden. In Verbindung mit der Forderung »Kein Ersatz der Freiheit von Forschung und Lehre durch ein staatlich verordnetes, von politischer Justiz überwachtes Geschichtsbild« lässt sich die Realität in einem NPD-Staat leicht konstruieren: Die Leugnung des Holocaust und die Verherrlichung des Nationalsozialismus wären dann »Volkstum und Kultur«. Wer »geächtete Geschichtsklitterung zum Nachteil Deutschlands« betreibt – also beispielsweise den Holocaust oder den vernichtenden Angriffskrieg der Wehrmacht thematisiert –, bekäme rasch ernsthafte Probleme. Alle Geschichtsbücher müssten somit aus dem Verkehr gezogen werden – und dass geächtete Bücher gutes Brennmaterial abgeben, ist in Deutschland ebenfalls bereits bewiesen worden. Die NPD strebt offenbar eine Neuauflage an.

Dazu will die NPD die Todesstrafe wieder einführen. Bei Demonstrationen tritt sie mit dieser Forderung lediglich in Bezug auf »Kinderschänder« auf, da sie sich dadurch Zuspruch in der Bevölkerung erhofft. »Kinderschänder« passen perfekt ins Themen-Portfolio. Die Angst der Eltern vor einer solchen Straftat mischt sich mit dem Hass in der Bevölkerung auf den »abartigen« Täter, komplexe Erklärungsmuster werden gerne als »Sozialarbeitergeschwätz« abgetan, stattdessen werden öffentlich – beispielsweise in der *Bild*-Zeitung – Forderungen nach drastischen Strafen herausposaunt. So entsteht ein fruchtbares Biotop für Propaganda von ganz rechts. In ihrem Grundsatzprogramm erweitert die NPD den Kreis der Todeskandidaten erheblich: Diese nicht mehr zu korrigierende Strafe, welche den Glauben an die eigene Unfehlbarkeit voraussetzt, sollte nach

NPD-Vorstellungen auch bei schwerem Raub, Mord und schweren Drogendelikten verhängt werden. »Schwer« lässt viel Raum für Interpretation – so könnte in einer rechtsextremen Diktatur bereits ein Hasch-Dealer an die Wand gestellt werden, da er die Jugend durch seine Geschäfte verderbe. Die NPD vermengt all dies noch mit einer »Reform des Rechtssystems« sowie der »Stärkung der Polizei« und anderen typisch autoritären Ideen. Weiterhin propagiert die Partei die Militärgerichtsbarkeit, welche die Nazis 1935 wiedereingeführt hatten. Mehr als 20 000 Menschen fielen den Scharfrichtern bis 1945 zum Opfer. Für die NPD kein Thema, dies gehört aus ihrer Sicht bereits zur »Geschichtsklitterung zum Nachteil Deutschlands« – genau wie der Vernichtungskrieg der Wehrmacht. In einem NPD-Staat sieht das Geschichtsbild so aus: Die »tapfere Haltung deutscher Soldaten aller Zeiten« müsse »Vorbild für die Bundeswehr« sein.

Alle diese Punkte zusammengefasst ergeben eine Volksgemeinschaft nach nationalsozialistischem Vorbild, wie sie die NPD auch immer wieder offen fordert. In ihrem Aktionsprogramm heißt es:»Das deutsche Volk ist Grundlage der Volksgemeinschaft!« Und auch den völkischen Ständestaat fordert sie ganz offen:»Neben der Familie und der Region spielt das Volk eine entscheidende Rolle bei der Verwurzelung und Rollenzuweisung der Menschen.« So modern, wie viele Beobachter die NPD sehen, gibt sich die Partei ideologisch also keineswegs. Und es bedarf auch keiner Geheimdienste, um nachzuweisen, dass die NPD die universellen Menschenrechte ablehnt, einen autoritären Führerstaat anstrebt und Millionen Menschen deportieren will: Nachzulesen ist das Parteiprogramm der NPD, das all diese Vorstellungen und Forderungen enthält, auf der Internet-Seite www.npd.de.

2. Die Geschichte der NPD

Gegründet wurde die Nationaldemokratische Partei Deutschlands (NPD) am 28. November 1964 in Hannover – als eine Spätfolge des Verbots der Sozialistischen Reichspartei im Jahr 1952. Die NPD-Gründungsmitglieder kamen zum Großteil aus der Deutschen Reichspartei, aber auch aus der Deutschen Partei (DP), der Gesamtdeutschen Partei (GDP) oder dem Block der Heimatvertriebenen und Entrechteten (BHE) und wollten die zersplitterten Kräfte rechts von der Union zusammenführen. Erster Vorsitzender war von 1964 bis 1967 der Bremer Betonfabrikant Friedrich Thielen. Das antifaschistische Pressearchiv ›apabiz‹ schreibt dazu:

»Es lebe unser geschlagenes und gedemütigtes deutsches Volk!« Das waren die Schlussworte des ersten NPD-Vorsitzenden Friedrich Thielen auf der Gründungsveranstaltung im November 1964. Und damit ist auch das Programm der frühen NPD umrissen: Sie war vor allem ein Club von Hitler-Verehrern, die die Niederlage im Zweiten Weltkrieg betrauerten. [...] Die NS-Belastung in der Partei wächst von unten nach oben. Eine nazistische Vergangenheit haben 35 % aller NPD-Mitglieder, aber 46 % der Funktionäre auf Orts- und Kreisebene und 66 % auf Bezirksebene. Das Maximum wird in der Parteispitze erreicht: 76 % der obersten Funktionäre waren Mitglieder der NSDAP und hatten häufig leitende Positionen in der NS-Hierarchie eingenommen.

In den ersten Jahren nach ihrer Gründung konnte die NPD die bislang größten Erfolge feiern. So gelang der Partei 1966 der Einzug in die Landtage von Hessen und Bayern. Ab 1967 schickte sie auch Abgeordnete in die Landesparlamente von Bremen, Rheinland-Pfalz, Niedersachsen und Schleswig-Holstein.

- Hessen, 1966: 7,9 Prozent, 8 Sitze.
- Bayern, 1966: 7,4 Prozent, 15 Sitze.
- Schleswig-Holstein, 1967: 5,8 Prozent, 4 Sitze.
- Rheinland-Pfalz, 1967: 6,9 Prozent, 4 Sitze.
- Niedersachsen, 1967: 7,0 Prozent, 10 Sitze.
- Bremen, 1967: 8,8 Prozent, 8 Sitze.
- Baden-Württemberg, 1968: 9,8 Prozent, 12 Sitze.[*]

Bei der Bundestagswahl 1969 holte die NPD 4,3 Prozent, scheiterte somit nur knapp an der Fünf-Prozent-Hürde. In der Bundesversammlung zur Wahl des Bundespräsidenten im selben Jahr stellte sie 22 Abgeordnete. Zu dieser Zeit hatte die NPD bis zu 28000 Mitglieder, vor allem Altnazis waren hier organisiert.

Interessanterweise setzte sich die NPD in den 1960er Jahren für die Abschaffung der Parteienfinanzierung ein. Dieser Umstand ist bemerkenswert, da sich die Partei heute überwiegend aus öffentlichen Mitteln finanziert, ihren Kampf zur »Überwindung des Systems« also vom »System« bezahlen lässt. In ihrer »Geschichte der NPD« präsentiert sich die Partei noch als Gegnerin der staatlichen Parteienfinanzierung:

1965, ein Jahr nach ihrer Gründung, setzte die NPD vor dem Bundesverfassungsgericht durch, daß die direkte Finanzierung der Parteien durch den Staat untersagt wurde. Diese Entscheidung erregte damals ebenso Aufsehen wie auch den Zorn der Etablierten, die damit gezwungen waren, die von ihnen so dringend benötigten Steuergelder über den komplizierteren und neu geschaffenen Umweg der »Wahlkampfkostenerstattung« hereinzuholen. Sie empfanden bereits die bloße Forderung der NPD »Keine Steuergelder für politische Parteien« als lebensgefährlich und unerträglich, da zumindest CDU, CSU und FDP zu keinem Zeitpunkt in der Lage waren, ihre Wahlkämpfe allein aus Beiträgen und Spenden zu finanzieren.

---

[*] Wahlarchiv *tagesschau.de*: http://stat.tagesschau.de/wahlarchiv

Unter der Führung von Martin Mußgnug (1971 bis 1991) verzichtete die damals strikt nationalkonservative und antikommunistische NPD sogar bisweilen auf eigene Kandidaturen, um eine Mehrheit der Union nicht zu gefährden. Während CDU/CSU durch nationalistische Töne und rabiaten Antikommunismus Wähler band, die auch Zielgruppe der NPD waren, spalteten sich am ultrarechten Flügel immer wieder radikale und militante Gruppen ab, die den legalistischen Kurs der NPD ablehnten, zudem schlossen sich viele NPDler auch der populistischen DVU an, da dieser mehr Erfolgschancen zugetraut wurden. Mußgnug gründete nach seinem Rücktritt mit anderen Rechtsextremen die »Deutsche Liga für Volk und Heimat«. Diese war ein weiterer Versuch, die zersplitterte extreme Rechte zu einigen, was aber erneut misslang.

Bis zur Neuausrichtung der Partei in den 1990er Jahren galt der Antikommunismus als Grundprinzip, dies verband die NPD auch eng mit den rechten konservativen Kräften in der Bundesrepublik. Zudem erschien eine systemfeindliche Strategie bei der hohen Identifikation der Bevölkerung mit dem politischen System wenig erfolgversprechend. Der Wohlstand als »narzisstische Plombe«, wie es die Psychologen Oliver Decker und Elmar Brähler von der Universität Leipzig in einer Studie formulierten, verdeckte zudem die rechtsextremen Einstellungsmuster in der Bevölkerung sowie die vollkommen unzureichende Aufarbeitung der NS-Verbrechen.

Die Vereinigung der beiden deutschen Staaten im Jahr 1990 nutzte der NPD und anderen rechtsextremen Parteien zunächst gar nichts, wie die verheerenden Wahlergebnisse zeigten, da sie davon genau so überrascht worden waren wie alle anderen auch. Im Gegenteil, den Rechtsextremisten ging ein wichtiges Kampagnenthema abhanden: die Wiedervereinigung. Und mit der Forderung, die ehemaligen deutschen Ostgebiete zurückzuerobern, konnte im Taumel der Wendezeit und auch danach kaum noch jemand etwas anfangen. Dadurch war die Partei gezwungen, auf andere Themen zu setzen. Mit Erfolg.

Laden wir die soziale Frage weiterhin völkisch auf – »Wir Deutsche« oder die »Fremden«, »Unser Deutschland oder das Ausland« – und untermauern wir den Schlachtruf »Gegen Verausländerung, Europäische Union und Globalisierung« noch stärker programmatisch, werden wir die etablierten Wahlbetrüger schon bald das Fürchten lehren. *(Jürgen Gansel, NPD-Landtagsabgeordneter in Sachsen, in Deutsche Stimme 2/2006)*

Der Aufstieg der NPD in den 1990er Jahren war also das Resultat einer Öffnung der Partei, denn in der neuen Bundesrepublik erwuchs in diesen Jahren eine rechtsextreme Bewegung. Die Ursprünge dieser Bewegung können bereits in den 1970er und 1980er Jahren – sowohl in der Bundesrepublik als auch in der DDR – nachgewiesen werden. Aber erst durch die Vereinigung der beiden Staaten fanden die westdeutschen und ostdeutschen Neonazis zueinander, neue im Westen entworfene Organisationsformen wurden im Osten erfolgreich umgesetzt. Und die NPD verstand es, sich durch ihre Wandlung von einer reinen Wahlpartei zu einer aktionistischen Organisation an diese Bewegung anzuschließen, sich als parlamentarischer Arm zu etablieren.

Anfang der 1990er Jahren war die heutige, aus Sicht der NPD äußerst positive Entwicklung nicht abzusehen. 1995 hatte sie gerade noch 2800 Mitglieder, Republikaner und DVU gaben im rechten Lager klar den Ton an. Die NPD galt als vollkommen zerstrittene Altherrenpartei; während der Amtszeit des als Holocaust-Leugner verurteilten Günter Deckert von 1991 bis 1996 bildeten Revisionismus, offener Ausländerhass und Antisemitismus die Schwerpunkte der NPD-Propaganda. Außenwirkung konnte sie damit kaum erzielen, allerdings brach Deckert bereits mit dem nationalkonservativen Kurs der NPD und leistete somit für den späteren Wandel die Vorarbeit – was ihm aber wohl kaum Genugtuung bereiten wird.

Deckert genießt zwar teilweise noch Ansehen in der rechtsextremen Bewegung, doch gilt der ehemalige Parteivorsitzende als schwierig. Vor allem bei Themen rund um »sein« Thema »Auschwitz-Lüge« versorgt Deckert die Revisionisten-Szene mit Informationen, ist mit Holocaust-Leugnern bis nach Australien vernetzt, berichtet von Prozessen. Deckert meldet sich auch bei aktuellen Konflikten mit Polemiken gegen die Parteiführung zu Wort, seine Stellungnahmen unterzeichnet er bisweilen mit »Ex-OStRat« (Ex-Oberstudienrat), immer wieder weist er auf seinen mehrjährigen Gefängnisaufenthalt und seine Verdienste für die NPD hin.

Deckert hatte in der Tat eine beträchtliche Anzahl von Ämtern und Funktionen inne: Er war Stadt- und Kreisrat, JN-Gründungsmitglied auf Bundesebene, JN-Landesvorsitzender in Baden-Württemberg, JN-Bundesvorsitzender, Vorsitzender diverser Kreisverbände, stellvertretender NPD-Chef sowie NPD-Vorsitzender in den Jahren 1991 bis 1996. Allerdings konnte er die NPD zuletzt nur noch aus dem Gefängnis leiten, wegen Volksverhetzung musste Deckert eine Haftstrafe absitzen, in seinen Worten war der Ex-Oberstudienrat »politischer brddr-Häftling vom 8.11 1995 bis zum 25. Okt. 2000«.

Nach internen Konflikten wurde er in einem äußerst fragwürdigen Verfahren aus der Partei ausgeschlossen. Deckert rechnete danach mehrmals öffentlich mit der neuen Parteispitze und speziell mit seinem Nachfolger Voigt ab. So auch in einer Stellungnahme, die er im Jahr 2005 per Email unter anderem an den Autor verschickte:

NPD – »Hamsterrad« – Bei einigen ist der Sinn nicht ganz angekommen. – »Wir unten« strampeln und treten, sammeln Geld und Unterschriften, zahlen, verteilen und kleben, auf daß einige »oben« nicht schlecht bis gut, ja sehr gut leben können, ohne daß wir wissen, was für einen Arbeitsplatz sie ausfüllen, was sie konkret leisten und ob das Kosten-Nutzen-Verhältnis überhaupt stimmt. – Aus diesem Hamsterrad habe ich mich verabschiedet, noch nicht indes von der »politischen Idee NPD«, die ich seit 1965 maßgeblich mitgeprägt habe. Doch dieser Idee haben sich meiner Kenntnis und Auffassung nach inzwischen minderwertige Charaktere und Opportunsten in einem Maße bemächtigt, daß in meinen Augen kaum noch Hoffnung auf Änderung und Wechsel besteht; ein vollständiger Rückzug durch Austritt wird daher in Erwägung gezogen, was die»anständigen Charaktere und Saubermänner« vom Schlage eines Apfel [A., Holger, Ex-JN-Chef, Chef der NPD-Fraktion im sächsischen Landtag], eines Eigenfeld [E., Ulrich, NPD-Funktionär aus Niedersachsen, über Jahre NPD-Bundesvize und Generalsekretär], eines Schützinger [S., Jürgen, NPD-Chef in Baden-Württemberg, wurde laut Deckert vorübergehend aus der NPD ausgeschlossen], eines ...... sicherlich zu Freudentänzen veranlassen dürfte. – Auch 1,6 % bei der Bundestagswahl 2005 sind weder ein Aufbruchsignal noch gar ein Erfolg oder das berühmte Licht am Ende des Tunnels. Sie bedeuten auch keine politische Mitsprache! Die 1,6 % sorgen nur dafür, daß die Gehälter einiger Leute, mit denen ich privat kein Wort (mehr) wechseln würde, für weitere fünf Jahre in etwa gesichert sind. ... Für eine gezielte Schulung von Amtsträgern wie Kandidaten, was dringend erforderlich wäre, ist kein Geld da! Falls überhaupt was angeboten wird, müssen die Betreffenden nicht nur Freizeit opfern, sondern die Kosten auch noch selbst tragen!

Deckerts Hinweis auf die 1,6 Prozent ist zwar nicht ganz falsch, allerdings erwähnt er dabei nicht, dass die NPD in den Jahren zuvor sogar deutlich an der 0,5-Prozent-Hürde – der Grenze, ab der eine Partei staatliche Mittel (»Parteienteilfinazierung«) erhält, bei Landtagswahlen 1 Prozent – scheiterte: 2002 holte sie ganze 0,4 Prozent, 1998 noch weniger, nämlich 0,3 Prozent. Im Jahr 1994 trat sie gar nicht zur Bundestagswahl an, nachdem sie bei den Urnengängen zwischen 1972 bis 1990 zwischen 0,2 Prozent und 0,6 Prozent pendelte. In den erfolglosen Jahren vor der Wiedervereinigung hatte es übrigens auch schon Absprachen mit der DVU gegeben, der sogenannte»Deutschlandpakt«, mit dem NPD und DVU sich die Bundesländer»aufteilen«, ist also ganz neu nicht.

Die NPD ist somit die älteste und heute erfolgreichste rechtsextreme Organisation in Deutschland. Bei den Mitgliederzahlen konnte die NPD im Jahr 2007 die über Jahre führende Deutsche Volksunion (DVU) überholen. Denn während die oft als Phantom-Partei bezeichnete DVU des Münchner Verlegers Gerhard Frey als vollkommen überaltert und zumeist passiv gilt, sozusagen als rechtsextremer Lesezirkel der Produkte aus dem Hause Frey, rekrutiert die NPD fleißig Mitglieder, schafft Strukturen und spricht über ihre Jugendorganisation Junge Nationaldemokraten (JN) gezielt aktive, junge Kader an. Nach NPD-Angaben (Stand März 2009) sind die etwa 7000 Mitglieder durchschnittlich nur knapp über 37 Jahre alt.

Zum Vergleich: Die Mitgliedszahlen von Union und SPD sinken seit Jahren, das Durchschnittsalter liegt bei deutlich über 50 Jahren. In den 1970er Jahren hatte die SPD mehr als eine Million Mitglieder; heute ist es – mittlerweile inklusive der neuen Bundesländer – nur noch gut die Hälfte. Die Union schrumpft nicht ganz so schnell, CDU und CSU verfügen mittlerweile über die umfangreichste Mitgliederkartei in der Bundesrepublik. Auch die Grünen sind längst keine junge Partei mehr. Die Linkspartei verzeichnet zwar Eintritte von jungen Menschen, doch noch hat die Partei ein Durchschnittsalter knapp unter dem Renteneintrittsalter.

Die Überalterung der Parteien ist nicht alleine mit dem demografischen Wandel zu erklären. Offenbar werden jüngere Bürger von dem Angebot dieser politischen Interessensgemeinschaften nicht mehr angesprochen – obwohl gleichzeitig der Wunsch nach Orientierung und Gemeinschaft den Rechtsextremen Zulauf bringt. Ihr Vorteil: Sie können anhand einer klaren Vision identifiziert werden. Eine Vision, die auch noch Abenteuer, Kampf und Gemeinschaft verspricht.

Die NPD sitzt in zwei Länderparlamenten, seit 2004 in Sachsen und seit 2006 in Mecklenburg-Vorpommern, zudem stellt sie weit mehr als 100 Kommunalabgeordnete in der ganzen Bundesrepublik. Außerdem verfügt die Partei über eine Jugendorganisation, die überregional aktiv ist. Die im Jahr 1969 gegründeten Jungen Nationaldemokraten gelten als besonders radikal und stellen die Schnittstelle zu den Neonazi-Subkulturen dar, ihren Sitz haben sie in Sachsen-Anhalt, so wie sämtliche wichtigen Parteieinrichtungen mittlerweile in den neuen Bundesländern angesiedelt sind. Im September 2006 gründete die NPD den »Ring Nationaler Frauen«, der seitdem versucht, sich bei Rechtsextremistinnen zu profilieren. An den Hochschulen will die NPD mit ihrem Nationaldemokratischen Hochschulbund (NHB) oder Tarnlisten Einfluss nehmen.

Das aktuelle Presseorgan der Partei ist die *Deutsche Stimme*, die seit 1976 erscheint und eine Auflage von 10 000 hat. Die NPD ist mit 100 Prozent an der Deutsche Stimme Verlags GmbH in Riesa, Sachsen, beteiligt. Die *Deutsche Stimme* versucht zunehmend, das Internet zu nutzen, neben einer umfassenden Neugestaltung der Seite werden nun auch die Inhalte öfter aktualisiert. Der ursprünglich in Bayern angesiedelte Verlag bringt als Hauptprodukt die NPD-Zeitung *Deutsche Stimme* heraus, bietet aber auch CDs, Bekleidung, Kinderprodukte, Accessoires und Ähnliches an.

Der Aufstieg der NPD in den vergangenen Jahren ist vor allem mit dem Namen Udo Voigt verbunden. Voigt übernahm 1996 den Bundesvorsitz und leitete die Neuausrichtung der NPD ein, so öffnete er die NPD nach und nach für die stark gewachsene militante Neonazi-Szene. Dies veränderte die Partei grundlegend: Aus einer traditionellen rechtsextremistischen Wahlpartei entwickelte sich eine Dachorganisation, die sich als Sammlung und Speerspitze einer völkischen Protestbewegung definiert. Auf dem Bundesparteitag von 1996 beschloss die Partei das sogenannte »Drei-Säulen-Konzept«. Dies beinhaltet den »Kampf um die Straße«, den »Kampf um die Parlamente« und den »Kampf um die Köpfe«. Im Jahr 2006 wurde noch der »Kampf um den organisierten Willen« hinzugefügt: Dieser beinhaltet den Versuch – im Sinne der propagierten »Volksfront von rechts« –, die rechtsextremen Akteure und Organisationen zu vereinigen. Außerdem beschäftigte sich die NPD verstärkt mit der sozialen Frage und suchte nach völkischen Lösungskonzepten, was stets Kampagnen gegen angebliche »Überfremdung« beinhaltet. Dieses Konzept wurde zudem mit einer Antiglobalisierungs- und dann auch Antikapitalismuskampagne kombiniert. Dadurch war die NPD thematisch besser aufgestellt als bisher, je nach Anlass präsentierte sie ihre Konzepte. Der nationalrevolutionäre Einfluss der Basis nahm währenddessen ständig zu. Im Jahr 2001 strengten Bundesregierung und Bundesrat ein Verbotsverfahren gegen die NPD an. Dieses scheiterte, da in den Anträgen Aussagen von V-Männern angeführt wurden. Damit konnte sich die NPD als Opfer von staatlich gelenkten Agents provocateurs präsentieren, das Verfahren wurde vom Bundesverfassungsgericht 2003 beendet, die Rechtsextremisten jubelten. Während rund um das Verbotsverfahren die Mitgliedszahlen sanken, stiegen sie danach rasant an. Es liegt nahe, auch in Verbindung mit den Aufrufen von militanten Neonazi-Gruppen, dass die weniger radikalen NPDler der Partei den Rücken gekehrt haben – und dafür die militanten Neonazis dazukamen. So konnten die Kader aus den Freien Kameradschaften ganze Landesverbände übernehmen.

Somit hat das gescheiterte Verbotsverfahren die NPD nicht nur gestärkt, es hat sie extrem radikalisiert und schützt die Partei vor einem Verbot, da eine Neuauflage unter den derzeitigen Bedingungen wieder scheitern würde (siehe Kapitel »NPD-Verbot jetzt!? Das Problem mit den V-Leuten«). Immer mehr Neonazis schlossen sich nach diesem Desaster für Bundesregierung, Bundestag und Bundesländer der NPD an, führende Kader riefen zum Eintritt in die »unverbietbare« Organisation ein, andere bezeichneten die NPD als ihre derzeit beste »Waffe«. Noch mehr scheitern konnten die Verantwortlichen nicht.

3. Das Erfolgsrezept der NPD: Mischung aus Alter und Neuer Rechten

Wir sind keine Partei, die nur deshalb etwas schlecht findet, weil es schon zwischen 1933 und 1945 vorhanden war. Tatsächlich hat der Nationalsozialismus die Ideen völkischer Identität von 1848 in hohem Maße realisiert, leider aber war er auch imperialistisch. Als Befreiungsnationalisten lehnen wir die Unterwerfung fremder Völker ab. *(Udo Voigt im Jahr 2004 in der Jungen Freiheit)*

Die NPD propagiert einen homogenen, völkischen, autoritären Staat, in dem Parteien und Organisationen nur dem Wohl des deutschen Volkes verpflichtet sind. Die Würde des Menschen ist in der Welt der NPD an Bedingungen und Voraussetzungen geknüpft; in ihrer Volksgemeinschaft wollen die Rechtsextremisten nur die Eliten fördern, Kinder aus Bauernfamilien sollen hingegen die Höfe in den »Kulturlandschaften« fortführen. Die NPD will Frauen zu Gebärmaschinen für die »Volkssubstanz« machen, Millionen von Menschen durch ihre »Rückführung« vertreiben oder deportieren, zudem setzt die Partei auf Holocaust-Leugnung, Nazi-Glorifizierung und knüpft an die Traditionen der Wehrmacht an. Wo ist also eigentlich das Neue?

Trotz aller offensichtlichen Bezüge zum Nationalsozialismus, die NPD hat sich tatsächlich modernisiert. Die NPD bezieht sich oft und gerne auf den Stichwortlieferanten der NS-Ideologie, Carl Schmitt, und stützt das heutige Programm und Handeln auch auf die sogenannte Neue Rechte, welche sich in den 1970er Jahren von der NS-Ideologie abgrenzte. Aus einer Stellungnahme der Bundesregierung aus dem Juni 2006:

Die Bundesregierung sieht die Neue Rechte vor dem Hintergrund des gesetzlichen Auftrages des Verfassungsschutzes als Teil von rechtsextremistischen Bestrebungen gegen die freiheitliche demokratische Grundordnung. Danach handelt es sich dabei um eine teilweise fest organisierte, teilweise aber auch lose miteinander verbundene Gruppe von Intellektuellen, die sich auf das Gedankengut der konservativen Revolution der Weimarer Republik beziehen und über das Konzept einer »Kulturrevolution von rechts« einen politischen Wandel durch die Delegitimierung des demokratischen Verfassungsstaates beabsichtigen.

Eine Abgrenzung von einer traditionellen Rechten ist nicht trennscharf möglich, da das Selbstverständnis der Neuen Rechten als ›neu‹ nicht wörtlich genommen werden kann. Deren Vertreter beziehen sich vielmehr auf Versatzstücke des nicht-nationalsozialistischen Teils des Weimarer Rechtsextremismus, die formal und verbal für die Deutung der gegenwärtigen politischen Situation umgewidmet werden. [...]

Die Neue Rechte knüpft also an Ideen der konservativ-nationalen Strömungen aus der Zeit der Weimarer Republik an und setzt auch die rechtsextreme Tradition fort, bei der Linken zu klauen – hier taten sich einst auch die Nazis hervor. So hatte beispielsweise Joseph Goebbels versucht, das Auftreten von Kommunisten wie Ernst Thälmann zu kopieren, um die Arbeiterschaft anzusprechen. Ohne durchschlagenden Erfolg: Die Nationalsozialistische Arbeiterpartei Deutschlands (NSDAP) blieb überwiegend die Partei der Bauern und Kleinbürger. Nach der Zerschlagung der progressiven Organisationen und Zusammenhänge in Deutschland durch die nationalsozialistische Volksgemeinschaft wurden nach dem Krieg zunächst wieder SPD und KPD (bis zu deren Verbot 1956) aufgebaut, in den 1960ern entstand wieder eine neue außerparlamentarische Neue Linke, die selbstbewusst die postfaschistische Gesellschaft mächtig durcheinanderwirbelte. Die Ausläufer sind heute noch in den Feuilletons zu bestaunen, wo sich Alteingesessene immer wieder versichern, ihre Ideale von damals keinesfalls verraten zu haben. Als Reaktion auf diese Neue Linke erschufen

Strategen aus alten Versatzstücken die Neue Rechte als Gegenbewegung.

Die Ideologie der Neuen Rechten ist gekennzeichnet durch ein ausgeprägtes Freund-Feind-Denken, die Homogenität des Kollektivs, einen starken Staat statt Demokratie und Pluralismus, identitäre Demokratie (»Volksdemokratie«) statt Interessenpluralismus, Ethnopluralismus statt universaler Menschenrechte – sowie eine Absage an die NS-Ideologie. Die meisten dieser Punkte sind bei der NPD nachzuweisen, einige stärker ausgeprägt, andere weniger. Besonders mit der Loslösung vom Nationalsozialismus und vom »Führer« tun sich viele NPDler mehr als schwer: So bezeichnete der tödlich verunglückte NPD-Landtagsabgeordnete Uwe Leichsenring das »Dritte Reich« als »Wohlfühldiktatur mit 95 Prozent Zustimmung«, bei der Beerdigung des Altnazis Friedhelm Busse im Sommer 2008 legte ein NPD-Kader eine Flagge mit Hakenkreuz auf den Sarg, Parteichef Udo Voigt stand daneben – nach Medienberichten über den Vorfall distanzierte sich die Parteiführung plötzlich von der »Symbolik von gestern«.

Über den Begriff der Kultur versuchen sich die Neuen Rechten vom klassischen Abstammungsrassismus abzugrenzen, ein »Rassismus ohne Rassen« (gemeint sind Ethnien), wie einige Experten es umschreiben. Mensch sei nicht gleich Mensch, sondern werde durch Volkstum und Kultur definiert (siehe auch Kapitel »Was will die NPD eigentlich?«). Und das geht bei der NPD so:

Unser Kulturkampf geht um das Überleben des deutschen Volkes. Verlieren wir ihn, werden Eure Kinder eine schrecklich elende, öde, triste Welt vorfinden, in der man nicht mehr lebt, sondern nur noch existiert. [...] Lasst uns den Politversagern in Berlin zeigen, dass es in Deutschland noch Mut, Opferbereitschaft und Ehre gibt. Lasst uns gemeinsam für den Erhalt unseres Landes kämpfen. Organisierter Wille bedeutet Macht! (Stachel – Schülerzeitung für Mitdenker, *Oktober 2007, hrsg. NPD Landesverband*

Berlin, NPD-LV Brandenburg, verantwortlich NPD-Bundesvorstandsmitglied Jörg Hähnel)

Oder auch so:

Der Mensch »an sich« existiert nicht, deshalb sind wir nicht unterschiedslos einfach »Menschen«, wie die multikulturalistischen Völkerverächter behaupten ... Der Mensch existiert nur in seiner je unterschiedlichen ethnisch-kulturellen Prägung und damit als Angehöriger eines bestimmten Volkes. *(Handreichung für NPD-Kandidaten)*

Das theoretische Konstrukt dahinter wird »Ethnopluralismus« genannt – ein Kunstwort, das in etwa »Völkervielfalt« bedeutet. Dieser Idee zufolge haben alle Völker ihren angestammten, natürlichen Lebensraum. Der Ethnopluralismus propagiert die strikte Trennung der Völker, da jeder Austausch negativ sei und daher als Angriff von außen gewertet wird. Der Ethnopluralismus will homogene Nationalstaaten erreichen – und die Ausweisung aller Menschen rechtfertigen, die ihrer Definition nach fremd sind. Die Neuausrichtung des Rassismus fällt zeitlich mit der Dekolonisierung zusammen. Nun muss nicht mehr die weiße Vorherrschaft über die »Wilden« legitimiert werden, sondern nun geht es auch darum, die Anwesenheit von Einwanderern zu bekämpfen. Daher fordern neurechte Strategen im Zuge der typischen Täter-Opfer-Umkehr nach der Dekolonisierung des Südens nun eine Dekolonisierung des Nordens. In Anlehnung an veraltete Antirassismus-Theorien wird behauptet, zum Beispiel die »Neger« als angeblich homogene Gruppe hätten eine einheitliche schützenswerte Kultur, die durch das Leben in einem anderen Kulturkreis zerstört werde. Diese gedankliche Konstruktion zieht sich durch zahlreiche NPD-Texte – zu finden unter dem Begriff »ethnokulturelle Identität«. Daraus abgeleitet wird die Parole »Türkei den Türken, Deutschland den Deutschen!«. Auch hier wird klar, dass sich rechtsextreme Denker immer wieder linker Theorieelemente bedienen und diese neu zusammensetzen und definieren. Allerdings spielt der biologistische Rassismus weiterhin eine immense Rolle – auch bei den Strategen. So schreibt der NPD-Ideologe Jürgen Gansel regelmäßig von »rassefremden« Ausländern und Völkern. Und in der NPD-Zeitung *Deutsche Stimme* wird »Rasse« als Voraussetzung für Kultur beschrieben:

> Rasse macht nicht nur die Eigenart des Volkes, sondern auch die des Menschen aus; sie ist unveränderbar, sie führt zur Kultur und formt die Erziehung ... Freiheit würde bedeuten, die aus der Rasse stammenden zeitlosen Kräfte bewusst zu formen, sie mit einer Gestalt von wahrer Kultur zu überziehen. (Deutsche Stimme Nr. 4/2006)

Aus Sicht der NPD wäre es also passender, von »rassekultureller Identität« zu sprechen: Identität entstehe aus Kultur, Kultur basiere auf »Rasse«.

Bei der Auseinandersetzung mit Rechtsextremisten beeindruckt in gewisser Weise immer wieder deren unerschütterlicher Glaube, im Recht zu sein. Ganz im Stil eines politischen Geisterfahrers, der alle Entgegenkommenden für unzurechnungsfähig erklärt, wollen die Anhänger einer Volksgemeinschaft keine gesellschaftlichen Aushandlungsprozesse durch unterschiedliche Interessensvertretungen, längere Debatten halten sie für überflüssig, Parlamente verachten sie als »Schwatzbuden«. Hinter diesen Ansichten steht die tiefe Überzeugung, im Besitz der absoluten Wahrheit zu sein – und diese muss demnach auch nicht hinterfragt werden. Der Politologe Wolfgang Gessenharter weist in diesem Zusammenhang auf den Verismus hin, den die Völkischen vertreten – gegen den Fallibilismus, von dem pluralistische Demokratien ausgehen, bzw. ausgehen sollten. Dem Fallibilismus liegt zugrunde, dass ein Irren möglich ist, dass eine kritische Überprüfung der eigenen Meinung stets notwendig ist (was allerdings nicht mit ständigen Relativierungen verwechselt werden darf). Der Begriff Verismus wurde aus der Kunst entliehen. Er steht laut Gessenharter für die Betonung der absoluten Richtigkeit der eigenen Erkenntnisse in Verknüpfung mit der spöttischen Herabwürdigung der Andersdenkenden.

Eine ernsthafte Auseinandersetzung mit deren Argumenten, ein nachvollziehbares Abwägen der jeweiligen Positionen kann damit für die Neuen Rechten unterbleiben; der Gegner ist – gemäß der Freund-Feind-Unterscheidung – eben nicht prinzipiell gleich und ebenbürtig, sondern erkenntnismäßig wie auch moralisch längst disqualifiziert. Eine Auseinandersetzung mit ihm müsse nur deshalb geführt werden, weil er (noch) faktisch herrsche und diese Herrschaft mit dem Totschlags-Mittel der »Political Correctness« (PC) zu stabilisieren versuche.

Durch dieses Konstrukt kann auch erklärt werden, wie NPD und Konsorten sämtliche Erkenntnisse von Experten, Wissenschaftlern, Politikern und anderen Menschen einfach aus ihrem völkischen Wolkenkuckucksheim beiseitewischen: Sie sind *natürlich* im Recht, alle anderen Fakten und Erkenntnisse sind entweder schlichtweg falsch oder aus Gründen des Machterhalts von der »politkriminellen Kaste« manipuliert worden.

Seit Jahrzehnten richten die etablierten Politiker unser Land systematisch zu Grunde und rauben der deutschen Jugend ihre Zukunft. Mittlerweile weiß jeder, dass die Politbonzen mit ihrer volksfeindlichen Kahlschlagpolitik endgültig abgewirtschaftet haben. […] Der jämmerliche »Kampf gegen Rechts« ist nunmehr ein letzter Rettungsanker, an den sich die charakterlich und geistig verlumpten Pseudo-Demokraten in ihrer Verzweiflung klammern. *(Flugblatt des NPD-Landesverbands Saar)*

Oder auch:

Innerhalb des Systems gibt es keine Hoffnung auf Erneuerung. Erst die rücksichtslose und restlose Beseitigung des korrupten liberal-kapitalistischen Systems kann den Weg freimachen für einen nationalen und sozialen Neuanfang in Frieden und Freiheit für unser Volk. *(Winfried Petzold, NPD-Landesvorsitzender in Sachsen im Januar 2006)*

Die Schuld an Problemen wird wie gewohnt »denen da oben« zugeschoben, die Rechtsextremisten entledigen sich jeglicher Verantwortung und jeglicher Selbstreflexion. Eine bequeme Weltsicht, von Denkfaulheit geprägt – für eine antimoderne und rückwärtsgewandte Ideologie, die der Realität immer weiter hinterhinkt, allerdings eine elementare Voraussetzung. Der Ethnopluralismus spielt wie erwähnt für die Strategen eine wichtige Rolle, er wird mit klassisch rassistischen Elementen verbunden und immer wieder aktuellen Themen angepasst – der rechtsextremen Basis ist diese Idee hingegen nur schwer zu vermitteln. Frei nach dem Motto »Deutschland den Deutschen, die Türkei den Türken« sollen sie nach der Idee des Ethnopluralismus andere Kulturen achten, was aber bei der bei ihnen vorherrschenden Menschenverachtung kaum umzusetzen ist. Es fällt den Strippenziehern schon schwer genug, dem Fußvolk die Russlanddeutschen als »echte« Deutsche zu verkaufen – denn gerade hier zieht die kulturelle Argumentation kaum.

Einige Kader trieben die Idee auf die Spitze und veröffentlichten eine Internet-Seite, hinter der angeblich »Nationale Sozialisten für Israel« (NaSofI) stehen:

Wir sind jedoch im Jahre 2007 an einem Punkt angekommen, wo wir jeden Menschen wertschätzen und nicht mehr in höher- und minderwärtig klassifizieren. Jede/r intelligente Kamerad/in sollte sich darüber bewusst sein und nicht der weitverbreiteten Unreflektiertheit verfallen, in der die Ursachen von Kapitalismus und Globalisierung auf ein einziges Volk bzw. einen Staat projeziert werden. Auch Israel hat ein Existenzrecht. Auch dieses

Volk hat Kultur und Eigenarten die es zu schützen bedarf, auch das israelische Volk ist wertvoll. Deshalb stehen wir hinter dem Existenzrecht Israels, weil auch dem israelische Volk eine Identität und Souveränität innerhalb einer Nation als Grundrecht auf Selbstbestimmung zugestanden werden muss. Unsere Pflicht als Nationale Sozialisten besteht darin dieses hohe Gut zu verteidigen, nicht nur für unser deutsches Vaterland und den europäischen Kulturraum, sondern auch und gerade in Israel. Es gilt jedem Volk an seinem angestammten Lebensraum zu achten, denn schließlich sind wir alle Bestandteil einer großen Völkerfamilie. Nationaler Sozialismus bedeutet die Liebe zum eigenen Volk, und nicht der Hass auf andere Völker.

Die Ideen der Neuen Rechten werden hier im Namen des »Nationalen Sozialismus« konsequent weitergesponnen, wieder wird versucht, den alten Wein aus völkischen Ideen in neuen Schläuchen auf den Markt zu bringen. Allerdings bleibt bis heute unklar, ob es sich um eine ernsthafte Initiative handelt. Möglicherweise machten sich Antifaschisten einen Spaß und parodierten die Versuche von Rechtsextremisten, linke Symbolik zu übernehmen. Immerhin löste die Erklärung – wie wohl auch geplant – aufgeregtes Geschnatter in den Neonazi-Foren aus – und wenig Zustimmung. Solidarität mit dem »jüdischen Staat«? Undenkbar für Kreise, die Juden als »Rasse« definieren und Menschen in Kategorien wie »Halb-« und »Vierteljude« einteilen.

Die Mischung aus Alter und Neuer Rechter wird in einer internen Handreichung für NPD-Kandidaten besonders offensichtlich – noch deutlicher als im Grundsatzprogramm. Diese Handreichung verfasste der sächsische Landtagsabgeordnete Jürgen Gansel im Jahr 2005 (später mit Aktualisierungen) und sie kann als ein erweitertes Parteiprogramm bewertet werden; im Vorwort gab Udo Voigt dem Werk seinen Segen – und die »Argumente« sollen im Wahlkampf, also bei der Außendarstellung der Partei, eingesetzt werden. Besonders die Menschenverachtung und Aggressivität der NPD werden in dieser Handreichung noch klarer. So schreibt Gansel in seinem Vorwort, die Broschüre wolle

allen Kameradinnen und Kameraden, die sich im politischen Nahkampf mit den antideutschen Kräften befinden und/oder das werbende Gespräch mit dem Normalbürger suchen, Hilfestellungen für die intellektuelle Aufrüstung geben.

»Nahkampf«, »Kräfte«, »Aufrüstung« – um noch mal darauf hinzuweisen, hier geht es um *werbende Gespräche*. Erneut entwirft Gansel apokalyptische Visionen, die durch angebliche Eingriffe in eine vermeintlich natürliche Ordnung verursacht wurden:

Multikultur ist kein buntes, harmonisches Straßenfest, sondern endet in Mord und Totschlag, weil hier Völkerschaften auf einem Flecken Erde zusammenkommen, die nicht zusammengehören und nicht zusammengehören wollen.

Hauptakteure sind hier die »Völkerschaften« als natürliche und schicksalhafte sowie homogene Kollektive, welche wie reale Personen, die sich nicht ausstehen können, nicht zusammengehören wollen. Einzelne Personen haben hier nichts zu melden, das Volk hat gesprochen – und es muss sich laut Gansel ständig behaupten, in einem andauernden Kampf gegen äußere und innere Feinde – oder zur allgemeinen »Krisenbewältigung«:

Nur ethnisch geschlossene Gesellschaftskörper mit geringem Ausländeranteil sind solidar- und belastungsfähig, nur sie können positive Gemeinschaftskräfte zur Krisenbewältigung entwickeln.

Gansel versucht immer und immer wieder, komplexe und vielschichtige gesellschaftliche Entwicklungen als gezielte und koordinierte Strategien von Regierungen, Medien und Wirtschaft zu verkaufen, um so einen Gegensatz zwischen Volk und Mächtigen herzustellen:

In einem großen Schmelztiegel verkocht alles, bis aus Weißen und Schwarzen »Graue« geworden sind. Diese entwurzelten und vereinsamten Einheitsmenschen sind dann wehrloser Spielball von Regierungen, Medien und Wirtschaft, weil sie keine schützende Gemeinschaft mehr bilden können. Diese ethnokulturellen Kastraten finden sich dann in einer kalten, egoistischen Wolfsgesellschaft wieder, in der jeder gegen jeden kämpft und das Recht des Stärkeren regiert, weil es keine nationale Solidarität und kein nationales Zusammengehörigkeitsgefühl mehr gibt.

Seinen reaktionären Ideen möchte Gansel stets einen rebellischen Anstrich sowie wohlige Wärme verpassen: Gegen »Regierung, Medien und Wirtschaft« solle die »nationale Solidarität« gesetzt werden. Gansels Ausführungen lesen sich wie eine Mischung aus schlechtem Science-Fiction-Groschenroman und Märchen, wo Gut und Böse klar identifizierbar sind, wo alles und jeder seinen festen Platz hat. Mit diesem Versprechen von Übersichtlichkeit und einfacher Orientierung sowie dem aufrührerischen Duktus sollen gezielt Jugendliche angesprochen werden. Dass seine Forderungen in eine extrem autoritäre Gesellschaftsordnung münden, geht in den pathosgeschwängerten Zeilen unter.

Als eine weitere Argumentation legt Gansel dem NPD-Fußvolk eine nicht weniger dramatische Variante seines »intellektuellen Rüstzeugs« ans Herz:

Wir lehnen den multikulturellen Gesellschaftsentwurf ab, weil er den Untergang unseres Volkes im eigenen Land besiegelt. Man muß immer daran denken: Die Indianer haben sich nicht oder nur erfolglos gegen die fremden Landräuber gewehrt, und heute leben sie in Reservaten.

Historische Vergleiche erfreuen sich in der extremen Rechten einer äußerst großen Beliebtheit, dabei erscheint kein Gleichnis zu absurd. Gansel versucht auch hier eine Notwehrsituation zu erschaffen, legitimiert damit sämtliche Maßnahmen – auch Gewalt – gegen Migranten. Denn die Deutschen wehren sich diesem Gedankengang zufolge nur gegen Eindringlinge von außen, um nicht unterzugehen. Einmal mehr soll die eigene Aggressivität, das Destruktionspotenzial, welches aus der Bewegung kommt, nach außen verlegt werden, wie es der Psychologe Oliver Decker von der Universität Leipzig im Interview mit dem Autor formuliert.

Der Wissenschaftler erklärt, bei den Studien zu rechtsextremen Einstellungen in der Gesellschaft habe man immer wieder festgestellt, dass ein allgemeiner Druck auf den Bürgern laste. »Bei diesem Druck kann man auch von einer häufigen Bewährungsprobe sprechen, nämlich erwählt oder verworfen zu sein.« Und es gebe die Versuchung, diesen weiterzuleiten, so Decker: der klassische Sündenbock. In der rechtsextremen Bewegung herrscht ganz besonders hoher Druck: Die Normen, aber auch der propagierte Kampf gegen die zahlreichen Feinde erzeugen höchste Anforderung an die Akteure. Dazu kommt die überwiegende Ablehnung der offen rechtsextremen Positionen durch die Gesellschaft, welche sich viele Rechtsextreme nur durch die Manipulation der Massen durch einige Mächtige erklären können – ein eigener Irrtum wird in Anlehnung an den Verismus dagegen ausgeschlossen. Durch diese Konstellation potenziert sich die Projektion des Drucks auf andere ins Unermessliche, die ausufernden Gewaltfantasien von Rechtsextremisten zeigen dies immer wieder.

Um dies zu beschreiben, könnte man den Begriff der Paranoia durchaus verwenden, weil damit ein innerpsychischer Vorgang beschrieben wird, in dem Aggressionen in der Person nach außen verlegt werden, und dann fühlen sich die Leute von außen bedroht – und können dann gegen diese Bedrohung vorgehen. Das ermöglicht zwei Operationen: Dadurch ist man selbst nicht der Aggressive, sondern reagiert nur auf äußere Aggressionen hin, und man kann die eigene Aggression legitim abführen. *(Oliver Decker, Universität Leipzig, im Gespräch mit dem Autor)*

In den wenigsten der für die Studie durchgeführten Gruppendiskussionen sei dieser Druck reflektiert worden, erklärt Decker, sondern »zumeist blind reproduziert«. Auch dies trifft wiederum in noch stärkerem Maße auf rechtsextreme Kreise zu, wo Stärke und Männlichkeit propagiert werden. Selbstzweifel finden in dieser kriegerischen Welt keinen Platz, der Kampf für »Volk und Vaterland« braucht keine Schwächlinge, die Ängste und Sorgen reflektieren. Massenkompatibel ausgedrückt: Es ist kein Platz für Mädchen und Warmduscher – sondern nur für echte Kerle. Decker beschreibt dieses Phänomen so:

Es existiert ein Männerbild, welches getragen ist von einer Abwesenheit von Innerlichkeit und Emotionalität, einer Härte gegen sich selbst und einer Verachtung von Äußerungen von Subjektivität und Individualität. Und das ist dann ja auch wieder konstitutiv für solche Gruppen. In diesen Gruppenprozessen wird jede Form von Individualität verleugnet und herabgesetzt, auch ideologisch. Härte in der Gruppe, Ablehnung von Weichheit. Diese Gruppen sind immer männlich dominiert. Und da taucht auch eine gewisse Homoerotik in den Gruppen auf.

Dazu kommt ein höchst widersprüchliches Verhalten: Einerseits werden bestimmte Gruppen, wie beispielsweise Juden oder Schwarze, als »minderwertig« gebrandmarkt, andererseits werden diesen besondere Fähigkeiten angedichtet, gerne auch sexueller Natur. Aufschlussreich in diesem Zusammenhang das von Gansel gerne und oftmals verwendete Bild des »kastrierten Einheitsmenschen«. An anderer Stelle spricht der NPD-Funktionär Udo Pastörs im Zusammenhang mit Migranten von »Samenkanonen«. Noch einmal Decker:»Das Spannungsverhältnis zwischen Allmachtsfantasien und Minderwertigkeitskomplexen ist ein elementar wichtiger Bestandteil der rechtsextremen Ideologie.« Die Geschichte der Deutschen ist den Rechtsextremen zufolge im Prinzip nur eine Aneinanderreihung von Demütigungen und Niederlagen. Worauf man bei einem solchen Volk – dieser Logik folgend – von Verlierern, Trotteln und Schwächlingen, die jeden Krieg durch billige Tricks verlieren und sich über Jahrhunderte die Butter vom Brot nehmen lassen, überhaupt stolz sein sollte, erschließt sich dabei übrigens nicht. Diese Frage wird aber nicht gestellt; der Verfolgungswahn und die Täter-Opfer-Umkehr haben bei den Rechtsextremisten das Ziel, die Gewalttaten von Neonazis zu erklären. Dazu Decker:

Ein wichtiges Element rechtsextremer Bewegungen ist das Destruktionspotenzial gegenüber Menschen und gesellschaftlichen Institutionen. Was diese Destruktivität legitimiert, ist immer eine Vermischung von Subjekt und Objekt der Aggression. Diejenigen fühlen sich verfolgt und müssen dann quasi in Notwehr agieren und destruktiv vorgehen gegen diese Aggression. Der gesamte Vorgang ist aber eigentlich der, dass die Aggression primär aus diesen Leuten oder dieser Bewegung herauskommt. Welche Destruktionspotenziale hinter solchen rechtsextremen und narzisstischen Bewegungen stecken, hat man mit Nazi-Deutschland gesehen.

Die »Ausländerfrage« nimmt aufgrund dieses immensen Destruktionspotenzials einen Großteil der Handreichung Gansels ein. Aber die NPD setzt auch auf dieses Thema, um in bürgerlichen Kreisen Sympathien zu gewinnen. Nicht ungeschickt im Sinne der NPD, denn immer wieder belegen Untersuchungen, wie weit Vorurteile und feindliche Einstellungen gegen bestimmte Gruppen, besonders Migranten, verbreitet sind. Die Migranten ersetzen in der Welt der extremen Rechten des 21. Jahrhunderts die klassischen äußeren Feinde früherer Zeiten auf nationalstaatlicher Ebene, denn eine Bedrohung durch die

Nachbarn der Bundesrepublik können selbst die Völkischen nicht mehr erspinnen.

Eine Kriegserklärung sieht Gansel in dem Sieg des demokratischen US-Präsidentschaftskandidaten Barack Obama. Gansel macht deutlich, dass bei ihm das Rassedenken einen höheren Stellenwert einnimmt als die kulturalistischen Argumentationsmuster der Neuen Rechten. Mit der Wahl Obamas zum 44. Präsidenten der USA habe sich »das wahre Wesen des amerikanischen Molochs im 21. Jahrhundert enthüllt«, verkündet Gansel, denn »das weiße, von europäischen Auswanderern getragene Amerika befindet sich durch Einwanderung und Rassenmischung in Auflösung und hat mit dem Afrika-Sprößling seinen symbolischen Totengräber ins Präsidentenamt gewählt«.

Die Vereinigten Staaten, laut Gansels Handreichung eigentlich seit jeher voller menschlichem »Unkraut«, verwandeln sich nach dem Wahlsieg Obamas nun plötzlich auf wundersame Weise zum Guten, zum »weißen, von europäischen Auswanderern getragenen Amerika«, das sich »durch Einwanderung und Rassenmischung in Auflösung« befinde. Gansel liefert aber auch noch kulturelle Argumentationsversuche, allerdings wird die »kulturelle Zumutung« ebenfalls klassisch rassistisch begründet:

Schon das weiße Amerika war eine kulturelle [!] Zumutung für die Welt und zwang freien Völkern mit Waffengewalt ihr multirassisches und damit rassenvernichtendes Gesellschaftsmodell auf; ein nicht-weißes Amerika ist jedoch eine Kriegserklärung an alle Menschen, die eine organisch gewachsene Gemeinschaftsordnung aus Sprache und Kultur, Geschichte und Abstammung [!] für die Essenz des Menschlichen halten. Barack Obama verbirgt diese Kriegserklärung nur hinter seinem penetranten Sonnenschein-Lächeln.

Gansel glaubt also offenbar tatsächlich, Obama habe ihm den Krieg erklärt. Was fehlt hier noch? Klar, der Jude. Gansel liefert zuverlässig:

... dessen [gemeint ist Obama, PG] jüdischer Chefstratege David Axelrod in der Denktradition des deutsch-japanischen Mischlings Coudenhove-Kalergi und dessen Ideal eines identitätskastrierten Welteinheitsmenschen steht.

Der Jude als Strippenzieher, der »Neger« setzt die Kastration dann um. Gansel ist immer noch nicht fertig:

Richard Nicolas Coudenhove-Kalergi entwarf in seiner Schrift ›Paneuropa‹ (1923) das Schauerbild einer »eurasisch-negroiden Zukunftsrasse, äußerlich der altägyptischen vielleicht ähnlich«, deren Herren die Juden als »Führernation der Zukunft« und als »neue Adelsrasse von Geistes Gnaden« sein sollten.

Auf den Internet-Seiten der Seite *Holocaust-Referenz* heißt es zu diesem angeblichen Zitat:

C. ist der Gründer der Paneuropa-Bewegung und Autor mehrerer Bücher. Rechtsextremisten argumentieren manchmal mit einem »Zitat«, in dem C. angeblich einerseits die Vorherrschaft eines jüdischen Adelsgeschlechts und andererseits die Entstehung einer »eurasisch-neogroiden Mischrasse« propagiert. Was auch immer man gegen Coudenhove-Kalergi und die heute noch existierende »Paneuropa-Union« an kritischen Anmerkungen vorzubringen hat, der oben skizzierte Sachverhalt beruht auf einer Fälschung.

Das korrekte Zitat lautet:

Der Mensch der fernen Zukunft wird Mischling sein. Die heutigen Rassen und Kasten werden der zunehmenden Überwindung von Raum, Zeit und Vorurteil zum Opfer fallen. Die eurasisch-negroide Zukunftsrasse, äußerlich der altägyptischen ähnlich, wird die Vielfalt der Völker durch eine Vielfalt der Persönlichkeiten ersetzen.

Abgesehen von den veralteten und unwissenschaftlichen Rasse-
begriffen beinhaltet diese Utopie auch eine bemerkenswerte
Idee: die »Vielfalt der Persönlichkeiten« statt der »Vielfalt der
Völker«. Für die NPD als strikt anti-individualistische und kollektivistische Partei – in deren Weltbild sich alles der Volksgemeinschaft unterzuordnen hat und alle Menschen ihre fest
zugeordnete Rolle zu spielen haben – ein Schauerbild. Für alle,
die mehr haben und wollen als ihre Nationalität, erstrebenswert
und spannend.

Gansel unterscheidet in seiner Argumentation sowie in der
Handreichung also zwischen Menschen aus Europa bzw. Wei-
ßen und dem Rest der Welt, auf Deutschland bezogen stellt sich
Gansel die Zukunft so vor:

Die Mischlinge, die deutsch-nichteuropäischen Beziehungen ent-
stammen, werden das sich renationalisierende Deutschland über
kurz oder lang freiwillig verlassen, weil ihnen der nationale Kli-
mawandel nicht paßt. Sie werden sich »Heimatländer« suchen,
in denen es keine einheitliche Volkssubstanz gibt, in denen die
Durchrassung unumkehrbar ist und die damit verbundene ethnokulturelle Entwurzelung und Bindungslosigkeit allgegenwärtig
ist. Zielland solcher Mischlinge werden naheliegenderweise die
USA sein, wo es nie eine Volksgemeinschaft und Kulturnation,
sondern nur eine durchrasste Staats- und Einzelwillennation von
haltlosen Sozialatomen gab, wo der ethno-kulturell kastrierte
Einheitsmensch ohne Identität und Heimat wie Unkraut gedeiht.

»Mischlinge«, die den NPD-Staat »schon früher oder später
freiwillig verlassen« würden, sollen im NPD-Wahlkampf also als
»Unkraut« bezeichnet werden. Was mit denen passiert, die nicht
gehen wollen, führt Gansel nicht aus. Parteikollegen werden da
schon konkreter, im »NPD-Netztagebuch« träumt man Ende
2007 von einer »Sonderbehandlung« für politische Gegner.

Antisemitismus pur bietet die NPD ebenfalls in ihrem Port-
folio an, in der paranoiden völkischen Welt werden den Juden

wie erwähnt ganz besondere Fähigkeiten angedichtet, zumeist im Zusammenhang mit wirtschaftlicher und politischer Omnipotenz. In der NPD-Handreichung heißt es zur Globalisierung:

> Es handelt sich bei der Globalisierung um das planetarische Ausgreifen der kapitalistischen Wirtschaftsweise unter der Führung des Großen Geldes. Dieses hat, obwohl seinem Wesen nach jüdisch-nomadisch und ortlos, seinen politisch-militärisch beschirmten Standort vor allem an der Ostküste der USA.

Hinter der Globalisierung, welche die NPD als einen gesteuerten Angriff weniger Mächtiger auf die Völker wertet – wieder werden komplexe Vorgänge vereinfacht und personalisiert –, stehen laut NPD die Juden, bzw. das »Große Geld«, das jüdisch geprägt sei. Die Chiffre Ostküste findet sich in zahlreichen rechtsextremen Schriften, wenn es um antisemitische Verschwörungsfantasien geht. Und hinter diesem jüdischen Generalangriff verbirgt sich nach NPD-Ansicht noch einer weiterer perfider Plan:

> Die durch die modernen Kommunikationstechnologien und Massenmedien geförderte kulturelle Veramerikanisierung greift die organisch gewachsenen Identitäten der Völker an und arbeitet an einem konsumistisch abgerichteten Welteinheitsmenschen.

Jeder Fortschritt wird bei den Rechtsextremisten als Bedrohung der natürlichen Ordnung angesehen. Und hier kumulieren die verschiedenen Aspekte der völkischen Argumentationsmuster. Ablehnung der »modernen Kommunikationstechnologien und Massenmedien«, da diese die »Veramerikanisierung« förderten, wodurch die »organisch gewachsenen Identitäten der Völker« mal wieder angegriffen würden. Ziel dieser »Arbeit«: einen »Einheitsmenschen« zu schaffen, dies impliziert den Hass der Völkischen auf universelle Menschenrechte, sie propagieren die Ungleichwertigkeit von Menschen – hier transportiert durch eine Verschwörungstheorie, welche die komplexen und abstrakten Prozesse der Globalisierung gleich miterklären soll. Gesellschaftliche oder ökonomische Vorgänge vereinfacht und vor allem personalisiert zu erklären, stellt aber beileibe nicht nur bei Rechtsextremisten ein beliebtes Muster dar: Florida-Rolf und Mehmet, vor allem bekannt durch die *Bild*-Zeitung, lassen grüßen.

Durch Verschwörungstheorien versuchen die Rechtsextremisten also, den angeblich so großen Einfluss der – nach völkischer Lesart – eigentlich »minderwertigen« Juden zu erklären. Diese agieren demnach verdeckt, spielen unfair, intrigieren, lassen andere für sich arbeiten. Oft wird Hetze gegen Juden mit Kritik an der Wall Street und dem »Ostküsten-Finanzkapitalismus« in den USA verbunden. Dabei versucht die NPD auch an weitverbreitete antiamerikanische Einstellungsmuster in der Bevölkerung anzuknüpfen. Der Begriff Kultur spielt hier eine entscheidende Rolle, denn auch in Massenmedien werden die USA gerne als »kulturlos« diffamiert, während die europäische Kultur subtil und echt sei. Zumindest die Qualität eines Großteils der deutschen Kinoproduktionen sollte eigentlich auch bei dem Letzten leise Zweifel an diesen Klassifizierungen auslösen. Solche Widersprüche sind in der ganzen Gesellschaft zu beobachten, in der rechtsextremen Bewegung werden sie zu offenem Hass verdichtet.

Auch die Ablehnung gegenüber Massenmedien im Allgemeinen ist bei den Rechtsextremisten populär – obwohl sie diese selbst nutzen, siehe das Internet. Oder sie versuchen zumindest, große Medien in ihrem Sinne zu instrumentalisieren, wie die gezielten Provokationen in den Landtagen belegen. Die Medien stellen für die NPD eine besondere Herausforderung dar, weil der Nachweis einer zentralen Steuerung durch irgendwelche imaginären Instanzen schwerfällt. Zwar lässt die Qualität der politischen Berichterstattung oft durchaus zu wünschen übrig, doch dies kann nicht einmal von der NPD durch eine zentrale Steuerung erklärt werden. Doch die Völkischen sprechen einfach von einem Medienkartell, ohne dies genauer auszuführen.

Jeder, der schon einmal eine Redaktion länger als zwei Tage von innen gesehen hat, weiß, dass diese Verschwörungstheorien Unsinn sind, rein praktisch sind sie nicht durchführbar. In den meisten Redaktionen ist es kaum möglich, einheitliche Schreibweisen einzuhalten, wie sollen da komplexe Anordnungen zur Unterdrückung der NPD kommuniziert und überwacht werden? Auch hier überschätzt die NPD ihre Bedeutung exorbitant, für die meisten Journalisten stellt der Rechtsextremismus – ganz im Sinne des vorherrschenden Extremismusbegriffs – ein Randphänomen dar. Der NPD ist es ohnehin egal, auch hier greift ihr Verismus, der ihr praktischerweise ohnehin immer recht gibt. In einer Presseerklärung der NPD Niederschlesien aus dem Oktober 2008 heißt es beispielsweise:

Die Meinungsmanipulation kennt keine Grenzen. Nachrichten werden heute mit großen Lettern nicht nur in der Zeitung verbreitet: Sensationshaschend finden diese von Medienextremisten verbreiteten Darstellungen mittels Rundfunk und digitaler Technik in der schnelläufigen Zeit weite Verbreitung.

In ihrem dumpf antimodernen Weltbild erkennen die Völkischen nicht einmal den einfachen Gegensatz, dass sie diese Sätze selbst im Internet verbreiten – durch das Mega-Unternehmen Google sogar zur Nachricht bei *Google News* gekürt. Und Zeitungen mit großen Lettern sowie den Rundfunk (Stichwort: Volksempfänger) gibt es auch schon etwas länger.

Um ihr Weltbild Realität werden zu lassen, schlägt die NPD einen »Dritten Weg« vor. Unter der Überschrift »Das System hat keine Fehler, das System ist der Fehler« meldete sich im Oktober 2008 in einer Pressemitteilung der sächsische NPD-Fraktionschef Holger Apfel zu Wort. Er wies darauf hin, »daß nun die alte NPD-Forderung nach einem Dritten Weg zwischen internationalem Sozialismus und Kapitalismus vor dem Hintergrund der Finanzmarktkrise auch von ganz unerwarteter Seite« aufgegriffen werde. Gemeint waren damit Ausführungen einzelner SPD-Politiker. Diese Sätze Apfels ähneln denen des NPD-Strategen Gansel, der gerne mit NS-Metaphern um sich wirft, um das demokratische System zu delegitimieren, es mit seinen eigenen Waffen, nämlich der klaren Abgrenzung zum Nationalsozialismus, zu schlagen. Gansel schreibt in Bezug auf die Globalisierung beispielsweise von einer »Selektionsrampe«, an der die Völker zurzeit stünden. Apfel bezeichnete in der Presseerklärung das Finanzmarktstabilisierungsgesetz als »Finanzmarkt-Ermächtigungsgesetz«. Und: Diesem »finanzpolitischen Reichstagsbrand« werde die NPD nicht zustimmen. Apfel meint mit dem »Dritten Weg« einen Sozialismus ohne internationale Komponente sowie eine Marktwirtschaft ohne Freiheit. Der deutsche Weg, der nationale Sozialismus, wie die Rechtsextremisten es gerne nennen. Oder auch: Nationalsozialismus.

Um diesen »Dritten Weg« beschreiten zu können, wollen NPD und andere »Nationalrevolutionäre« zunächst den Kampf um die Köpfe ausfechten und gewinnen. In einer Erklärung des NPD-Parteipräsidiums aus dem Jahr 2007 klingt das so:

... revolutionäre Überzeugungsarbeit schafft man allein dadurch, dass man in die Köpfe der breiten Masse des Volkes eindringt, dort die Ketten der Umerziehung sprengt und so den befreiten und wiederbelebten Geist für die nationale und soziale Revolution mobilisiert, die unserem Volk seine Freiheit zurückgibt und seinen Fortbestand sichert. *(Erklärung des NPD-Parteipräsidiums vom August 2007)*

Bei den Jungen Nationaldemokraten – deren Chef Holger Apfel einst war – wird diese Strategie folgendermaßen beschrieben:

Revolutionär ist ideologischer und nicht bewaffneter Kampf. Voraussetzung für das Beschreiten des revolutionären Weges ist ein geschärftes politisches Bewußtsein unserer Mitstreiter. [...] Die Konsequenz daraus heißt nun logischerweise, daß man dieses System nicht reformieren kann, sondern beseitigt und durch etwas Neues ersetzt werden muß. [...] Ist das Bewußtsein der aktiven nationalistischen Kampfgefährtinnen und Kampfgefährten dahingehend ausgerichtet, geht es im nächsten Schritt darum, das Bewußtsein möglichst vieler Menschen in diese Richtung zu schärfen. In Verbindung mit der zunehmenden Verschärfung der sozialen Frage wird die Revolution wahrscheinlich und die Chance für eine revolutionäre Kampfpartei wird zunehmen. Dann wird der organisierte Nationalismus vom Objekt zum Subjekt der Politik, vom Verteidiger zum Angreifer!

Das heißt konkret: Die JN sehen noch nicht die Zeit gekommen für ihren »Angriff« und für ihre »Kampfpartei«. Dass dieses Ziel aber verfolgt wird, verheimlichen sie keineswegs. Sie legen ihre Strategie langfristig an, in Anlehnung an den linken italienischen Philosophen Antonio Gramsci wird der »Kampf um die Köpfe« geführt, um eine kulturelle Hegemonie zu erreichen. Die Völkischen wissen sehr genau, dass der Weg zur Macht für sie nicht über die Parlamente führt, sondern nur über eine Art Graswurzelrevolution. Der JN-Bundesvorsitzende Michael Schäfer, ein Student aus Sachsen-Anhalt und mittlerweile auch Kommunalabgeordneter der NPD, umschreibt die Ziele so:

Die JN sind die einzige nationalistische Jugendorganisation dieser Art in unserem Land und sie sind bundesweit organisiert. [...] Wir wollen einen Nationalismus aufzeigen und vorleben, der sozialistisch ist im Wirtschaftlichen, national im Staatlichen, völkisch im Kulturellen und freiheitlich im Denken.

Inwieweit die jungen Neonazis dabei ihren Ansprüchen selbst gerecht werden, ist eine interessante Frage. Denn alleine schon das moderne Outfit, welches sich besonders die »Autonomen Nationalisten« zugelegt haben, dürfte mit der von Rechtsextremisten propagierten deutschen Kultur nicht viel gemein haben: Piercings, Kapuzen-Pullover, Jeans, amerikanische Marken-Turnschuhe, Hardcore-Musik – nichts davon war vor 20 Jahren in rechtsextremen Kreisen auch nur ansatzweise anerkannt, eher setzte es dafür Schläge. Auch Apfel und Gansel können mit solchen Dresscodes nicht viel anfangen. Kein Wunder: Aus Sicht der NPD erscheint es als die größtmögliche Dummheit, bei Demonstrationen als Bürgerschreck aufzutreten. Da waren die Rechtextremisten gegenüber linken Demonstranten einst im Vorteil: Normalbürger lobten oft, dass die Neonazis zumindest ordentlich angezogen und gescheitelt seien.

Heutzutage greift die NPD also die Ideen der Neuen Rechten auf, um ihrer Ideologie einen modernen Anstrich zu verpassen, darf gleichzeitig aber das rassistische Fußvolk nicht mit kulturalistischen Argumentationsmustern überfordern. Sie muss auf unterschiedliche Bündnispartner wie die Altherrenpartei DVU sowie auf aktionistisch orientierte »Autonome Nationalisten« Rücksicht nehmen, will für die deutsche Kultur kämpfen, muss aber gleichzeitig das moderne Auftreten der jüngeren Kader ansatzweise akzeptieren. Phänomene wie die »Nationalen Sozialisten für Israel« oder der Richtungsstreit zwischen militanten Neonazis und bürgerlich orientierten Kräften können nur verstanden werden, wenn sie im Zusammenhang betrachtet werden. Der Rechtsextremismus in Deutschland hat sich ausdifferenziert, aus Braun wird teilweise Bunt. Eine soziale Bewegung ist entstanden.

4. Rechtsextremismus als soziale Bewegung

Wir haben eine große Botschaft. Wir haben wieder etwas, was die Jugend zum Kampf animiert. Es ist der große Idealismus. Und fragt euch doch einmal: Welche Kraft ist denn mächtiger? Erinnert euch an die Bilder der jungen Palästinenserinnen, junge Mütter, die sich den Sprengstoffgürtel umschnallen, um für ihr Volk, ihre Nation in den Tod zu gehen. Das ist es. *(Roland Wuttke, bayerischer NPD-Funktionär auf einer Demonstration im Oktober 2004)*

In der Berichterstattung über Rechtsextremismus wird zumeist von der rechten oder rechtsextremen »Szene« gesprochen beziehungsweise geschrieben. Dies verharmlost unabsichtlich die Komplexität und Schlagkraft des Rechtsextremismus in der Bundesrepublik Deutschland deutlich. Szene: das impliziert eine abgeschlossene, regional begrenzte und in ihren Codes einheitliche Struktur. Dies alles trifft nicht zu. Rechtsextremisten bemühen sich um Anschluss an die Mitte der Gesellschaft, agieren bundesweit – sogar international –, und es gibt diverse Organisationsformen: Parteien, Freie Kameradschaften, kriminelle Banden, Musikgruppen, mittelständische Unternehmen, einzelne Aktivisten. Daher sollte bezüglich des Rechtsextremismus in der Bundesrepublik von einer sozialen Bewegung gesprochen werden. Sozial darf in diesem Zusammenhang auf keinen Fall als inhaltliche Ausrichtung, als Eintreten für Rechte von Minderheiten verstanden werden, sondern ausschließlich als soziologische Klassifizierung.

Nach wissenschaftlichen Kriterien handelt es sich bei einer sozialen Bewegung um einen kollektiven Akteur, der zahlreiche Organisationsformen sowie Mobilisierungs- und Handlungsstrategien umfasst; die verschiedenen Organisationen und Personen verbindet ein gemeinsames Ziel: einen gesellschaftlichen Wandel zu beschleunigen, zu verhindern oder umzukehren.

Während bei den sozialen Bewegungen der 1970er und 1980er Jahre größtenteils progressive Kräfte am Werk waren, die sich der Gleichberechtigung und den Bürgerrechten verschrieben hatten, also gesellschaftlichen Fortschritt beschleunigen wollten, wuchs seit Mitte der 1990er eine reaktionäre, also rückwärtsgewandte, soziale Bewegung heran. Diese will gesellschaftliche Prozesse nicht beschleunigen, sondern verlangsamen und umkehren. Es geht gegen die Prinzipien der Aufklärung, gegen die universellen Menschenrechte. Rechtsextremisten propagieren – wie am Beispiel der NPD dargelegt – eine Volksgemeinschaft, bekämpfen den kulturellen Austausch und fordern eine Rückkehr zu einer imaginären ursprünglichen Ordnung. Dies wird oft mit konservativen Werten vermischt, gerne auch als »deutsche Tugenden« tituliert: Ordnung, Disziplin und Normalität. Diese Werte sollen die komplexe Gesellschaft übersichtlicher und subjektiv weniger bedrohlich erscheinen lassen.

Rechtsextremismus gibt es in Deutschland, seit die moderne Gesellschaft sich herausdifferenziert hat und durch die Mitbestimmungsmöglichkeiten verschiedene gesellschaftliche Gruppen um einen Kompromiss bemüht sind. Die Parteien sind organisatorischer Ausdruck dieser Aushandlungsprozesse. Jede Partei repräsentiert, bzw. repräsentierte zumindest einmal, bestimmte gesellschaftliche Gruppen. Vereinfacht dargestellt: Die FDP das alte gehobene Bürgertum, die Grünen das neuere gehobene Bürgertum, die Union die eher kleinbürgerlichen und konservativen Schichten, die SPD hat die Arbeiterschaft und Benachteiligten vertreten – diese Funktion übernimmt zunehmend die Linkspartei, deren Bedeutung durch die neoliberale Politik der vergangenen Jahre und die Entstehung eines weitgehend entrechteten Prekariats zusammenhängt. Bei den NPD-Anhängern handelt es sich mehrheitlich um jüngere Männer aus unteren Bildungsschichten. Die Zielgruppe überschneidet sich teilweise mit der der Linkspartei, besonders in Ostdeutschland, wo kollektivistische Ideen weiter verbreitet sind als im Westen. Die Anhänger der NPD zeichnen sich dadurch aus, dass Kompromisse und Diskussionen nicht ihre Sache sind, sie hängen einem autoritären Weltbild an, wonach ein starker Mann die Geschicke lenken sollte. Rechtsextremisten zufolge gibt es eine absolute Wahrheit, Debatten und Aushandlungsprozesse zwischen verschiedenen gesellschaftlichen Akteuren sind demnach reine Zeitverschwendung.

Da Gesellschaften sich in Transformationszeiten, wie nach der Wende in Ostdeutschland, besonders unübersichtlich gestalten, lässt sich die Entstehung dieser reaktionären sozialen Bewegung unter anderem (!) mit diesen gesellschaftlichen und wirtschaftlichen Rahmenbedingungen erklären. Bestimmte Krisenszenarien begünstigen die Entstehung oder Verstärkung von rechtsextremen Einstellungsmustern, beispielsweise die Suche nach Sündenböcken. Es ist aber viel zu kurz gesprungen, wenn dies als alleinige Erklärung herangezogen wird, wie es immer wieder gerne geschieht: Gebt den Leuten Arbeit, dann ist alles in Ordnung, so die These. Diese Erklärung greift bei einigen rechtsextremen Akteuren zwar teilweise, andere Phänomene werden dadurch aber überhaupt nicht berührt. So gibt es durchaus auch gut situierte bis wohlhabende Rechtsextremisten, der Verleger und Millionär Gerhard Frey führt beispielsweise seit Jahrzehnten die Deutsche Volksunion (DVU). Schon durch diese sehr einfachen Beispiele zeigt sich, wie unbrauchbar monokausale Erklärungen sind. Naheliegend erscheint es allerdings, dass Menschen, die nichts zu verlieren haben, eher zu unüberlegten Handlungen neigen als Besitzstandswahrer.

Nicht umsonst basiert die rechtsextreme Bewegung hauptsächlich auf den Strukturen und Aktivisten in Ostdeutschland – obwohl entsprechende Einstellungen in ganz Deutschland weitverbreitet waren und weiterhin sind. Wissenschaftler sprechen von einer »modernisierungskritischen Reaktion auf Ethnisierungsprozesse und Individualisierungsschübe« in der Gesellschaft. Dies bedeutet praktisch: Angst und Verunsicherung vor allen Veränderungen, Fremde werden als Bedrohung wahrgenommen, die Komplexität der Gesellschaft überfordert viele Menschen, gewohnte gesellschaftliche Institutionen lösen sich auf, neue müssen erst geschaffen werden. Daher sprechen viele Beobachter beim Kampf gegen den Rechtsextremismus in Teilen Ostdeutschlands auch nicht von der Verteidigung der Demokratie. Das demokratische Bewusstsein gibt es dort in weiten Teilen der Bevölkerung gar nicht. Und die NPD versucht Vorbehalte und Ängste weiter zu schüren, indem sie immer wieder mit martialischen Worten vor der besonders abstrakten und somit beängstigenden Globalisierung warnt. Dafür greifen die rechtsextremen Strategen Alltagsinteressen der Bürger und weithin akzeptierte Themen auf und erklären lokale Probleme ausschließlich durch weltpolitische Vorgänge, die angeblich von einer Machtclique bestimmt werden.

Wie bereits angeführt, können sich die Rechtsextremisten durch dieses Konstrukt auch der eigenen Verantwortung für die Situation entziehen, ein attraktives Modell, welches den »kleinen Mann« stets als Opfer dubioser Mächtiger darstellt. An dieser Stelle zeigt sich bereits: Hier kommen die persönlichen, anerzogenen Verhaltensmuster und Einstellungen mit ins Spiel – allein äußere Umstände greifen zur Erklärung des Phänomens Rechtsextremismus zu kurz. Selbstbewusste, offene und verantwortungsvolle Menschen werden sich sicherlich nicht als vermeintlich wehrlose Opfer von irgendwelchen dunklen Mächten fühlen wollen. Das weitverbreitete Muster, sich über »die da oben« zu beschweren, da »die sowieso machen, was sie wollen«, und gleichzeitig nach einem starken Staat zu rufen –, begünstigt rechtsextreme Einstellungen. Mit patriarchalischen Ansichten verhält es sich ähnlich – neben Männlichkeitsgehabe stellen Minderwertigkeitskomplexe sowie hoher Normierungsdruck weitere Faktoren dar, die die Entstehung von Rechtsextremismus begünstigen. Hinzu kommt noch die ausgeprägte Unfähigkeit, Konflikte sinnvoll, konstruktiv und gemeinsam zu lösen. Aus all diesen Faktoren wächst ein tief verankertes Misstrauen gegen alles Fremde – welches besonders in ländlichen Regionen verbreitet scheint. In einigen Regionen Ostdeutschlands kann soziologisch gesehen eine relativ homogene Bevölkerungsstruktur beobachtet werden – inklusive Männerüberschuss. Dies führt zu weiter steigendem Normierungsdruck und noch weniger kulturellem Austausch – und Abwanderung von denen, die die Möglichkeit dazu haben: Besserausgebildete, oft Frauen. Ein Teufelskreis. In diesen homogenen Umgebungen scheinen menschenfeindliche Einstellungen deutlich besser zu gedeihen, von homogenen Gruppen geht auch weit mehr Aggressivität aus. Wilhelm Heitmeyer, Professor für Pädagogik mit dem Schwerpunkt Sozialisation an der Universität Bielefeld, im Interview mit dem Autor:

Empirische Untersuchungen haben gezeigt: Ostdeutschland hat ein spezifisch siedlungsstrukturelles Problem – durch die vielen kleinen Gemeinden und Kleinstädte. Die gut ausgebildeten Menschen, die Widerworte geben, die wandern ab. Dadurch wird die Struktur immer homogener, sowohl sozial als auch von den Einstellungsmustern her. Und von homogenen Gruppen geht an vielen Stellen weit mehr Gefahr aus als von heterogenen Gruppen. Weiterhin herrscht ein hoher Konformitätsdruck in diesen kleinen Gemeinden, man kennt sich, es ist kaum möglich, alternative Bekanntschaften und Freundeskreise aufzubauen – anders als in Großstädten.

Rechtsextremismus muss daher auch als anti-städtisch definiert werden: Die Stadt dient als ein zentrales Feindbild, das Land wird hingegen stets idealisiert, die Volksgemeinschaft im Kleinen. Man denke in diesem Zusammenhang an die Kulturlandschaften und familiären Bauernbetriebe im NPD-Parteiprogramm oder das Geschreibsel von Jürgen Gansel über den Zusammenhang zwischen Stadt und Globalisierung:

Schon im 20. Jahrhundert haben Nationalisten bei Wahlen auf dem Land stets ihre besten Ergebnisse erzielt, weil Menschen, die in intakte Sozial-, Kultur- und Traditionsverhältnisse hineingeboren werden, immer eine Ader für das Natürliche und Gewachsene, also das Nationale, haben. [...] Die Globalisten wollen den identitätskastrierten, wurzellosen und gemeinschaftsunfähigen Konsumbürger, wie er gerade in multi-ethnischen Großstädten gedeiht. Dörfer und Kleinstädte könnten zum Kristallisationspunkt eines fast erd- und bluthaften Widerstands werden.

Im Weltbild der NPD »gedeihen« Menschen auf einem gesunden Boden – und dies im Dorf, nicht in der Großstadt. Das Bild der Stadt war bereits ein Feindbild der NS-Mythen, auch die Juden waren stets im urbanen Raum verortet: als hinterlistige Kaufleute und raffende Spekulanten beispielsweise. Zudem gestalten sich große Städte stets unübersichtlich, wirken unkontrollierbar – und damit bedrohlich – besonders für Menschen, die nach Sicherheit und gewohnten Abläufen streben. Stadtluft verspricht aber stets auch Freiheit; Freidenker und Künstler, Freaks und progressive Kräfte sammeln sich zumeist in den urbanen Zentren. Dennoch können auch Law-and-order-Politiker, wie Ronald Barnabas Schill in Hamburg, große Wahlerfolge erreichen: Ihr Versprechen, geordnete Verhältnisse in der Stadt zu schaffen, kommen bei Teilen der Bevölkerung gut an. Die Stadt an sich ist aber nicht konservativ, sie wächst schwer kontrollierbar. Gerade das macht ihren Reiz aus. Stadtplaner setzen daher zunehmend auf »weiche Standortfaktoren« – Vielfalt und Subkulturen als Standortvorteil. Wirtschaftsinstitute legen ganze Studien über die Vielfalt in deutschen Städten vor, um Fachkräften einen Zuzug schmackhaft zu machen. Ganze Stadtteile verändern sich komplett in wenigen Jahren – ganz im Gegensatz zu Dörfern, die oft über Jahrzehnte unverändert bleiben. In den urbanen Zentren kommen und gehen Menschen, das Leben ist überraschend und oft unvorhersehbar durch die vielen unterschiedlichen Charaktere, welche auf engem Raum aufeinandertreffen. In einigen Stadtteilen deutscher Großstädte entstehen durch das Miteinander grundverschiedener Menschen neue Moden, Stile und Trends, die dann von Trendscouts, Medien und Werbung aufgegriffen und vermarktet werden. Und irgendwann gehören dann auch Irokesen-Schnitte in die Dorfdisco – 20 Jahre zuvor wurden Punks mit einer solchen Frisur noch herausgeprügelt.

Um Missverständnissen vorzubeugen: Nicht alle Dörfler sind stockkonservativ, nicht alle Städter tolerante Weltbürger, diese Darstellung verallgemeinert und stellt typische Strukturen in den Vordergrund. Zudem ist immer wieder zu beobachten, dass auf dem Land einfach andere Gesetze gelten, was viele Dörfler auch stolz betonen.

Städte können hingegen als Ausgangspunkt der Globalisierung gesehen werden, sowohl der kulturellen als auch der wirtschaftlichen – hier besonders die Hafenstädte, die mit anderen Städten und Ländern Handel treiben und wo Menschen aus anderen Ländern ankommen und neue Einflüsse bringen. Die Menschen ziehen aber nicht nur aus Spaß und wegen der Suche nach Abwechslung und der Sehnsucht nach Kultur in Städte: Auch Bildung, Arbeit, Reichtum stellen wichtige Gründe dar – gleichzeitig fürchten sich viele aber auch vor den urbanen Zentren, vor Kriminalität und fremden Menschen. Schreckensgeschichten aus den Städten sind Legion, die Vororte gruppieren sich um die Städte als Rückzugsgebiet für Menschen, die zwar in Ballungsräumen leben wollen oder müssen, gleichzeitig aber die Sicherheit und Ordnung von Dörfern bevorzugen. Sie sind ein Abbild des Lands im städtischen Umfeld, »Disney-World Suburbia«, wie die Journalistin Petra Steinberger von der *Süddeutschen Zeitung* es bei einer Podiumsdiskussion bezeichnete. Und der kleine Garten dient als Ersatz für die ursprüngliche Natur.

In Städten werden also neue Stile, Moden und Trends entwickelt, nicht auf dem Land. Die rechtsextreme Bewegung basiert aber vor allem auf Strukturen im ländlichen Bereich – beispielsweise in Vorpommern oder der Sächsischen Schweiz. Die Rechtsextremen verfügen kaum über eigenes Kreativpotenzial, Kreativität wird in dieser männlich dominierten Welt ohnehin eher abgetan. Mit fatalen Folgen für die kulturelle Ausstattung dieser Bewegung: die ersten Gehversuche deutscher Rechtsrock-bands aus den 1980er Jahren legen Zeugnis davon ab – sie brillieren durch unfreiwillige Komik; dennoch sind sie der Auftakt einer Erfolgsgeschichte des deutschen Rechtsrocks, anfangs belächelt, heute ein Millionengeschäft. Doch »deutsch« ist an dieser Musik eigentlich nichts. Fast alle im Rechtsextremismus verbreiteten Stile, Moden und Aktionsformen sind geklaut. Rock 'n' Roll galt bei wenig fortschrittlichen Menschen lange als Teufelszeug und »Negermusik«, die Skinhead-Mode stammt aus Jamaika und kam über England auf den Kontinent. Die ersten Skinheads waren keine Rassisten und hatten nichts mit »White Pride« am Hut, ihre Musik war der jamaikanische Ska, der sich mit englischer Musik zu neuen Stilen weiterentwickelte. Aktuell sorgt eine neue rechtsextreme Aktionsform für Aufsehen: die »Autonomen Nationalisten« – abgekupfert vom Auftreten der linksradikalen Autonomen. Zunächst nur in Städten wie Berlin, Hamburg, Frankfurt und Göttingen bekannt, ist diese Bewegung inzwischen auch bei Neonazis in Vorpommern angekommen. Immerhin muss der rechtsextremen Bewegung aber eine gewisse Dynamik zugestanden werden, neue Aktionsformen und Stile werden erprobt, möglicherweise verworfen oder integriert, daraus erwachsen teilweise neue Szenen. Nur das kreative Potenzial fehlt. Selbst die sogenannten »National befreiten Zonen« können als eine Kopie von städtischen »Gang«-Strategien gesehen werden. Hinter »National befreiten Zonen« steht die Idee, in bestimmten Teilen eines Dorfes, einer Stadt oder einer ganzen Region die staatliche Macht so weit zurückzudrängen, dass die örtlichen Rechtsextremisten selbst sanktionsfähig werden. Der »Nationaldemokratische Hochschulbund« (NHB) brachte im Jahr 1991 den Begriff in einem Strategiepapier ein, die »Jungen Nationaldemokraten« (JN) propagieren den Begriff dann weiter. Angeblich stammt dieses Konzept aus den Guerilla-Bewegungen Südamerikas. Allerdings gibt es auch strukturelle Hinweise auf einen ganz anderen Ursprung. So waren es in Städten kriminelle Milieus, mafiöse Strukturen, Gangs, die so vorgingen – die Revierkämpfe zwischen Banden zeigen dies. Dabei ging es um wirtschaftlichen, aber auch politischen Einfluss, um kulturelle Hegemonie ebenso. Das Konzept der »National befreiten Zonen« – dieser Begriff wurde zum Unwort des Jahres 2000 gekürt – lässt sich gut auf das Land übertragen: So tauchen in einigen Regionen öffentlich kaum andere Milieus auf, die sich gegen aggressives rechtsextremes Hegemoniestreben auflehnen können, die Infrastruktur ist übersichtlich, die Kontrolle über wenige öffentliche Punkte reicht aus, um Macht zu demonstrieren.

Die angeführten anti-städtischen Einstellungen sind übrigens bei Weitem kein Alleinstellungsmerkmal für überzeugte Rechtsextremisten, wie man am Sonnabend zur Hauptfernsehzeit in den Heimatfilmen der großen TV-Sender sehen kann. Der Plot gleicht sich zumeist frappierend: Das Ganze spielt in einer heilen und natürlichen Dorfidylle mit glücklichen, traditionsbewussten und in sich ruhenden Menschen. Dann taucht das Problem, die Herausforderung auf, eine Veränderung beziehungsweise Bedrohung von außen. Oft kommt diese daher in Person eines skrupellosen Spekulanten oder eines verlorenen Sohnes, der in der Stadt verdorben wurde und nun als Erbe oder gewissenloser Geschäftsmann in sein Heimatdorf zurückkehrt. Die ehrlichen und unverdorbenen Dörfler setzen sich tugendhaft und gewitzt, aber stets fair, gegen die Eindringlinge zur Wehr – und siegen. Immer. Die heile und vor allem unveränderte Welt bleibt bestehen. Der verlorene Sohn lernt seine Lektion und verliebt sich in die unscheinbare biedere Dorfbraut, mit der er schon in der Kindheit gespielt hatte. »Echte« Städter verlassen hingegen das Dorf nach ihrer Niederlage wieder und sind für immer verloren. Fazit: Alles Schlechte kommt aus der Stadt, das Leben auf dem Land ist ehrlich und gut. Ein simples Schwarz-Weiß-Denken – getarnt hinter den leuchtenden Farben von Alpenpanoramen und frisch gestrichenen Fachwerkhäusern.

Solche Vorstellungen von »ursprünglichen« Zuständen sind weitverbreitet, diese Filme und deren immense Einschaltquoten bei fast immer gleicher Handlung belegen eine antimoderne

Sehnsucht – auch andere Trends wie der Mittelalter-Kult weisen darauf hin. All dies kann (!) rechtsextreme Einstellungen begünstigen – allerdings ist es ein weiter Weg, bis aus Einstellungen auch Handlungen werden. Denn auch in Westdeutschland sollen Studien zufolge zehn bis 15 Prozent der Bevölkerung ein geschlossenes rechtsextremes Weltbild haben. Diese jedoch wählen zumeist keine rechtsextremen Parteien, sondern Union oder SPD, viele wählen gar nicht. Für die NPD eine hoffnungsvolle und gleichzeitig schwierige Lage: Es scheinen zwar viele Menschen tendenziell ihren simplen und völkischen Parolen zuzustimmen – immer wieder weist die NPD vor Wahlen auf entsprechende Untersuchungen hin –, doch nach dem Urnengang wundern sich die Rechtsextremisten dann, warum es wieder nur zu einem Prozent gereicht hat. Die NPDler wollen oder können den Unterschied zwischen Einstellungen und Verhalten nicht erkennen. So schimpft beispielsweise der rechtsextreme Publizist Jürgen Schwab:

Bei Wahlen, so sollte man meinen, könnten auch patriotische Feiglinge wenigstens mal die NPD wählen. Warum dies nicht in ausreichendem Maße der Fall ist, darüber läßt sich spekulieren.[*]

Soziale Bewegungen umfassen nach gängigen wissenschaftlichen Kriterien vier Dimensionen: Sympathisanten, Unterstützer, Basisaktivisten und Bewegungseliten. Die Bewegungseliten beziehungsweise Bewegungsunternehmer in der rechtsextremen Bewegung sind einflussreiche NPD-Kader oder auch parteiungebundene Neonazis wie Christian Worch oder eben Jürgen Schwab. Diese Kader genießen Ansehen in der Bewegung, verfügen über eine extrem hohe Vernetzung, entwickeln Strategien, melden und leiten Demonstrationen, gründen Versandunternehmen, schreiben Reden, streiten kontrovers untereinander und sind fast immer männlich. Die Bewegungseliten liefern

---

[*] Längere Ausschnitte des Interviews auf NPD-BLOG.INFO

den programmatischen Rahmen für die Bewegung, sie geben Strategien und Argumentationsmuster vor (siehe Gansels Handreichung für NPD-Kandidaten). Streitigkeiten innerhalb der Bewegungseliten werden oft Gegenstand öffentlicher Berichterstattung, beispielsweise wenn sich führende Neonazis gegen eine Erklärung der NPD-Spitze aussprechen. Die Bewegungseliten definieren sich zumeist als politische Soldaten, investieren äußerst viel Kraft, Zeit und Geld in ihre Aufgabe. Die Politik bestimmt ihr Leben. Sie fallen eher selten durch Gewalttaten auf, da dies aus ihrer Sicht kontraproduktiv wäre. Allerdings liefern sie der Bewegung das intellektuelle Rüstzeug – auch zur Rechtfertigung von Gewalt.

Die Basisaktivisten organisieren sich in den Parteien und anderen Organisationen, nehmen regelmäßig an Aufmärschen teil, verteilen Flugblätter, kandidieren bei Wahlen, übernehmen Hilfsfunktionen bei Veranstaltungen. Wer sich hier besonders hervortut, kann in den Kreis der Bewegungseliten aufsteigen. Auch die Basisaktivisten stecken oft viel Geld und Zeit in die Bewegung, suchen hier nach Anerkennung und Gemeinschaft. Häufig übernehmen Frauen Aufgaben in diesem Bereich, beispielsweise durch Flyer-Verteilen, »Kasse machen« bei Konzerten, Erste Hilfe bei Demonstrationen. Basisaktivisten geraten bei Demonstrationen oder anderen Aktionen oft mit der Polizei oder Gegendemonstranten aneinander.

Das Fußvolk und die Unterstützer sind eher auf den Konsum der rechtsextremen Angebote aus. Sie besuchen Konzerte, gehen gelegentlich auf eine Demonstration, sind eher subkulturell geprägt und zumeist nicht sehr politisiert, sie unterstützen zwar die Ziele der Bewegung – die Schaffung einer Volksgemeinschaft durch Ausweisung aller Menschen, die im Sinne der Völkischen keine Deutschen sind –, engagieren sich aber nicht aktiv in den Organisationen und Parteien. Die Grenzen zu den Basisaktivisten sowie den Sympathisanten sind fließend. Hier dürften die meisten Straftäter zu finden sein, oft gibt es Überschneidungen mit kleinkriminellen Milieus. Spontane Gewalttaten werden oft von diesen Mitläufern verübt – möglicherweise auch, um sich Anerkennung in der Bewegung zu verschaffen.

Die Sympathisanten schließlich sind beispielsweise Wähler, die NPD oder DVU ihre Stimme geben, oder auch billigendes Publikum, der sogenannte bürgerliche Mob. Sie gehen fast nie auf Demonstrationen und sind nicht aktiv in Parteien engagiert. Hier handelt es sich oft um die sogenannten Protestwähler, die auch rechtsextreme Einstellungen haben, aber kein geschlossenes rechtsextremes Weltbild. Sie sehen sich selbst auch nicht als Rechtsextremisten.

Möglicherweise wäre es sinnvoll, dieses Modell noch um eine Dimension zu erweitern: die Mehrheitsgesellschaft. Ihr Verhalten oder Nicht-Verhalten entscheidet über die Entstehung und den Erfolg einer sozialen Bewegung, die sozialen Bewegungen wachsen aus der Mehrheitsgesellschaft, wirken auf diese ein, fordern sie heraus. Wo die Mehrheitsgesellschaft schwach ist, sind die Rechtsextremisten stark, diese Wechselwirkung gilt es immer zu berücksichtigen. Nicht umsonst konnte sich die rechtsextreme Bewegung besonders dort etablieren, wo Institutionen wie Kirchen, Gewerkschaften, Zusammenschlüsse von Bürgern oder auch kulturelle Vereine besonders schwach sind. Diese fünfte Dimension der sozialen Bewegung wäre kein Teil der Bewegung, sondern die gesellschaftliche und politische Realität, in der sich die anderen Dimensionen bewegen und welche die Möglichkeiten der vier inneren Dimensionen festlegt und begrenzt. In vielen Fällen befördert die Mehrheitsgesellschaft rechtsextreme Einstellungen. Wilhelm Heitmeyer wies im Zusammenhang mit der Hetzjagd von Mügeln in einem Interview mit dem Autor darauf hin, dass dies ein trauriger Normalfall sei:

Die feindseligen Mentalitäten werden vor allem von den Älteren vertreten – und die Jüngeren bringen dann die Gewalt ins Spiel. Und dann wird eine Gesellschaft plötzlich nervös. Was die Älteren an Denkmustern jeden Tag am Stamm- oder am Abendbrottisch transportieren, das wird überhaupt nicht thematisiert. Es geht nicht darum, sich gegen rechtsextreme Gruppen zu versammeln, sondern die Stadtgesellschaft [beispielsweise in Mügeln, PG] ist das Problem. Wenn man die Älteren nicht mit ins Boot bekommt, dann hat man ganz schlechte Karten.

Besonders der organisierte Rechtsextremismus wird durch eine Reihe von äußeren Faktoren begünstigt oder in seiner Entwicklung gehemmt, es wäre daher sinnvoll, durch die stärkere Einbeziehung der Mehrheitsgesellschaft in dieses Modell deren Verantwortung aufzuzeigen – und so die Ursachen für den Rechtsextremismus besser zu verstehen. Selbst der Neonazi Christian Worch räumt im Interview mit dem Autor offen ein, wie gering die Möglichkeiten sind, ausschließlich durch rechtsextreme Propaganda neue Anhänger zu gewinnen:

Der Nationale Widerstand wird weniger aktiv neue Unterstützerkreise in der Bevölkerung für sich gewinnen als eher durch die zu erwartende weitere Verschlechterung der Lebensverhältnisse.[*]

Dennoch versuchen Rechtsextremisten selbstverständlich, ihre Möglichkeiten in der Gesellschaft auszubauen, um so Sympathisanten und Fußvolk zu rekrutieren oder zu aktivieren. Daher entwickeln sich in der rechtsextremen Bewegung immer wieder neue Organisationen und Aktionsformen, die nebeneinander agieren und sich ergänzen – zum Teil aber auch miteinander konkurrieren. Bemerkenswert, auch für künftige Maßnahmen: Das Verbot diverser Neonazi-Organisationen kann als eine der wichtigsten Voraussetzungen für das Entstehen der sozialen Bewegung bewertet werden. So löste das Bundesinnenministerium Mitte der 1990er Jahre unter anderem die Freiheitliche Arbeiterpartei (FAP), die Nationalistische Liste (NL) und weitere Vereine und Organisationen auf. Der FAP war es in der alten Bundesrepublik als einer der wenigen neonazistischen Organisationen

---

[*] Längere Ausschnitte des Interviews auf NPD-BLOG.INFO

überhaupt gelungen, lose Zusammenhänge rechtsextremer Jugendlicher und Teile der Hooligan-Szene an sich zu binden. Die FAP galt zu dieser Zeit als das Radikalste und Militanteste, was man sich vorstellen konnte. Angriffe auf politische Gegner und das Erschaffen von Angsträumen gehörten damals längst zu ihrer Strategie. Im Hamburger Umland beispielsweise waren bestimmte Bahnhöfe Anfang der 1990er Jahre zu Angsträumen für Linke, Ausländer und andere Menschen, die nicht in das eng abgesteckte Weltbild der Neonazis passten, geworden. Damit leistete die FAP um Führungskader wie Friedhelm Busse eine unselige Pionierarbeit im Sinne der späteren NPD-Strategie, sich für militante Subkulturen zu öffnen sowie für das Konzept der »National befreiten Zonen«. Die Öffentlichkeit kümmerte dies wenig. Dabei wurden hier die Grundlagen für die heutige rechtsextreme Bewegung gelegt, indem neue Strategien erfolgreich getestet wurden.

In Westdeutschland gab es seit der Gründung der Bundesrepublik stets zahlreiche rechtsextreme Splitterparteien, im Osten wuchs eine rechtsextreme Jugendkultur, die aber über keine Organisationsform verfügte. Nach der Wiedervereinigung ergänzten sich diese beiden Teile, die Bewegung formierte sich, auch durch den nationalen Taumel im Selbstbewusstsein gestärkt blies man zum Angriff auf den gemeinsamen Feind: »die« Ausländer, insbesondere Asylbewerber. Die Pogrome von Rostock und Hoyerswerda sind bis heute identitätsstiftend für die Bewegung, genau wie die Aufmärsche gegen die Wehrmachtsausstellung, welche für die NPD den Siegeszug im rechtsextremen Lager einleiteten. Die Bedeutung der Mehrheitsgesellschaft wird bei diesen Beispielen besonders deutlich, da es Unterstützung für die Forderungen der Rechtsextremisten gab, diese konnten sich daher als Vollstrecker des »Volkswillens« fühlen, ihre Aktionen zeigten zudem direkte Wirkung. Während der Kampagne gegen die Flüchtlinge Anfang der 1990er Jahre beherrschten rassistische Parolen die Berichterstattung. Unrühmliche Höhepunkte waren die Pressekampagnen gegen Asylbewerber, hier tat sich einmal mehr besonders negativ die *Bild*-Zeitung hervor, aber auch andere Medien setzten Maßstäbe. Aus Schlagworten wurden Brandsätze. Der *Focus* griff mächtig tief ins Klo, man ist geneigt zu schreiben in die braune Scheiße, als er fast zur Selbstjustiz aufrief und den Neonazis somit weitere Munition für ihre Gewaltexzesse lieferte. Auch der *Spiegel* titelte zu dieser Zeit mit »Ansturm der Armen« und dazu einem Bild mit einem hoffnungslos überfüllten Boot, das auf die Arche Noah anspielte. Begriffe wie »Asylantenflut« und »Ausländerschwemme« gehörten in diesen Tagen zum normalen Ton der deutschen Medien. Auf den Straßen tobte der Bürger-Mob, es kam in mehreren Städten zu Pogromen. Und dass beispielsweise in Rostock-Lichtenhagen nicht Menschen verbrannten oder gelyncht wurden, war purer Zufall. Westdeutsche Neonazis heizten die Stimmung vor Ort an, versorgten die Kameraden in den neuen Bundesländern mit Propaganda-Material, führten zahlreiche Schulungen durch. Noch heute berichten westdeutsche Neonazis mit leuchtenden Augen von der Nachwendezeit. Zudem entwickelten führende Neonazi-Kader, allen voran Christian Worch und Thomas Wulff aus Hamburg, als Reaktion auf die Verbotswelle das Konzept der »Freien Kameradschaften«. Dieses sind Organisationen ohne festen organisatorischen Rahmen. Auch hierbei handelt es sich um die Kopie eines Konzepts der radikalen Linken.

Durch die neue Struktur wurden die Gruppen immun gegen Verbote, da es einfach nichts zu verbieten gab. Das Motto lautete von nun an: Organisierung ohne Organisation! Die Kameradschaften sind zudem für subkulturell geprägte Jugendliche weit attraktiver als Wahlparteien: keine Aufnahmeanträge, Mitgliederversammlungen und Kassenberichte, sondern Aktionen standen auf dem Programm. Der Einstieg in den organisierten Rechtsextremismus wurde auf diese Weise extrem vereinfacht. Und eine Kameradschaft lässt sich schnell ins Leben rufen: ein paar Bekannte, ein Name, eine Internet-Seite und ein Transparent auf einer Demonstration – fertig. Der Verfassungsschutz geht von etwa 150 Kameradschaften aus mit einer Mitgliederzahl von je fünf bis zwanzig Personen – wobei viele dieser Zusammenschlüsse möglicherweise nur auf dem Papier existieren. Dennoch: Mit wenig Aufwand können Neonazis so schon einmal etwas erschaffen. Doch einzelne Kameradschaften bringen gar nichts, wenn die Vernetzung fehlt. Daher wurden regionale »Aktionsbüros« aufgebaut, die für die Koordination und Zusammenarbeit zuständig sind. Diese Aktionsbüros tauschen sich wiederum untereinander aus, um bundesweite Aktionen zu organisieren. Auch diese Entwicklung wäre ohne das Internet nicht möglich gewesen. Zudem öffnete sich die Bewegung für neue Stile und Codes, die dogmatischen Grenzen fielen: Auch Personen mit Piercings und Autonomen-Outfit werden heutzutage akzeptiert, geben inzwischen sogar die Richtung vor. Outfits, Symbole und Parolen anderer Subkulturen werden übernommen und uminterpretiert. Kompatibel erscheint besonders ehemals linke Kampf- und Widerstandsrhetorik und -symbolik – hier sei zuvorderst das »Palituch« (Palästinensertuch) angeführt, welches die antizionistische und antisemitische Ausrichtung der Rechtsextremisten nach außen symbolisieren soll.

Wichtigste Aktionsform der »Freien Kameradschaften« sind Demonstrationen und Kundgebungen. Die Inhalte erscheinen dabei eher nebensächlich bis konstruiert, wichtigstes Ziel ist die Präsenz auf der Straße – und so auch in den Medien. Anmelder der meisten Demonstrationen mit überregionaler Mobilisierung war und ist Christian Worch aus Hamburg. Regionale Demonstrationen dagegen werden oft von örtlichen Kadern oder NPD-Kräften angemeldet, dies geschieht zumeist in enger Zusammenarbeit, auch was die Besetzung der Rednerliste angeht. Die Neonazis setzen bei ihren Aufmärschen auf Themen wie Anti-Globalisierung, Kapitalismus, Kriminalität (hierbei fordern sie besonders gern die »Todesstrafe für Kinderschänder«) oder auch – wieder bei der Linken abgeschaut – Polizeigewalt und staatliche Repression.

... dann wird es dereinst einen Sternmarsch nach Berlin geben, und da wird uns keiner dieser Hochverräter mehr entkommen. Da wird jede Ausfallstraße gesperrt sein. Barrikaden werden stehen. Dann ist Deutschland wieder erwacht. [...] Wenn es zu körperlichen Auseinandersetzungen kommen sollte mit diesem linksfaschistischen Pöbel da vorne, dann weiß ich, dass diese über 200 deutschen Männer und Frauen wie eine Front stehen und in diesen Kampf gehen wie in einen Gottesdienst. *(Der Neonazi Dieter Riefling auf einer NPD-Demonstration 2004 in Hannover)*

Worch meldet viele Aufmärsche nicht nur an, er geht juristisch gegen Verbote und Auflagen vor, seine Ausbildung zum Rechtsanwaltsgehilfen ist ihm dabei behilflich. Worch scheut keine Klagen vor höheren Instanzen und versucht auch, möglicherweise gesetzeswidrige Maßnahmen der Polizei nach den Demonstrationen rechtlich aufzuarbeiten. Er unterstützt die gesamte Organisation und tritt als Redner auf. Zudem verfasst er stets genaue Berichte von den Demonstrationen, die er im Internet veröffentlicht. Seine Bilanz zu einem Neonazi-Aufmarsch im September 2008 in Dortmund liest sich beispielsweise so:

Der wohl älteste Teilnehmer und zugleich der mit der persönlich größten militärischen Erfahrung wird Herbert Schweiger gewesen sein: Als Kriegsfreiwilliger der Waffen-SS und letztlich im Range eines Unterstumführers (Leutnant) war er vom April 1941 bis zur Niederlage 1945 im Einsatz. Sein Fazit der vierten Demonstration zum Antikriegstag in Dortmund am 6. September: »Damals beim Militär hätten wir gesagt: Manöverziel erreicht!« Bestimmt können sich über diese lobenden Worte die ganz überwiegend jüngeren Teilnehmer und vor allem die Organisatoren freuen. Die Organisatoren hatten allerdings in der Tat noch mehr zu tun als sonst im Vorfeld beziehungsweise bei der Durchführung einer größeren Demonstration. Zusätzlich zu den sonstigen Aufgaben kam noch hinzu die Koordination und Betreuung ausländischer Kameradengruppen. Diese waren aus insgesamt sechs europäischen

Nationen angereist: Belgien, Bulgarien, England, Frankreich, die Niederlande und Tschechien. Zu den insgesamt acht Rednern auf der Auftaktkundgebung und den zwei Zwischenkundgebungen gehörten Kameraden aus Bulgarien, England, den Niederlanden und Tschechien.
[...] Auch die Teilnehmerzahl überstieg die Erwartungen sowohl der Organisatoren als auch der Polizei. Bei der Auftaktkundgebung ging die Polizei von cirka tausend aus. Da gedrängt stehende Menschenmengen leicht unterschätzt werden, war ich geneigt, diese Annahme zu teilen. Bei einem Engpaß der Wegstrecke ergab sich jedoch gute Gelegenheit für eine genauere Zählung, und deren Ergebnis war 1340 Personen. Die Polizei ging zu dem Zeitpunkt von 1100 aus, was eher eine Schätzung als auch nur eine leidlich genaue Zählung gewesen sein dürfte.

Etwa vierzig Minuten nach dem vorgesehenen Zeitpunkt setzte sich die Demonstration vom Ort der Auftaktkundgebung am Stadthaus, wo Dennis Giemsch, Herbert Schweiger und Gottfried Küssel gesprochen hatten, in Bewegung. Die Verzögerung war im wesentlichen darauf zurückzuführen, daß die Polizei bei der Sicherung der Wegstrecke besonders gründlich sein wollte. Zuvor beziehungsweise zeitgleich hatte es mehrere linksgerichtete Gegenkundgebungen gegeben. Teilnehmer der einen versuchten mit mehreren hundert Mann, in die Nähe unserer Kundgebung vorzudringen, was ihnen vorher vollziehbar polizeilich untersagt worden war. Die Polizei war imstande, diese Vorstöße zu unterbinden; gegen die Verantwortlichen wird es wahrscheinlich Verfahren wegen Verstoß gegen versammlungsrechtliche Auflagen geben. [...]
Bis dahin war das Verhalten der Polizei überwiegend korrekt beziehungsweise kooperativ. Schikanöse Behandlung von Teilnehmern scheint es eher nicht aufgrund einer »Weisung von oben« gegeben zu haben, sondern wohl eher durch einzelne übereifrige Beamte. Unangenehm aufgefallen ist, daß Polizeibeamte ältere Teilnehmer, die sich hinten im Zug befangen, aufforderten, ihren Schritt zu beschleunigen und ihnen, als sie dazu nicht imstande

oder willens waren, teilweise von hinten in die Hacken traten. Man scheint bei der nordrhein-westfälischen Polizei noch nicht gelernt zu haben, daß die Wahl des Tempos eines Demonstrationszuges unter anderem auch unter das Selbstbestimmungsrecht des Veranstalters über den Ablauf seiner Veranstaltung fällt. Andere Teilnehmer wurden zeitweilig gehindert, den Zug zu verlassen, um eine Gelegenheit zum Austreten zu suchen. Einzelne Polizeibeamte scheinen nicht zu wissen, daß im Lichte des Grundrechts aus Artikel 11 Grundgesetz (Freizügigkeit) es jedem Teilnehmer freisteht, eine Versammlung zu verlassen und wieder zu ihr zurückzukehren, wann immer es ihm beliebt. Niedlich war ein Polizeibeamter, der mich an dem erwähnten Engpaß sogar unter eigenem körperlichen Einsatz an der von mir angestellten Zählung hindern wollte, indem er nach erfolgloser Aufforderung versuchte, mich in den Zug hineinzudrücken. Die Zählung konnte er damit nicht beeinflussen, weil der ganze Zug bis auf eine letzte Gruppe von vierzig Teilnehmern inzwischen an mir vorbeigezogen war. [...]

Fazit: Der Antikriegstag in Dortmund hat sich mit dieser vierten Veranstaltung in Folge wohl endgültig als ein fester Termin auf der nationalen Agenda etabliert. Die kontinuierliche Aufbauarbeit zeitigte erfreuliche Wirkung. An Organisation und Ablauf gab es nicht ernsthaft etwas auszusetzen. Vereinzelt beklagten Teilnehmer die lange Dauer. Dies lag außer der erwähnten relativ kurzen Verzögerung beim Abmarsch an der langen Wegstrecke (fast sechs Kilometer) und auch daran, daß Reden, die übersetzt werden, natürlich doppelt so lange dauern, wie wenn eine Rede nicht übersetzt werden muß. Beifällig wurde aufgenommen, daß die Organisatoren eine Vielzahl von Versammlungshilfsmitteln vorgehalten haben; es mögen fast 100 schwarz-weiß-rote Fahnen und nahezu ebensoviele Trageschilder mit Plakaten gewesen sein. Vorteilhaft war auch, daß das Wetter angenehm war; mild und trocken. Letztlich also eine rundum erfolgreiche und befriedigende Aktion.

Viele Neonazis aus dem Kameradschaftsspektrum gehören auch zur NPD – oder arbeiten zumindest eng mit ihr zusammen. Die NPD öffnete sich für diese Strukturen, um das vorhandene Potenzial abzuschöpfen. Die NPD leitete Mitte der 1990er Jahre den Wandel von einer herkömmlichen Wahlpartei, die als Altherrenclub verschrien war, zu einer modernen aktionistisch ausgerichteten Organisation ein (siehe Kapitel »Die Geschichte der NPD«). Sie stieß also genau in das organisatorische Vakuum, welches die Verbotswelle geschaffen hatte. Das heißt: Bevor über ein NPD-Verbot ernsthaft diskutiert wird, sollten die Szenarien für die Zeit nach dieser Maßnahme durchgespielt werden. Denn für direkte Aktionen sind zwar netzwerkartige Organisationen von Vorteil, für bestimmte Zwecke benötigen die rechtsextremen Bewegungseliten aber auch feste Strukturen, beispielsweise für die Geldbeschaffung, Anmeldung von Konzerten oder Infrastruktur allgemein. Schon seit Jahren sitzt ein wichtiger Kameradschafts-Vertreter im NPD-Bundesvorstand: Thorsten Heise ist dort für die »Verbindung zu freien Kräften« zuständig.

Parteien stellen zwar bürokratisch strukturierte Organisationen dar, gleichwohl können deren Angehörige Teil einer sozialen Bewegung sein. In diesem Fall sehen sich Parteimitglieder nicht zuallererst als Parteifunktionäre, sondern nutzen die Organisation für ihre Aktionen und Ziele. Ein typisches Beispiel für ein NPD-Mitglied, das sich aber dem aktionistischen Teil der rechtsextremen Bewegung verbunden fühlt, ist der Neonazi Christian Hehl. Lange als »dümmster Nazi Deutschlands« verspottet, baute »Hehli«, wie er sich selbst nennt, in und um Mannheim neonazistische Strukturen auf, im Umfeld des Fußballvereins SV Waldhof Mannheim und in einem Geschäft, das Neonazi-Merchandise verkauft. Auch Hehl schloss sich der NPD an, nachdem er schon einige Jahre in der neonazistischen Szene engagiert war, und kandidierte bei mehreren Wahlen. Doch sein Engagement ist rein strategischer Natur. Im August 2008 schrieb er in einem Neonazi-Forum:

Es gibt Nationalsozialisten in der NPD und es wird die Zeit kommen da wir eine vielleicht eine ernstzunehmende NS Partei haben werden. Das liegt jedoch in weiter Ferne, solange kämpfe ich mit der Waffe die für mich am sinnvollsten ist. Das ist für mich zur Zeit die NPD.

Nachdem bei der Beerdigung des Altnazis und ehemaligen FAP-Funktionärs Friedhelm Busse von Thomas »Steiner« Wulff eine Flagge mit einem Hakenkreuz auf den Sarg gelegt wurde – unter anderem unter den Augen von Udo Voigt –, distanzierten sich die NPD-Oberen in einer Erklärung von der »Symbolik von gestern« (also nicht weil es NS-Symbolik ist, sondern nur weil es alt ist!). Auch dies wertete Hehl richtigerweise als rein strategische Maßnahme:

Jeder hat gesehen das Kamerad Voigt kein Problem mit der Fahne bzw der Geste hatte. [...] Für mich war es selbstverständlich das der Parteivorstand sich nach bekannt werden dieser Aktion sich von der NS Symbolik distanziert, denn das ist sein Job! Der PV/Präsidium hat die Aufgabe sich schützend in Verbotssachen vor die Partei zustellen. Es sollte der Grundsatz gelten »Taten sagen mehr als Worte« und da kann man den anwesenden NPD Funktionären keinen Vorwurf machen.

Die NPD darf nicht isoliert von der rechtsextremen Bewegung betrachtet oder bekämpft werden. Sie ist ein Teil dieser, muss auf Befindlichkeiten Rücksicht nehmen, wird getrieben, nimmt Einfluss. Und die NPD besteht aus sehr unterschiedlichen Aktivisten, einige sehen sich als Parteisoldaten, andere nutzen die NPD als »Waffe«, wieder andere wollen im Landtag Karriere machen. Das bedeutet: Es gibt nicht »die« NPD. Zwar hat die Partei nur rund 7000 Mitglieder, diese bilden aber keinesfalls eine homogene Gruppe. Besonders das sehr unterschiedliche Auftreten der Partei und ihrer Anhängern schafft immer wieder Verunsicherung bei vielen demokratischen Kräften. Denn die

Rechtsextremisten eigneten sich in den vergangenen Jahren typische Aktionsformen der sozialen Bewegungen an: neben Demonstrationen auch Flugblattaktionen oder Mahnwachen. Für jeden Anlass die passende Form des Auftretens. Und zu jedem Anlass die passenden Inhalte. Die Neonazis treten als politische Chamäleons auf.

Der Sozialwissenschaft zufolge durchlaufen soziale Bewegungen in der Regel mehrere Phasen: Zunächst wird über ein Thema die Ablehnung des Bestehenden formuliert, dies entspricht bei der rechtsextremen Bewegung dem Hass auf Ausländer, konkret der Hetze und der Gewaltorgien gegen Asylanten in den 1990er Jahren als Initialzündung. Es folgt die Formierung von Initiativen, Gruppen und Verbänden, wobei es zu Kooperationen, Allianzen, aber auch Gegnerschaft kommt. Dies war ebenfalls ab den 1990ern zu beobachten, wobei sich die NPD als führende Organisation durchgesetzt hat. Die entscheidende Stärke der NPD bei der Suche nach einer neuen Strategie war ihre Schwäche, die Partei war praktisch tot – eine Neuausrichtung daher leicht durchzusetzen. DVU-Patriarch Frey hätte das nicht mitgemacht. Im Verlauf der sozialen Bewegung führen die Organisationen und Zusammenschlüsse regelmäßig und kontinuierlich Aktionen und Aufmärsche durch, halten Mahnwachen ab. Dieses ist bereits seit Jahren zu beobachten, die Aktionen stellen ohnehin einen elementaren Teil der rechtsextremen Erlebniswelt und Strategie dar. Im Laufe dieser Entwicklung treten mitunter charismatische Anführer auf – dies fehlt der NPD und der rechtsextremen Bewegung und zeigt sich an der andauernden Kritik an der NPD-Führungsspitze. Dem wissenschaftlichen Modell zufolge werden dann Alternativen zur derzeitigen Gesellschaftsordnung formuliert und die Etablierung der Bewegung im Alltag angestrebt. Genau an diesem Punkt dürfte sich die rechtsextreme Bewegung derzeit befinden. Sie kämpft um ihren Platz in der Gesellschaft. Hat sich eine soziale Bewegung etabliert oder wurden die wichtigsten Anliegen in das öffentliche Bewusstsein gebracht, löst sich das Ganze langsam wieder auf und zerfällt – alles zu beobachten an der ehemaligen linken sozialen Bewegung. Einige Akteure stiegen zu etablierten Meinungsführern auf (oder aus Sicht der ehemaligen Genossen: ab), andere schlugen aus dem überragenden kreativen Potenzial der untergehenden Bewegung nicht politisches Kapital, sondern Profit, andere schufen alternative Strukturen, viele gaben auf und arrangierten sich schlicht mit den Begebenheiten. Zudem wurden zentrale Anliegen der linken sozialen Bewegung – beispielsweise Umweltschutz und Gleichberechtigung – in abgeschwächter Form Teil der Mehrheitsgesellschaft. Erfolge begünstigen also auch das Ende von sozialen Bewegungen – je mehr Ziele durchgesetzt oder zumindest in das öffentliche Bewusstsein gebracht werden, desto weniger verbindende Ziele bleiben übrig.

Doch die Rechtsextremisten kommen an diesem Punkt nicht wirklich weiter, es herrscht Stagnation, vor allem was die Zahl der Akteure und die Infrastruktur angeht. Gleichzeitig sind ihre Lieblingsthemen längst im öffentlichen Bewusstsein vorhanden. Der Wahlkampfschlager »kriminelle Ausländer« wird beispielsweise gelegentlich von Unionspolitikern zur Stimmungsmache aufgegriffen, um »den Stammtisch« zu bedienen, wie es dann verniedlichend heißt. Aber auch die rechtsextremen Einstellungen in der Bevölkerung bringen die rechtsextremen Akteure nicht weiter – sie kommen an diese Leute nicht heran, um sie für ihre politische Arbeit zu begeistern. Für diesen Stillstand können mehrere Gründe angeführt werden. So werden offen auftretende Rechtsextremisten größtenteils gesellschaftlich isoliert, in den meisten Gegenden der Bundesrepublik herrscht Konsens, dass solche Leute als Gesprächspartner oder für politische Ämter vollkommen inakzeptabel sind. Nur vereinzelt, bzw. regional – besonders in Sachsen und Mecklenburg-Vorpommern – wird dieser Ausschluss durchbrochen. Weiterhin hat die rechtsextreme Bewegung wie bereits angeführt bisher keine charismatischen Führer hervorgebracht. Hier werden immer wieder NPD-Funktionäre wie Andreas Molau oder Udo

Pastörs ins Spiel gebracht, die zumindest ansatzweise Charisma ausstrahlen und auch bürgerliche Kreise ansprechen könnten. Damit stehen sie in der NPD aber auch ziemlich allein auf weiter Flur. Zudem konnte die rechtsextreme Bewegung bislang keinen Einfluss auf gesellschaftliche Institutionen wie Gewerkschaften oder Kirchen gewinnen, daher versuchen Kader auch immer wieder, in Bürgerinitiativen oder Sportvereinen Fuß zu fassen. Hier stehen die Chancen, die Isolation zu durchbrechen, besser. Allerdings hängt das Engagement entscheidend von den regionalen rechtsextremen Kadern ab, die mit viel Einsatz für ihre Sache kämpfen. Aber auch aus den Bürgerinitiativen werden Neonazis oft wieder heraus geworfen, zudem bleibt die Wirkung von solchen Initiativen örtlich sehr begrenzt.

Hinzu kommen die ewigen Debatten in der rechtsextremen Bewegung über die passende Strategie, hier fehlen fähige Köpfe, die neue Perspektiven entwickeln können. Rassismus und NS-Nostalgie verhindern ehrliche Analysen und neue Ansätze, zudem verschlechtern jährlich hunderte Gewalttaten von rechtsextremen Schlägern das öffentliche Ansehen weiter. Gewalt wird zwar von den Bewegungseliten offiziell abgelehnt – allerdings hauptsächlich aus strategischen Gründen; ein Recht auf Notwehr hält man sich immer offen und die Gewalt von Neonazis wird legitimiert. So auch nach dem Neonazi-Aufmarsch am 1. Mai 2008 in Hamburg, als Neonazis mehrere Journalisten angegriffen hatten. Dazu schrieb NPD-Bundesvorstand Frank Schwerdt an den Autor:

Gewalt erzeugt oft auch Gegengewalt und das ist offenbar in Hamburg passiert. Auch Schreibtischtäter können mit ihren Worten und Werken gewalttätig werden.

Die Journalisten haben also selbst Schuld. Besonders bemerkenswert, da sich die Rechtsextremisten immer wieder gerne als Verfechter der Meinungsfreiheit aufspielen, indem sie gegen den Paragraf 130 polemisiert, der das Hetzen gegen Bevölkerungsteile, die Aufstachelung zum Rassenhass und die Verhöhnung der Opfer des NS-Terrors durch die Holocaust-Leugnung unter Strafe stellt. Somit bleibt die Gewalt stets eine Option der rechtsextremen Aktionsformen. Daher tun sie sich auch bei der Etablierung von festen Strukturen sehr schwer: Zwar verfügt die rechtsextreme Bewegung über eine Reihe von Immobilien, auch zahlreiche Geschäfte gibt es, doch der öffentliche Widerstand dagegen wirft sie immer wieder zurück, kostet Zeit, Geld und Kraft. Auch hier zeigt sich: Das Verhalten oder Nicht-Verhalten der Mehrheitsgesellschaft ist entscheidend beim Kampf gegen die Neonazis. Nicht umsonst bauen die Rechtsextremisten beispielsweise in Thüringen ihre Strukturen aus. Dort herrsche eine gefährliche Gleichgültigkeit, wie es der Journalist Thilo Schmidt über die »netten braunen Nachbarn« beschrieb – zudem fiel die dortige Landesregierung über Jahre durch ein besonders konsequentes Ignorieren und Verharmlosen des Problems auf.

Somit befindet sich die rechtsextreme Bewegung zurzeit in einer entscheidenden Phase. Entweder kann sie sich institutionalisieren und zu einem festen Bestandteil der bundesrepublikanischen Gegenwart und Zukunft werden – oder sie verschwindet allmählich wieder, einige Kader wandern wegen der Perspektivlosigkeit in den terroristischen Bereich, andere ziehen sich gänzlich zurück, wieder andere werden moderater und schließen sich bürgerlichen Organisationen an.

Allerdings strebt die rechtsextreme Bewegung keinen Wandel der etablierten Strukturen an, sondern deren komplette Vernichtung. Und daher gehen bei dem Eintritt in die Realpolitik, beispielsweise nach dem Einzug in die Parlamente, große Teile der ursprünglichen Zielvorstellungen sofort verloren. Denn um langfristig in den Parlamenten vertreten sein zu können, müssen die Rechtsextremisten Kompromisse eingehen, nur durch Provokationen und Radau ist kein langfristiger Erfolg möglich. Die Pluralität, die soziale Bewegungen in ihren aktivsten Phasen kennzeichnet, lässt sich institutionell nicht oder nur sehr schlecht beibehalten. Allerdings sehen die meisten NPD-Funktionäre die Parlamente sowieso hauptsächlich als Bühne für ihre Propaganda. Sacharbeit liegt auch nicht im Interesse der NPD, denn diese wäre für den Zusammenhalt der Bewegung gar nicht förderlich.

Was die Situation für die rechtsextreme Bewegung erleichtert: Es gibt ein klares gemeinsames Ziel, das »System soll abgewickelt werden«, wie es Udo Voigt formulierte. Und stattdessen soll eine Volksgemeinschaft installiert werden. »Volk« und »Gemeinschaft« sind besonders in rechten Kreisen positiv besetzt, der Begriff lässt genügend Raum für eigene Interpretationen, und die Konsequenzen aus einem solchen gesellschaftlichen Modell werden nicht sofort ersichtlich. Auch hier liegt es also an der Zivilgesellschaft, ob diese Erfolg haben können. Solange die gesellschaftliche Isolation aufrechterhalten wird, erscheint es ausgeschlossen, dass die rechtsextreme Bewegung sich dauerhaft etablieren kann. Doch hat sich in ostdeutschen Regionen bereits gezeigt: Viele sehen die NPD als eine normale Partei an, deren Positionen absolut gesellschaftsfähig werden. Somit konnte die rechtsextreme Bewegung zu einem regionalen Machtfaktor werden. Weitere Regionen sollen folgen. Der Systemkampf beginnt in der Provinz.

Praxis: Rechtsextreme Strategien

5. Systemkampf in der ostdeutschen Provinz
von Almuth Knigge

Der November ist in Ostvorpommern besonders düster. Die Wolken hängen tief – kein Horizont in Sicht. Der Nebel, der über der Peene hängt, verdrängt schon am frühen Nachmittag erfolgreich fast jedes Tageslicht. Das Grau ist in die Häuserwände gekrochen und anscheinend auch in die Seelen der Menschen. Nicht viel los an diesem Nachmittag in Anklam, auch die Grabgestecke, die vor dem Supermarkt verkauft werden, finden kaum Abnehmer. Hier verwirrt eine merkwürdige kleine Truppe die wenigen Passanten. »Was gibt deutscher Jugend Kraft? Apfelsaft! Apfelsaft!«, skandieren sie, ordentlich gekleidet, in strenger, schwarzer Kleidung, mit einer Armbinde in rot-schwarz-weiß und einem Apfel in der Mitte. Ähnlichkeit mit dem Auftreten von SS und Gestapo erwünscht. »Die Front deutscher Äpfel« taucht immer dort auf, wo die NPD Kundgebungen abhalten will oder Infotische aufbaut. Ihre Mission: verwirren und die Kreise der Nationalisten stören. Auch die haben ihren Stand aufgegeben. Ostvorpommern ist ihr Aufmarschgebiet, Anklam, das Tor zur Sonneninsel Usedom, ihr Leuchtturm. Kein Zufall: Ostvorpommern zählt zu den Gegenden Deutschlands, die man in Statistiken meist am negativen Ende findet. Mindestens jeder Fünfte ist offiziell arbeitslos, die Einkommen liegen weit unter dem Bundesdurchschnitt. Offiziell gehört der Landkreis zu denen mit den schlechtesten Zukunftsaussichten. Wer jung ist und anderswo eine Chance hat, der geht. Es bleiben die Alten und die aussichtslosen Fälle. Ein Großteil der Wohnungen und der Ladenflächen steht leer. Sogar »Pfennigland« hat kapituliert.

Ideales Terrain für Michael Andrejewski, einen Lehrersohn aus dem Schwarzwald. Die Enttäuschten und zu kurz Gekommenen sind seine Klientel. Wenn das jemand weiß und einschätzen kann, dann ist das Dierk Borstel: »Die Strategie von Andrejewski ist, in zehn bis 15 Jahren dort mehrheitsfähig zu sein, und da ist er, glaube ich, auf einem ganz guten Weg.« Dierk Borstel und Michael Andrejewski waren eine Zeit lang mal fast Nachbarn. Borstel ist Politikwissenschaftler und forscht seit Langem über die NPD. Um herauszufinden, was die Menschen so offen macht für die Parolen der neuen Nazis, hat er ein paar Jahre in Anklam gewohnt. Borstel hat tausende Seiten wissenschaftlicher Abhandlungen darüber geschrieben – und auch monatelang vor Ort recherchiert. »Es gibt eine Verankerung rechtsextremer Gruppierungen, das darf man sich aber nicht so vorstellen, wie das in Boulevardmedien verbreitet wird, dass es Skinheadgruppen gibt, die jeden Abend mit dem Baseballschläger auf der Suche nach Migranten sind. Es sind ganz normale Dorfjugendliche und Dorferwachsene, es geht quer durch die Generationen. Im Endeffekt«, sagt er, »geht es darum, wie Rechtsextremisten und Bürger miteinander umgehen – also nicht nur, wie gehen die Demokraten mit den Rechtsextremisten um, sondern wie gehen die Rechten mit der Demokratie um? Und Ziel ist es natürlich, Stärken zu analysieren, aber auch Schwächen, und gleichzeitig darauf aufbauend, beratend tätig zu werden.«

2003 erst kam Michael Andrejewski nach Anklam, seit 2004 sitzt er für die NPD im Stadtrat, später im Kreistag von Ostvorpommern und seit 2006 im Landtag von Schwerin. Mittlerweile ist er auch zugelassener Rechtsanwalt in Mecklenburg-Vorpommern. Vor Jahren, erinnert sich Borstel, hat er noch Sozialhilfe bezogen und lief immer mit Stoffbeuteln durch die Stadt. Unauffällig, aber effizient. Er greift auf, was den Leuten auf der Seele liegt. Als es Gerüchte gab, die einzige Postfiliale in der kleinen Stadt sollte geschlossen werden, da stellte Andrejewski sofort einen Eilantrag. Damit zwang er den Stadtrat, sich mit dem Thema zu beschäftigen. Als der Bürgermeister der Stadt alle Stadträte aufrief, sie sollten sich doch bitte im Verein für den Wiederaufbau der zerstörten Nikolai-Kirche engagieren, da trat keiner ein – außer Andrejewski eben. Und der Verein sah keinen Grund, ihn abzulehnen. Als eine kleine Gruppe Anklamer

Bürger anlässlich einer Demonstration von Neonazis Plakate am Rathaus mit Kästner-Zitaten gegen Rechtsextremisten anbringen wollte, da verbot der Bürgermeister das. Früher gab es mal Glatzen-Brot in der Bäckerei, wegen der schönen braunen Kruste, aber weil das im Landtagswahlkampf 2006 in allen Zeitungen gestanden hat, gibt es das nun nicht mehr. Trotzdem – der Vormarsch der NPD und der Kameradschaften in die gute Stube der Vorpommern ist in vollem Gange, erklärt der Politologe Borstel: »Im ländlichen Raum ist die NPD akzeptiert als ganz normale Partei.«

Die Szene an dem grauen Novembertag vor dem Supermarkt in der Anklamer Plattenbausiedlung zeigt, warum das so ist. Auch wenn zwei junge Frauen vor dem NPD-Stand Mülltüten verteilen für den »Nazi-Dreck« und CDs anbieten im Tausch gegen das, was die »Kameraden« verteilen, kommen doch ein paar Leute an den Stand – eigentlich wollen sie Kulis und Feuerzeuge. Die Flyer nehmen sie auch gerne mit: »Ländliche Schulen erhalten« oder »Hartz IV abschaffen« wird darauf gefordert. Das kommt an. »Sozial ist national« steht auf den schwarzen T-Shirts der freundlichen jungen Herren. Einer davon trägt eine Kette mit dem Thorshammer am Hals, Zeichen für den germanischen Göttervater, Symbol für die Hoffnung auf Wallhall, den Götterhimmel der alten Germanen. Zwei andere sind aktenkundige Rechtsextremisten: Enrico Harnisch und Alexander Wendt. Im Mai 2007 ersteigerten sie ein unter Zwangsverwaltung stehendes Möbelhaus mitten in Anklam. Und niemandem ist irgendetwas aufgefallen. Als es dann herauskam, hat es aber auch kaum einen richtig aufgeregt. Zunächst wurde befürchtet, die NPD wolle ein Schulungszentrum im Herzen der Kreisstadt aufbauen. Aus dem alten Möbelhaus, so die NPD, soll aber nun eine »nationale Bücherei« werden.

Ein alter Mann nähert sich dem Stand, als eine junge Frau ihn abfängt und ihm einen Apfel und eine CD in die Hand drückt. Als die Bundeszentrale für politische Bildung einen Ort für ein Demokratieprojekt suchte, da hat sich Ostvorpommern mit seiner Kreisstadt Anklam nahezu aufgedrängt. Entstanden ist ein Bildungsprojekt für demokratische Kultur mit zwei Mitarbeiterinnen: Annett Freier und Tina Rath. Die haben einen Verein gegründet, den »Verein für ein demokratisches Ostvorpommern«. An diesem nebelgrauen Tag verteilen die beiden Äpfel, »Vitamine gegen Rechts« und Mülltüten für den Propaganda-Müll für Neonazis. »Von Demokratie halte ich nichts«, sagt der Rentner, »weil die einem nur das Geld abnehmen. Die Ausländer hier haben mehr Geld als wir. Am besten wäre ein anderes System«, meint er. »Jeder soll in seinem Land wohnen. Die Deutschen in Deutschland und die Russen in Russland.« Durch eine Diktatur ließe sich einiges ändern. Die NPD sei »wenigstens eine ordentliche Partei«, auch nicht so radikal wie die NSDAP. Denn Rechtsextremismus und Gewalt lehne er ab, und ob die NPD rechtsextrem ist, das sei noch mal dahingestellt. Annett Freier zuckt mit den Schultern. Das ist Alltag.

»Die Meinung der Leute, die glauben es beurteilen zu können hier, die sagen, ihrer Ansicht nach sind die meisten Leute, auch in den Dörfern mit den hohen Wahlergebnissen für die NPD, keine Rechtsextremisten. Das würde ich auch unterschreiben. Das sind Leute, die sagen, wir geben hiermit zum Ausdruck, dass wir nicht mehr an die demokratischen Parteien glauben. Wir fühlen uns verlassen und vergessen, und das quittieren wir hiermit. Dass sie die Gefahr nicht erkennen, die da drin steckt, das ist eben das Bedenkliche.«

Von dem NPD-Stand hat sie nur durch Zufall erfahren. Ordnungsamt, Polizei und Verwaltung sind keine verlässlichen Partner im Bemühen um ein demokratisches Miteinander. Die Stadtvertreter tagen lieber nicht-öffentlich, Bürgermeister sehen das Dorf als ihr Territorium. Autoritär und obrigkeitshörig – die beiden Adjektive passen gut hierher. »Es geht gar nicht darum, Demokratie zu erhalten«, das ist auch eine Erkenntnis des Politologen Dierk Borstel. »Das ist auch so ein Irrglaube. Wir sind gar nicht im Verteidigungskampf, sondern wir sind dabei, etwas aufzubauen. Demokratische Kultur ist hier noch nie gelebt worden.« Die Pommern, so erzählen sich die Alten, seien eben gute Untertanen. Fleißig und duldsam. »Wenn man denen mit Demokratie kommt – «, sagt Freier, »mit solchen Begriffen arbeiten wir nicht. Es geht um Teilhabe, an einem Miteinander, darum, eine Gesellschaft zu gestalten. Und wenn man über Demokratie redet, dann haben die Menschen hier das Gefühl, es geht da um etwas, das in Bonn oder Berlin oder Schwerin stattfindet, was mit ihnen nichts zu tun hat.«

So wie Annett Freier und Tina Rath es machen, dauert es lange – aber es funktioniert. Ein Nachrichtenmagazin hat einmal geschrieben, sie seien Missionare für die Demokratie. Das hat ihnen gar nicht gefallen. »Also, du kannst nicht einfach dich hinstellen und sagen, ›ich bin da‹, dann schreien alle HURRA und wissen damit umzugehen. Das ist ein langsamer Prozess, Vertrauen zu gewinnen, weil sie nämlich alle wissen, dass man auf sie mit diesem Blick ›Entwicklungsland‹ schaut. Wenn man sagt, man kommt aus Ostvorpommern, dann denken doch alle, man sei ein bisschen degeneriert. Und dagegen wehren die sich, das ist oft das Problem bei Präventionsprojekten ›gegen rechts‹. Dann sagen die dir, ›bleib mir vom Acker, ich habe keinen Bock, mit diesem Stigma hier rumzulaufen und das auch noch von euch bedient zu wissen‹.« Für die Aktion am NPD-Stand hat sie auf die Schnelle noch ein paar Mitstreiter mobilisieren können. Die Stimmung ist trotz der Kälte gut. »Viel Zulauf haben die Kameraden nicht.« Für ein paar Kinder ist das Happening in der Plattenbausiedlung das Ereignis des Tages. Sie haben eine vage Vorstellung davon, worum es gehen könnte. »Wir hatten einen Türken in der Schule, der hieß Jannis, der ist aber weg, wieder in seinem Land oder so.« Das kleine Mädchen fröstelt in der kaputten rosa Winterjacke. Ihr Bruder wagt sich ein bisschen weiter Richtung NPD-Stand vor. Die Eltern mögen keine Ausländer. Die Kinder kriegen das früh beigebracht. Im Landkreis leben kaum zwei Prozent Ausländer – was aber sind Zahlen gegen ein Gefühl? Das Gefühl, abgeschrieben zu sein, unverstanden. Annett Freier sucht das Gespräch mit einer jungen Mutter. Was die NPD ist, das wissen hier alle, sagt die junge Frau, und was die wollen, auch. Schließlich verteilen die Neonazis regelmäßig ihre Zeitungen. Für viele die einzige Zeitung, die sie lesen. »Und wissen Sie, wie die Leute damit umgehen? Ob die das lesen? Und was denken die darüber?«, fragt Annett Freier. Was soll jemand, der seit Jahren arbeitslos ist, der sich abgeschoben und vergessen fühlt, der Politiker alle vier, fünf Jahre im Wahlkampf sieht, schon darüber denken. »Dat spricht an«, sagt die junge Frau. »Dat würde jeden ansprechen. Aber dat kriegt man auch nicht umgesetzt, dat is auch klar.« Sollen die Neonazis doch ihre Flyer verteilen und ihre Aufkleber. Nur die Musik, die mag sie nicht. Die Texte sind ihr suspekt. Wie sie ihrem Sohn erkläre, was gut und schlecht ist, will Annett Freier wissen. Die Frau überlegt ernsthaft. »Zurzeit kann man einem Kind nicht erklären, was besser und was schlechter ist weil es gibt weder was Besseres oder was Schlechteres, das ist doch heutzutage alles dasselbe.« Aber die Jungs am Stand mit dem T-Shirt »Sozial ist national« wohnen bei ihr im Nachbardorf Salchow. Sie begegnet ihnen täglich.

Auch Michael Andrejewski hat sein Bürgerbüro dort. Hier bietet er Hartz-IV-Sprechstunden an. Das Anwesen ist ein schmuckes Einfamilienhaus mitten im Dorf. Vor dem Haus weht die Pommernflagge. Ein Schäferhund bewacht das Gelände, vor dem Eingang Wachen. Bullige Typen – Klischee-Neonazis. Ein Verbot der NPD findet die junge Frau sinnlos. »Ick sach mal, man kann es einfach nicht verbieten. Und ich find das auch Quatsch.« Desto mehr »das verboten« werde, desto mehr fühlten sich die Kinder da hingezogen, meint die Frau. »So einfach ist das. Und die sind super nett und super freundlich. Die helfen alten Leuten über die Straße, die heizen denen die Öfen, die sind in dem Sinne super nett.«

Nett – wenn man selber auch nett ist. Das heißt: den Mund hält. Das ist die Erfahrung einer Blumenverkäuferin aus Bargischow, rund fünf Kilometer östlich von Anklam. Es gibt keinen Bäcker, keine Schule, keine Vereine mehr. Selbst das Wirtshaus macht nur noch ein paar Stunden die Woche auf. 420 Menschen, verteilt auf vier Dörfer. Jahrhunderte lebten die Weiler von dem, was Äcker und Wiesen hergaben, bis die Marktwirtschaft kam mit ihren neuen Gesetzen, die sie bis heute nur schlecht verstehen. In ihrem Dorf haben 37 Prozent NPD gewählt.»Man darf da nicht den Mund aufmachen, wenn man ruhig ist, tun sie einem nichts, aber man darf eben nicht den Mund aufmachen.« Was darf man nicht sagen?»Zum Beispiel, dass man nicht will, dass die Gemeinde den rechten Jugendlichen den alten Clubraum zur Verfügung stellt.« Und dass man Angst hat, wenn sie in Massen zu Rechtsrock-Konzerten in den Ort kommen. Was sagt der Bürgermeister dazu?»Es sei doch bloß die Jugend von unseren Dörfern – so äußert der sich.« Die junge Frau spricht leise, flüstert beinahe. Damit sie nicht an der Bushaltestelle herumgammeln, habe er ihnen erzählt. Das seien Jungs, die etwas erreichen wollten. Der Flachbau ist inzwischen über den Ort hinaus bekannt – als Neonazi-Treff. Ob der Bürgermeister noch einmal gewählt wird?»Ich geh nicht zur Wahl«, sagt sie,»solche wähle ich nicht.« Dass man auch jemand anderen wählen könnte – darauf kommt sie nicht.

Für Dierk Borstel ein klassisches Beispiel aus dem Kummerland der Republik.»Dorf funktioniert ein bisschen wie Familie«, erklärt er,»das heißt, intern darf man sich streiten, aber das Nachbardorf darf es nicht mitkriegen, und Öffentlichkeit über Probleme darf nicht sein. Die offiziellen Programme heißen ›Zivilgesellschaft aufbauen‹, ›Gesicht zeigen‹, ›Zivilcourage‹. Das ist aber alles im Dorf gar nicht machbar. Wenn man im Dorf das Problem Rechtsextremismus hat, dann im unmittelbaren Umfeld. In der Familie eventuell oder in der Nachbarschaft. Wenn man da Gesicht zeigt und sich positioniert, dann positioniert man sich gegen einen Teil des Dorfes.« Meinungsfreiheit ist im Osten nur ein theoretischer Wert, freie Wahlen kein verteidigenswertes Gut.

Man kann auch ein paar Kilometer weiter nach Postlow fahren. Hier hatte es bei der Landtagswahl einen regelrechten Plakatkrieg gegeben. Die NPD hatte das Dorf mit Plakaten überschwemmt. Wie die anderen Parteien darauf reagierten, darüber werden zwei Versionen erzählt. Die eine: Die anderen Parteien hätten auch geklebt, aber alles sei sofort wieder verschwunden. Die zweite: Die anderen Parteien seien gleich wieder abgezogen, weil sie für ihre Plakate keinen Platz mehr gefunden hätten. Auch in Stolpe, wo Marcel Falk regiert, hing an jedem zweiten Laternenpfahl ein NPD-Plakat. Für ein Dorf mit einem Sterne-Restaurant keine gute Werbung. Marcel Falk ist mit 31 Jahren der jüngste Bürgermeister in Ostvorpommern. Für die nächsten Kommunalwahlen hat er die Laternenpfähle in seinem Ort verpachtet, damit die NPD nicht mehr flächendeckend plakatieren kann. Die anderen Parteien dürfen dann allerdings auch keine Werbung aufhängen. Bei der letzten Wahl hatte die SPD einen Aufsteller am Ortsausgang. Ihr Slogan »Den Erfolg fortsetzen« kam in der Region mit der höchsten Arbeitslosigkeit nicht gut an. Falk weiß das. Er ist ein Zwei-Meter-Hüne, der für sein Dorf brennt. Als er mitbekommen hat, wie schnell sich seine Initiative in der rechten Szene rumgesprochen hat, wurde es ihm doch ein wenig mulmig. Man weiß ja nie. Im echten Leben ist er Arbeitsvermittler in der Sozialagentur Anklam. Er sitzt quasi im Auge des Orkans. »Dat die Politikverdrossenheit groß ist und dat viele nicht mehr an die großen Parteien glauben, is ja irgendwo ne Logik, wenn man sieht, wie sich das Land entwickelt.«

Falk ist parteilos, wie viele Bürgermeister kleiner Gemeinden. Auch er ist Mitglied im Verein Demokratisches Ostvorpommern. Er denkt lange nach, um auf die Frage zu antworten, warum es mit der Demokratie nicht so recht klappen will. »Der Mensch vergisst ja auch schnell«, sagt er dann, »und wenn es dem Menschen nicht gut geht oder ans Geld geht, dann sucht er immer Auswege und die NPD bietet auf ihren Plakaten ja Auswege. Sie schreiben ja eben so einfache Bauernregeln wie ›Schule auf dem Land retten‹ oder ›Arbeit für alle‹. All sowat, watt schwer umzusetzen ist. Aber dann sieht man immer wieder die großen Parteien, wenn dann in den Medien steht – Diäten erhöhung, Bankenkrise hier, Bankenkrise da, Manager kriegen Millionen. Dann verliert der normale Bürger das Vertrauen in den Staat. Also sagen viele, die NPD will alles besser machen, also wählen wir die.«

Er schluckt und ringt mit den massigen Händen. »Das Schlimme ist, die bringen auch manchmal Anträge ein, die gar nicht die schlechtesten sind, die der normale Mensch auch versteht. Die werden dann auch erst mal boykottiert, und erst mal ist das auch gut. Aber man muss auch irgendwo mal die Kurve kriegen, entweder man verbietet sie jetzt wirklich – oder, ich möcht nicht sagen, arrangieren um Gottes willen, mit so was kann man sich nicht arrangieren. Wissen Sie, was ich meine? Man muss schneller sein. Ja, genau. Schneller sein.«

Schneller sein, schon da sein, wenn die NPD und die Kameradschaften Sozialberatungen anbieten oder Jugendarbeit organisieren wollen. Dirk Borstel formuliert es etwas theoretischer. »Was wir im ländlichen Raum bräuchten, wäre ein systematischer Aufbau demokratischer Strukturen, das beginnt bei ganz normalen Dingen, dass vor Ort einfach mal jemand da ist, und wenn vor Ort keiner ist, dann muss da mal jemand hinfahren.«

Als Andrejewski nach Anklam kam, war die NPD unbedeutend. Aber es gab schon gleich nach der Wende ambitionierte rechtsextreme Kameradschaften. Andrejewski suchte die Freundschaft der militanten Neonazis. Der Jurist macht den Papierkram, sie tingeln für ihn über die Dörfer. Andrejewski, sagt der Politologe Borstel, wolle eine Struktur schaffen, die vor allem verbotsfest sei. »Das heißt, der sagt, ob sie die NPD verbieten, ist mir doch egal, ich mach sowieso weiter, Maul halten werde ich nicht, die Sachen, die wir aufbauen, sind in privater Hand, und das kann nicht verboten werden.« Drei Häuser hat die Szene in Anklam bereits gekauft. Seit Jahren verkauft ein Laden mitten in der Anklamer Innenstadt rechte Szene-Devotionalien. Eine öffentliche Empörung darüber gab es nicht.

Vor dem Anklamer Supermarkt verteilen die Kameradschaftskader CDs. »Anwalt des Volkes« steht darauf – darunter lächelt

Andrejewski jovial. Mit den »Systemmedien« wollen die Kameraden nicht reden, erst recht keine Materialien rausgeben. Aber Thorsten Heil, Mitglied im Verein »Demokratisches Ostvorpommern« und in der CDU, hat eine CD organisiert. Er grinst. »Ich hab hier zartes Infomaterial – und am geilsten ist hier ›Anwalt für das Volk‹. Das ist echt der Hammer, ich schmeiß mich weg!« Berührungsängste kennt er nicht. Im Gegensatz zu vielen anderen. Er frotzelt in Richtung NPD-Stand. »Was ist denn eigentlich auf der CD drauf vom Anwalt des Volkes? Liest der Geschichten und auch so eine Rede oder Rechtstipps?« – »Einfach mal reinhören«, antwortet einer der Neonazis. »Nee, da kann ich heute Abend nicht mehr richtig schlafen«, kontert Heil. Inzwischen ist die Apfelfront von ihrem Marsch durch die Plattenbausiedlung zurückgekehrt, ebenso wie die »Kameraden«, die Propagandamaterial in die Briefkästen verteilt haben. Jetzt stehen sie sich gegenüber – die Apfelfront hat sich am Straßenrand positioniert. Zwischen der Satiretruppe und der NPD liegen gerade einmal zehn Meter. Über den Platz schallt Zarah Leander »davon geht die Welt nicht unter«. Die meisten Passanten machen einen großen Bogen um die Szene. Zwei Stunden vor Schluss packt die NPD den Stand zusammen. Begleitet von musikalischen Grüßen der Apfelfront und Freunden. Die Stimmung ist friedlich, fröhlich. »Wir sind Sieger« – Annett Freier strahlt. So viel stoische Präsenz sind die Kameraden offensichtlich nicht gewohnt.

6. Neonazis – ein ostdeutsches Phänomen?

Die Landtagswahlen in den alten Bundesländern haben der NPD im Jahr 2008 empfindliche Niederlagen eingebracht. Obwohl die Rechtsextremisten in den Wahlkämpfen Streitigkeiten zurückstellten, obgleich die NPD flächendeckend antrat und versuchte, einen professionellen Wahlkampf aufzuziehen, blieben die Ergebnisse ernüchternd: 1,2 Prozent in Bayern, 0,9 Prozent in Hessen, 1,5 Prozent in Niedersachsen, wo die NPD ernsthaft den Einzug in den Landtag angepeilt hatte.

Also – keine Gefahr? Auf Landtagsebene kann sich die NPD vorerst nicht durchsetzen, sie tritt daher vermehrt mit Tarnlisten an: »Bürgerinitiative für Ausländerstopp« beispielsweise. Zudem versucht sie, eine regionale Verankerung durch den Einzug in Kommunalparlamente voranzutreiben. Da in mehreren Bundesländern die Fünf-Prozent-Hürde bei Kommunalwahlen gefallen ist, wird es für die NPD zunehmend leichter, erste »Brückenköpfe« zu errichten. So auch in Schleswig-Holstein: im Juni 2008 zog die NPD in das Kieler Rathaus ein. Noch am Wahlabend gab es erste Schlägereien, der NPD-Kandidat tauchte mit seinen Unterstützern auf, einer Meute junger Männer, größtenteils vermummt. Die Zahl der gewaltbereiten Rechtsextremen im Norden steigt seit den 1990er Jahren stark an; im Jahr 2007 zählte der Verfassungsschutz in dem kleinen Bundesland 59 rechtsextreme oder rassistische Gewalttaten. Zudem sei eine enger werdende Zusammenarbeit zwischen »aktionistischen« Neonazis und der NPD zu beobachten.

Im Westen sorgen die ausbleibenden Wahlerfolge bei Landtagswahlen für eine weitere Radikalisierung von NPD und verbündeten Neonazis. Der Einzug in die Landtage erscheint utopisch, im Saarland rechnet sich die NPD bei der Wahl im August 2009 dennoch Chancen aus, da es bei der Wahl im Jahr 2004 immerhin für vier Prozent reichte. Allerdings war da die

Linkspartei noch nicht so stark im Westen. Und die hat sich das Thema Hartz IV und soziale Ungerechtigkeit geschnappt, die Völkischen setzen daher im Westen wieder zunehmend auf ihre Kernkompetenz – die Hetze gegen Ausländer.

»Ist der Westen Deutschlands verloren?«, fragte bange das »Netztagebuch« der NPD nach den Wahlschlappen. Hier herrschte Weltuntergangsstimmung, denn der Sprung in den Westen will der NPD, die sich in einigen Regionen Ostdeutschlands wie eine Volkspartei fühlen kann, nicht ansatzweise gelingen. Und dies, obwohl die CSU in Bayern 2008 fast ein Drittel ihrer Stimmen verlor, obwohl CDU und SPD in Niedersachsen 2008 einen Wahlkampf führten, der selbst im recht provinziellen Niedersachsen als langweilig bezeichnet wurde. 1,5 statt »Sechs Prozent plus x« für die NPD in Niedersachsen, Hoffnungsträger und Spitzenkandidat Andreas Molau holte in seinem Wahlkreis noch weniger Erststimmen. Die Partei erstarrte im Schockzustand – Reaktionen auf die Wahl folgten erst nach einigen Tagen. Und in Hessen reichte es noch nicht einmal für die magische Ein-Prozent-Hürde, um Geld aus der staatlichen Wahlkampfkostenerstattung zu kassieren. Für die Partei ein herber Schlag, denn die NPD, die das parlamentarische System »abwickeln« will, finanziert sich zu einem guten Teil aus staatlichen Mitteln. Zusätzliche Schmach für die Rechtsextremisten: selbst die rechtsradikalen Republikaner wurden in Hessen von mehr Bürgern gewählt, landeten bei auch nicht berauschenden 1,1 Prozent.

Tristesse im Westen, während die NPD im Osten über eine fast flächendeckende Infrastruktur verfügt. Die Achse Dresden (Fraktion) – Berlin (Parteizentrale) – Schwerin (Fraktion) wird durch die Außenstelle Riesa (*Deutsche Stimme*-Verlag) sowie zahlreiche Bürgerbüros der Fraktionen in Sachsen und Mecklenburg-Vorpommern sowie Immobilien in Thüringen und Brandenburg ergänzt. In den Kommunalparlamenten von Brandenburg und Sachsen-Anhalt sitzt die NPD genauso wie in Sachsen sowie in Mecklenburg-Vorpommern – und ab Sommer 2009 wohl auch in Thüringen.

Im Westen herrscht Stillstand, mehrere Landesverbände sind zerstritten, die Kassen überall leer. Gesellschaftlich werden NPDler isoliert, von Zuständen wie in Sachsen können die West-Neonazis nur träumen. Bei Wahlen muss sich die NPD mit Wählergemeinschaften und der Piratenpartei (einer neu gegründeten Organisation, die für mehr Datenschutz und freien Wissensaustausch eintritt) messen, statt – wie beispielsweise in Sachsen und Ostvorpommern – die SPD bei Umfragen hinter sich zu lassen. Nicht umsonst verlassen sogar alteingesessene Rechtsextremisten bisweilen den Westen, um im Osten ihr völkisches Glück zu finden. So auch das Ehepaar Zutt aus Hessen. Die langjährigen NPD-Funktionäre und Kommunalabgeordneten Alfred und Doris begründeten ihre »Flucht« aus dem Westen so: »Heimat ist für uns, wo man noch Deutscher unter Deutschen sein kann und sich geborgen fühlt, wie in Mecklenburg Vorpommern.« Und genau da wollen sich die Zutts in Zukunft auch nützlich machen. Doris Zutt auf einer Neonazi-Seite:»Selbstverständlich werden wir uns auch in MV in der NPD betätigen. Wir haben doch nicht die Mitgliedschaft in der NPD aufgegeben. In Waren ist seit 4 Jahren unser Sohn im Kreistag tätig, wir können uns vorstellen, bei der nächsten Kommunalwahl 09 mit auf der Liste zu stehen.« Die Zutts sind schon länger in Waren, einer Kreisstadt in Mecklenburg-Vorpommern, aktiv, so führt der NPD-Landtagsabgeordnete Birger Lüssow dort sein Wahlkreisbüro im Gebäude, das auch »Zutt's Patriotentreff« beherbergt. Zu den offenbar schier unerträglichen Verhältnissen in Hessen meinten die Zutts weiter:

Da im Land Hessen immer mehr Sinti und Kopftücher das Straßenbild prägen dies aber nicht mehr unser Verständnis von einer deutschen Kommune entspricht, die Systemparteien aber durch Wahlen ihre antideutsche Politik noch in großem Maße bestätigt bekommen, war der Umzug nach fast zwanzigjähriger Parlamentsarbeit keine schwere Entscheidung.

Die Bilanz der eigenen Arbeit fällt eher durchwachsen aus:

> Wir haben mit unserer politischen Arbeit die Bürger im Lahn-Dill-Kreis und darüber hinaus versucht gegen die volkszerstörende Politik in den Parlamenten mit den vaterlandslosen Gesellen und den verlogenen Medien aufzuklären, dies ist trotz großem Einsatz nicht immer zu unserer Zufriedenheit gelungen. Deshalb müssen die Bürger die Folgen tragen, wenn sie sich durch die Politik der Systemparteien und den Lizenzmedien zu ihrem Schaden missbrauchen lassen.

Da weder Alt- noch Neonazis übermäßig zu Selbstkritik oder gar -zweifeln neigen, geschweige denn auf die Idee kommen, sie selbst könnten vielleicht mit ihrer Weltsicht danebenliegen – und nicht alle anderen –, überrascht es wenig, dass in rechtsextremen Kreisen die Strategie diskutiert wird, den Westen erst einmal zu vergessen. Im NPD-Netztagebuch, laut Impressum über die Bundesgeschäftsstelle der NPD zu erreichen, liest sich dies so: »Trotz aller Anstrengungen, und gegen linke und zionistische Medienhetze, sieht es zur Zeit so aus, als ob man Westdeutschland als verloren erklären muss.« Selbst für NPD-Verhältnisse sind diese offen antisemitischen Tiraden bemerkenswert. Und weiter: »Deutschlands Rettung scheint in Mitteldeutschland zu liegen und das speziell im ehemaligen Gebiet der DDR.« Für »Deutschlands Rettung« gibt sich die NPD aber nur noch wenig Zeit, denn die Uhr tickt: »In spätestens 20 Jahren ist der Deutsche in seiner biologischen Reinheit vernichtet.« Auch diese offene Anlehnung an die NS-Sprache kann bei der NPD sonst selten öffentlich gelesen werden. Der Einfluss des neurechten Ethnopluralismus spielt hier keine Rolle. Da die Wahlniederlagen der NPD aus Sicht der Rechtsextremisten geradezu unerklärlich erscheinen, müssen einmal mehr Verschwörungstheorien strapaziert werden; so heißt es im NPD-Netztagebuch zum schwachen Abschneiden der NPD in Niedersachsen und Hessen: »Im Übrigen ist wahrscheinlich auch Wahlbetrug nicht auszuschließen.

Was ja auch nicht das erste mal bei einer ›demokratischen Wahl‹ vorgekommen wäre.« Die Quelle für diese doch recht drastische Unterstellung: ein anonymer Eintrag in einem Internet-Forum.

Die Frustration und die vollkommen irrationalen Vorwürfe gegen »System«, Politiker und Medien ergeben einen brisanten Cocktail. Kann die NPD in Wahlkampfzeiten militante Neonazis zeitweilig noch davon überzeugen, aus strategischen Gründen von Gewalt abzusehen, um den bürgerlichen Schein zu wahren, brechen nach schwachen Wahlergebnissen bisweilen alle Dämme. In Südniedersachsen zogen Neonazis im Dezember 2008 in einer Tabledance-Bar eine Pumpgun und warfen später noch einen Molotowcocktail auf das Gebäude. Bei anschließenden Razzien fand die Polizei Maschinenpistolen, Schrotflinten und entsprechende Munition. Beobachter hatten bereits seit Monaten auf die Neonazi-Strukturen hingewiesen, die im Harz aufgebaut wurden. Doch Niedersachsens Innenminister Uwe Schünemann verkündete noch im Mai 2008 im Landtag: Von den Neonazis im Südharz gehe keine erhöhte Gefahr aus. Im April 2007 warnte sogar die Sprecherin des Landesamtes für Verfassungsschutz in Hannover, Maren Brandenburger: »Wir haben im gesamten Gebiet des Harzes in den vergangenen Monaten verstärkte Aktivitäten von Rechtsextremisten zu verzeichnen.« Niedersachsen liegt bei der absoluten Zahl der rechtsextremen Straftaten übrigens stets in der Spitzengruppe.

Ganz an der Spitze halten sich zumeist die Nachbarn aus Nordrhein-Westfalen, was allerdings auch mit der Einwohnerzahl erklärt werden kann. Immerhin leben in NRW in etwa so viele Menschen wie in den ostdeutschen Bundesländern zusammen. In Relation zur Bevölkerungszahl führen allerdings fast immer ostdeutsche Bundesländer die Statistiken an, vor allem Sachsen-Anhalt und Sachsen. Doch auch zwischen Ruhr und Rhein haben Neonazis schlagkräftige Strukturen geschaffen. Hier geben »Freie Kräfte« den Ton an, die NPD sucht die Kooperation mit ihnen. NRW gilt als eine der Hochburgen der »Autonomen Nationalisten«. H. hatte zu ihnen gehört, stieg aber aus. »Schon Monate vorher hatte ich in der Szene Schwierigkeiten und wurde angefeindet«, erzählte H. dem »Netz gegen Nazis«, »weil ich offen Kritik geübt habe und Interesse an anderen politischen Positionen hatte. So etwas wird nicht geduldet. Ich konnte beispielsweise den Rassismus und die Menschenverachtung, vor allem auch die Verehrung von Adolf Hitler, nicht mehr ertragen. Das hat zu wirklichen Anfeindungen geführt. Kritik an Hitler und dem 3. Reich sowie die Anerkennung der Verbrechen Nazi-Deutschlands sind in der Szene ein absolutes Tabuthema.« H. berichtete über Morddrohungen nach dem Ausstieg, nachts sei häufig an der Wohnungstür geklingelt worden, er sei aufgefordert worden, »auf die Straße zu kommen und mich meinen Ex-Kameraden zu stellen«. Schließlich versuchten H.s Ex-Kameraden, seine Wohnung zu stürmen. »Mitglieder des sogenannten ›Nationalen Widerstandes‹ Dortmund, die sich als ›Autonome Nationalisten‹ bezeichnen und zu denen ich vorher gehört hatte, sind auf meinen Balkon geklettert, versuchten, die geschlossenen Rollläden aufzubrechen und in die Wohnung einzudringen. Ich musste aus der Wohnung flüchten, bin weggerannt und habe dann die Polizei alarmiert. Am nächsten Tag bin ich unter Polizeischutz aus Dortmund-Dorstfeld, dem Stadtteil, in dem viele Neonazis aus den Reihen der ›Autonomen Nationalisten‹ wohnen, weggezogen.«

H. wies darauf hin, dass die »Autonomen Nationalisten« entgegen ihrer Selbstdarstellung in den Medien keine »weltoffeneren« oder »toleranteren« Nazis seien, sondern dass diese »das 3. Reich glorifizieren, begangene Verbrechen leugnen oder relativieren und ein Regime nach dem Vorbild von Hitler-Deutschland anstreben«. »Autonome Nationalisten« sehen sich H. zufolge tatsächlich als politische Kämpfer, die gezielt und geplant strafbare Aktionen gegen Sachen und Menschen ausführen; die Menschen, »die politisch anders denken oder die nicht in ihr Weltbild passen, mit Gewalt überziehen«. Die flachen Hierarchien seien nicht wirklich vorhanden, so H.: »Nach außen soll das natürlich so wirken. In der Realität gibt es aber ganz klar Hierarchien, Strukturen und Führungskader.« Diese seien im Gegensatz zu führenden Neonazis der Vergangenheit wie Michael Kühnen oder Christian Worch in einer breiteren Öffentlichkeit »eher nicht so bekannt«. »Das sind die Personen, die das Ganze dirigieren, sich selber aber weitestgehend aus Aktionen heraushalten, damit sie nicht Gefahr laufen, straffällig zu werden.«

Im April 2008 zeigten die »Autonomen Nationalisten«, wie bei ihnen »Trauerarbeit« aussieht. In Stolberg wurde ein Jugendlicher bei einer Messerstecherei getötet, der Täter stammte aus dem Libanon. Ein Begleiter des Jugendlichen gehörte zur lokalen NPD, für die Neonazis stand damit sofort fest: Es ist ihnen ein Märtyrer erschienen – obwohl nach Angaben der Staatsanwaltschaft und der Familie des Opfers die Bluttat weder einen politischen noch rassistischen Hintergrund hatte – sondern private und persönliche Motive. Die Eltern des getöteten Jugendlichen baten öffentlich darum, ihren Sohn nicht als angeblichen Märtyrer zu missbrauchen. Sie bezogen mit einem Plakat am Tatort klar Position: Es zeigte Bilder ihres Sohnes und seines Freundeskreises – »Menschen, nicht Ausländer«, stand darunter. »Hört auf, über unseren Sohn zu lügen« und »Lasst unseren Sohn in Frieden ruhen!«, forderten die verzweifelten Eltern in den lokalen Zeitungen. Als Reaktion wurde auf bekannten Neonazi-Seiten im Internet die Frage gestellt: »Sollen wir auf diese Eltern Rücksicht nehmen?« Nein, meinten die Neonazis, denn sie brauchen einen Märtyrer – um den eigenen Hass und die eigene Aggressivität zu legitimieren.

So marschierten im April 2008 in Stolberg etwa 800 Neonazis zur »Kevin-Demo« auf. Zu dem angeblichen Trauermarsch boten Neonazis aus NRW im Internet einen »Live-Ticker« an, in dem sie über die Vorkommnisse berichteten. Im Stile der Frontberichterstattung hieß es unter anderem:

Insgesamt 10 Verletzungen, darunter wurde einem die Kniescheibe rausgeprügelt, ein Kamerad kann sein Auge nicht mehr öffnen, sowie mehrere Schläge im Kopf-Bereich.

Daraus wurde bei *Altermedia*, der *Bild*-Zeitung des »Nationalen Widerstands«, die Überschrift: »Polizei blockiert Demonstration! – Ausschreitungen! – Nationalisten verletzt!«. Und weiter:

Pure Schikane, die man sich auf nationaler Seite keineswegs bieten lassen will. Es kommt zu »Ausbruchversuchen« wobei es zu Rangeleien mit der Polizei kommt – Festnahmen und Verletzte! Ein Nationalist wird durch den Knüppeleinsatz der Polizei am Kehlkopf verletzt! Einem anderen soll die Kniescheibe kaputt geprügelt worden sein, andere bekommen Schläge im Kopfbereich! Weitere Verletzte gibt es außerdem durch den polizeilichen Einsatz von Pfeffergas.

Selbst in dem Demonstrationsbericht von Christian Worch, Anmelder des Neonazi-Aufmarsches, war von diesen angeblichen Verletzungen keine Rede. Nach Polizeiangaben gab es aber 31 Festnahmen, unter anderem wegen Vermummungsversuchen, Mitführens von gefährlichen Gegenständen und Waffen sowie Verstößen gegen versammlungsrechtliche Auflagen. Mehrere verbotene Gegenstände wurden sichergestellt, dazu gehörten Zwillen, Messer, eine Axt, Quarzhandschuhe und Pfefferspraydosen. Was man bei einem Trauermarsch eben so bei sich trägt. Die Neonazis skandierten beim Marsch an türkischen Geschäften vorbei Parolen wie »Kein Vergeben, kein Vergessen – Türken haben Namen und Adressen!«. Zwei Wochen später rief auch die NPD zu einem Trauermarsch auf, die Parteispitze rückte an, doch die »Autonomen Nationalisten« folgten nur spärlich. Zwischen den NPD-Ordnern und »Autonomen Nationalisten« kam es sogar zu Handgreiflichkeiten, weil die jungen Neonazis den Vorgaben der Parteifunktionäre nicht folgen wollten.

Die Kader von NPD und Kameradschaften aus NRW verstehen sich zumeist besser, es gibt auch personelle Überschneidungen – und gemeinsames Handeln: so etwa im März 2008 in Aachen, als 30 bis 40 Neonazis eine antifaschistische Demonstration attackierten. Zu den Angreifern gehörten Funktionäre des

NPD-Kreisverbandes Düren, »Autonome Nationalisten« und rechtsextreme Fans des Zweitligisten Alemannia Aachen, bestätigte die Polizei. Die Beamten stellten bei 13 Rechtsextremisten kleine Fahnenstangen, die auch als Schlagstöcke zu benutzen sind, Knallkörper und mit Quarzsand gepolsterte Schlaghandschuhe sicher. Der Angriff zielte auf eine Demonstration von mehr als 200 Menschen, die sich solidarisch mit einem 16-Jährigen und dessen Familie zeigten. Die Wohnung der Familie war an Ostern Ziel von Steinwürfen geworden.

Nach dem Angriff der Neonazis auf die Demonstration kritisierten die Antifaschisten die Polizei scharf, diese sei nicht in der Lage gewesen, die Attacke zu verhindern. Tatsächlich entschuldigte sich die Polizei, wies aber Kritik zurück. Ein Polizeisprecher bilanzierte, dass »gegen insgesamt 13 Personen des rechten Spektrums Strafverfahren wegen Landfriedensbruch eingeleitet« wurden. Die mutmaßlichen Täter waren demnach zwischen 16 und 64 Jahre alt, kamen aus Aachen, Düren, Würselen und Stolberg. »Zum Teil sind sie polizeilich in keinerlei Hinsicht in Erscheinung getreten. Sie waren nicht typisch rechts gekleidet, Glatzen waren nicht erkennbar, nichts, was auf die Anwesenheit von Rechten hindeutete«, sagte der Behördensprecher – und merkte dabei nicht, wie die Polizei ihre eigene Unkenntnis offenlegte. Denn jeder interessierte Grundschullehrer weiß wohl mittlerweile, dass Neonazis nicht mehr unbedingt als Glatzen rumlaufen. »Erkenntnisse über den Aufenthalt von Rechten hatte die Polizei nicht. Weder im Vorfeld noch während der Demonstration«, so die Polizei weiter. Woher auch, wenn man noch nicht einmal weiß, wie diese aussehen und sich organisieren? Dabei randalierten »Autonome Nationalisten« bereits am 1. Mai 2007 in NRW – bei einem Aufmarsch von NPD und anderen Neonazis in Dortmund. Unter dem Motto »Gemeinsam gegen Kapitalismus« sprach neben NPD-Chef Udo Voigt unter anderem auch Constant Kusters, Neonazi aus den Niederlanden: Man werde wieder »die Lieder unserer Väter und Großväter« singen – und dies solle wieder »im Großdeutschen Reich« stattfinden, schrie Kusters unter dem tosenden Beifall der Neonazis. Man werde derer gedenken, die »gekämpft« hätten und die »gestorben sind für unsere Ideale«. Und weiter hetzte Kusters: Der Staat Israel sei »das Krebsgeschwür« im Nahen Osten. Einmal werde abgerechnet mit Israel, »mit diesem Volk«. Großer Jubel im Publikum. »Wenn wir die Macht alleine haben, wenn unsere Gegner auf die Straße« gehen, »ich kann Euch schwören, dann haben wir keine Gegner mehr, die sind dann alle ›verschwunden‹«. Das Reich werde wieder »auferstehen«. Er beendete seine Rede mit einem »Heil«. Auf Hetze gegen Juden hatte sich auch der Verein »Collegium Humanum« spezialisiert. Über Jahrzehnte verbreiteten diese Holocaust-Leugner aus Nordrhein-Westfalen fast ungestört ihre Propaganda – als gemeinnütziger Verein konnten die Revisionisten sogar Spendenquittungen ausstellen. Staatlich subventionierte Holocaust-Leugner. Erst nach Medienberichten über diesen Skandal wurde das Treiben der Revisionisten beendet – durch Vereinsverbote des Bundesinnenministeriums.

Auch bei Hessens Regierung sorgen Neonazis für eher weniger denn mehr Aufsehen. Monatelang konnten militante Rechtsextremisten ungehindert schalten und walten, zu Gewalt aufrufen und bundesweit Neonazi-Propaganda verbreiten. Selbst nachdem der bundesweit bekannte Neonazi Kevin S. eine 13-Jährige fast totgeschlagen hatte, sollte er zunächst nur wegen gefährlicher Körperverletzung angeklagt werden. Kevin S. gab im Juli 2008 zu, im nordhessischen Schwalm-Eder-Kreis mit einer Glasflasche auf eine schlafende 13-Jährige eingeprügelt zu haben. Ihren zehn Jahre älteren Stiefbruder habe er mit einem Klappspaten geschlagen. Obwohl das Mädchen bei der Attacke einem ärztlichen Gutachten zufolge lebensbedrohlich verletzt worden war, sah die Staatsanwaltschaft kein versuchtes Tötungsdelikt mehr. Deshalb sollte das Amtsgericht in Fritzlar Anklage erheben. Das Amtsgericht erkannte allerdings sehr wohl einen hinreichenden Tatverdacht für einen Mordversuch und erklärte sich deshalb für nicht zuständig. »Ich habe das sorgfältig überprüft und bin zum Schluss gekommen, dass nach Aktenlage auch ein hinreichender Tatverdacht in Richtung versuchten Mordes besteht«, sagte der Fritzlarer Richter Gerhart Lohr im Oktober 2008. Das Kasseler Landgericht schloss sich dieser Sicht doch noch an – und übernahm das Verfahren.

Für die 13-Jährige und ihre Familie waren die Monate nach dem Überfall sowie das Hin und Her zwischen den Gerichten ein Albtraum. Erst mussten die Eltern um das Leben ihrer Tochter fürchten, dann hieß es, es habe sich lediglich um schwere Körperverletzung gehandelt. Der Rechtsbeistand der Familie, Thomas Kämmer, verwies bei dieser Auseinandersetzung stets auf den vorläufigen Arztbericht vom Juli 2008 als auch auf eine Stellungnahme des Universitätsklinikum Marburg vom September 2008. Darin wurde eindeutig festgestellt, dass bei dem Mädchen eine »potentiell lebensbedrohliche Erkrankung« vorlag.

Der Überfall stellte den vorerst letzten Akt in einer langen Reihe von Aktivitäten des Kevin S. dar. So wurde bei der Staatsanwaltschaft Gießen mehrfach Anzeige gegen Kevin S. gestellt, Anlass unter anderem: das Neonazi-Video »Deutscher, Augen auf! Du bist im Krieg!«. S. war federführend an diesem Werk und dem dahinterstehenden Neonazi-Projekt »Volksfront Medien« beteiligt. Auch Ex-NPD-Chef Marcel Wöll, vorbestraft wegen diverser Delikte, gehörte zu der jungen Medienavantgarde der Neonazi-Szene. »Volksfront Medien« produzierte auch Wahlwerbespots für die NPD und einen Mobilisierungsfilm für einen Neonazi-Aufmarsch im Juli 2007 in Frankfurt am Main. Darin riefen die militanten Neonazis offen zur Gewalt auf, eine Aktivistin hantierte mit einem Molotow-Cocktail herum. Die Frankfurter Polizei äußerte die Vermutung, das Video sei ein Fake von linken Gruppen gewesen. Dabei hätte ein Blick auf YouTube ausgereicht, um zu erkennen: Das Video wurde neben zahlreichen anderen Neonazi-Filmchen unter dem Pseudonym von Kevin S. verbreitet. Und: Die Frau mit dem Molotow-Cocktail wurde von Beobachtern schnell als bekannte Neonazi-Aktivistin identifiziert.

Bei dem Aufmarsch in Frankfurt, als Anmelder trat übrigens

wiederum der damalige NPD-Chef Wöll auf, kam es laut Augenzeugenberichten zu Gewalttaten und heftigsten Neonazi-Sprechchören: »BRD Judenstaat – wir haben dich zum kotzen satt«, »Gegen Demokraten helfen nur Granaten!«, »Linkes Gezeter – neun Millimeter!« Offenbar zeigten die Videos bereits die erwünschte Wirkung. Die Neonazi-Szene radikalisierte sich – unter maßgeblichem Einfluss von Wöll und seinen Kameraden.

Die Ermittlungen gegen Kevin S. wegen des Propaganda-Films »Deutscher, Augen auf! Du bist im Krieg!« wurden aber eingestellt. Wie eine Sprecherin der Staatsanwaltschaft Gießen sagte, habe es keinen ausreichenden Tatverdacht wegen Volksverhetzung gegeben. Auch in weiteren vergleichbaren Fällen seien die Ermittlungen eingestellt worden. Wegen geringer Schuld, so die Sprecherin.

Aus dem Video »Deutscher, Augen auf! Du bist im Krieg!«
Deutscher, Augen auf, du bist im Krieg! Das System fördert und unterstützt Homosexuelle, die bekommen keine Kinder. Das System fördert nichtrassige Ehen, denn die bekommen auch keine deutschen Kinder ... Abtreibung, denn da werden deutsche Kinder ermordet [...] das System verblödet unsere Kinder schon im Kindergarten und in der Schule [...] antifamiliäre Subkulturen [...] gleichgeschaltete Medien [...] dem einzigen, dem deutsche Kinder im Weg stehen, das sind die Auserwählten[*], diese ›One-World-Fetischisten‹, die uns schon so oft, zum letzten Mal am 24.3.33 im ›Daily Express‹[**] den Krieg erklärt haben. Letzte Bomben fielen zwar 45, aber ihr Krieg, der geht weiter [...] dieser Krieg wird für sie erst zu Ende sein, wenn der letzte Tropfen ›reinen Blutes‹ aller Völker verflossen ist. Sie die Weltherrschaft erhalten [...] Augen auf, du bist im Krieg ... wird es auch zu deiner Pflicht, das System hat dir den Krieg erklärt, es wird Zeit, darauf zu antworten ...

[*] »die Auserwählten« wird als Synonym für Juden verwendet
[**] mit »24.3.33 im Daily Express« wird auf eine unter Holocaust- und Auschwitzleugnern verbreitete angebliche »jüdische Kriegserklärung« Bezug genommen. Mit dieser sollen die Pogrome gegen Juden und der Holocaust als Notwehr gedeutet werden.

Die Sprecherin der Staatsanwaltschaft betonte aber, es habe im Zusammenhang mit den Anzeigen und Ermittlungen »selbstverständlich« einen Austausch mit Stellen in der Landeshauptstadt gegeben, unter anderem mit dem Landeskriminalamt. An dem Tag vor dem Überfall auf die 13-Jährige in Nordhessen trat S. vor Ort erneut in Aktion: Er pöbelte und drohte mit anderen Neonazis öffentlich gegen Mitglieder der Linksjugend »solid«, die im Rahmen ihres Camps eine Kundgebung abhielten. Die Polizei nahm Kevin S. fest – und setzte ihn dann wieder auf freien Fuß. Wenige Stunden später schritt der Neonazi zur Tat. Während Ministerpräsident Roland Koch im Wahlkampf Ende 2007 noch einen brutalen Überfall von zwei jungen Migranten auf einen deutschen Rentner in München genutzt hatte, um sich bundesweit als brutalstmöglicher Aufklärer und vermeintlicher Tabubrecher in Sachen Ausländerkriminalität zu präsentieren, schwieg er weitestgehend zu dem Fall in seinem eigenen Bundesland. Die CDU nannte den Angriff zwar »verabscheuungswürdig und nicht hinnehmbar«, warf der Linkspartei aber gleichzeitig vor, sie instrumentalisiere den Überfall auf das Mitglied ihrer Jugendorganisation »solid« parteipolitisch, dies sei unwürdig und verwerflich. Zu der Frage, warum die zuständigen Stellen weder präventiv noch repressiv auf die sich abzeichnende Radikalisierung der Neonazi-Szene in Hessen allgemein und einzelner Kader wie S. im Speziellen reagiert hätten und die zahlreichen Hinweise auf das Treiben von S. und dessen Kameraden nicht wahrnahmen, erklärte Innenminister Volker Bouffier im zuständigen Ausschuss des Landtages:

Ich sage hier in aller Form: Ich habe nicht den leisesten Hauch eines Ansatzes, diese Behauptung nachvollziehen zu können. (...) Ich kenne sämtliche Akten sowohl der polizeilichen Ermittlungen wie auch des Verfassungsschutzes. Ich erkläre hier nach bestem Wissen und Gewissen: Ich habe keinerlei Anlass, das, was Sie hier intendieren und vortragen, anzunehmen.

Eine bemerkenswerte Aussage, denn wie erwähnt ermittelte die Staatsanwaltschaft Gießen mehrfach gegen S. – und informierte im Verlauf dieser Ermittlungen nach eigenen Angaben auch die zuständigen Stellen in der Landeshauptstadt. Doch damit nicht genug: Der Neonazi Kevin S. wurde zu dem Zeitpunkt, als er die 13-Jährige fast totschlug, in Thüringen bereits wegen schwerer Körperverletzung mit rechtsextremem Hintergrund gesucht – zumindest auf dem Papier. Praktisch kratzte S. seinen Namen vom Briefkasten ab, und so galt die Anzeige als nicht zustellbar. Von all dem wurde in Wiesbaden angeblich nichts bekannt. Auch dass die Neonazi-Videos von »Volksfront Medien« mehrmals bundesweit für Aufsehen sorgten – beispielsweise als eine Nazi-Nachrichtensendung verbreitet wurde, die vom Design an die Tagesschau erinnerte –, fiel hier offenbar nicht weiter auf. Der Inhaber der Internet-Seite von »Volksfront Medien« hieß übrigens Kevin S.

S. agierte zwischenzeitlich laut Beobachtern als eine Art Reisekader auch im Schwalm-Eder-Kreis; dem hessischem Verfassungsschutzbericht zufolge kam es in dieser Region mehrfach zu militanten Neonazi-Aktionen. Doch nach der Attacke auf die 13-Jährige sagte der Polizeisprecher aus der Direktion Schwalm-Eder, Hinweise auf eine Vernetzung rechter Kräfte habe es hier nicht gegeben. Nur zwei Tage nach der Tat gab es dann plötzlich eine Razzia: Die Polizei filzte 13 Wohnungen von Mitgliedern der »Freien Kräfte Schwalm-Eder«. Die Polizei erklärte nun, gegen die Gruppierung seien bereits seit Wochen verstärkte Ermittlungen angestrengt worden. Anlass sei eine Reihe von gewalttätigen Übergriffen. Dafür, dass es hier eigentlich gar keine Vernetzung rechtsextremer Kräfte gegeben haben soll, verfügten die Neonazis über eine recht gute Ausstattung: So beschlagnahmte die Polizei umfangreiches Propagandamaterial, darunter mehrere Hakenkreuzfahnen; neben Mobiltelefonen und Computern stellten die Polizisten auch Waffen sowie »waffenähnliche Gegenstände« sicher. Die Parole »Deutscher, Augen auf! Du bist im Krieg!« wurde hier mit »Leben« erfüllt.

All diese Vorfälle sorgten dann aber doch noch für Konsequenzen in Wiesbaden, denn Gewalttaten vor der eigenen Haustür sind für keine Regierung sonderlich publikumswirksam. So verkündete der Verfassungsschutz, um rechtsextremistische Aktivität besser beobachten zu können, baue man »derzeit ein Kompetenzzentrum Rechtsextremismus mit sechs neuen Planstellen auf«.

Die Kameraden von Kevin S. riefen unterdessen in Hessen weiter öffentlich zu Hass und Gewalt auf: Nach dem Aufmarsch von Neonazis am 11. Oktober 2008 in Wetzlar ermittelte das Polizeikommissariat für Staatsschutz wegen möglicher Straftaten. Im Blickpunkt: der NPD-Funktionär Sascha Söder. Dieser rief bei der Abschlusskundgebung des Aufmarsches offen zur Selbstjustiz gegen Pädophile auf. Leute wie den Grünen-EU-Parlamentarier Daniel Cohn-Bendit sollte man »an die Wand stellen«. Videomitschnitte belegten die Äußerungen, Gegendemonstranten übten Kritik an der Polizei, die den öffentlichen Aufruf zur Gewalt zugelassen hatte und nicht eingriff. Ein Polizeisprecher begründete dies mit taktischen Überlegungen: »Wenn die Polizei nicht sofort handelt, heißt das nicht, dass sie gar nicht handelt.«

Ausgerechnet gegen Kinderschänder gehen die hessischen Kameraden von Kevin S. auf die Straße. Wer auf schlafende Mädchen eindrischt, sollte zu diesem Thema eigentlich schweigen. Schweigen tut zumeist die Öffentlichkeit in Hessen. Das beherrschende Thema sind die »Kommunisten« von SPD und Linkspartei im Landtag, nicht prügelnde Neonazis. Denn die gebe es ja sowieso nur im Osten …

7. »Von der Wiege bis zur Bahre« – die rechtsextreme Parallelwelt

Der völkische Staat, wie die NPD ihn anstrebt, kennt keine Interessenvertretungen und bürgerlichen Zusammenschlüsse, die eine pluralistische Gesellschaft auszeichnen. An deren Stelle sollen Massenorganisationen treten, die jeden Menschen an der Entfaltung seiner Individualität behindern, die totale Kontrolle ausüben und die nachwachsenden Generationen ideologisch drillen. Während es in einer freien Gesellschaft jedem selbst überlassen bleibt, was er in seiner Freizeit tut oder nicht tut, soll in einem völkischen Staat das gesamte Leben durchorganisiert und im Sinne der Volksgemeinschaft möglichst effektiv verwertet werden. Der Wille des Einzelnen ist dabei unwichtig und störend.

Diesem Ziel folgend versucht auch die NPD bereits – obwohl weit entfernt von einer Massenorganisation –, Mitglieder und Sympathisanten von der »Wiege bis zur Bahre« in eine rechtsextreme Parallelwelt einzubinden. Dies soll jeglichen äußeren – aus Sicht der NPD also störenden – Einfluss durch Menschen mit anderen Meinungen verhindern; man will unter sich bleiben. Das Ziel: Strukturen schaffen, in denen sich die Kader und auch deren Angehörige 24 Stunden am Tag, sieben Tage die Woche durchgehend in einer rechtsextremen (Gedanken-)Welt bewegen. Dazu gehören eigene Zeitungen und Internet-Foren genauso wie eigene Wirtschaftsstrukturen: kleine Unternehmen wie Versandhändler, Bekleidungsmarken, Internet-Agenturen, Kampfsportschulen oder auch Gastronomiebetriebe – also Kneipen. Hier können sich Neonazis aufhalten und vor allem auch arbeiten, ohne ihre Gesinnung für sich behalten zu müssen. Auch eindeutige Tätowierungen oder T-Shirts können offen getragen werden, Bekenntnisse zum Nationalsozialismus gehören sogar zum guten Ton. Sanktionen durch Arbeitgeber wegen rassistischer Beleidigungen oder Ausschluss durch Kollegen gibt es hier nicht mehr – die homogene völkische Volksgemeinschaft wird schon einmal vorgelebt: keine Widerworte, keine äußeren Einflüsse, keine kontroversen Debatten – für die rechtsextremen Strategen ein Traum.

Neben den Einnahmen durch den Handel mit Tonträgern erfüllt die Musik weitere Funktionen. Parolen fräsen sich in das Gehirn ein, die Rechtsextremisten geben sich modern und bringen sich in diverse Subkulturen ein. Bands treffen das Lebensgefühl von Jugendlichen, die sich ohnmächtig den komplexen Problemen ausgeliefert fühlen. Die Musik wird zum Soundtrack des eigenen Lebens. Und dies von nicht wenigen Menschen: Experten gehen davon aus, dass deutsche Rechtsrock-Bands seit 1990 mehr als 1200 Platten-, CD- und DVD-Titel auf den Markt gebracht haben. Die höchste Auflage erreichen wohl die sogenannten »Schulhof-CDs«, die durch eine Kooperation zwischen NPD, »parteifreien« Neonazis und Rechtsrock-Produzenten realisiert wurden. Zum Rechtsrock kommen noch zahlreiche »nationale Barden«, die mit kitschigsten Liedern eine vermeintlich bessere Vergangenheit – und auch Zukunft – besingen. Diese Stücke muten teilweise zum Lachen an, doch sie finden offenbar ihre Abnehmer. So dürfte die Bundesrepublik Deutschland 70 Jahre nach der Nazi-Barbarei der größte Markt für Neonazi-Musik sein.

Die Versandhändler bieten längst nicht nur CDs und Fanartikel an. Auch für den »nationalen« Nachwuchs ist alles dabei: Los geht es mit Büchern und Accessoires für Kinder, die beispielsweise die NPD in ihrem *Deutsche-Stimme*-Versand, dem »nationalen Warenhaus«, anbietet. Neben dem beträchtlichen finanziellen Gewinn erzielt die NPD mit diesen Artikeln einen weiteren Effekt: Die Kleinen saugen das völkische Gedankengut sozusagen gleich mit der Muttermilch auf. »Das einzigartige Mal-, Knobel- und Bastelbuch im Format DIN A4 enthält Rätsel, Malen nach Zahlen, Ausmalbilder, Irrgärten, Schnittmuster und Bastelanleitungen.« Herausgegeben hat dieses Kinderbuch die rassistische »Artgemeinschaft« des Hamburger Neonazis Jürgen

Rieger, selbst in NPD-Kreisen wegen seines Arier-Kults bisweilen als Schädelvermesser verspottet. Das Buch ist nur eines von vielen Angeboten speziell für Kinder: Die »Reichswehr-Nostalgie-CD-Rom« verspricht den Kleinsten eine »liebevoll erstellte Sammlung von Zigarettenbildchen«, die »einen bunten Überblick über die 10 Divisionen der Reichswehr und ihrer Traditions-Regimenter mit Namen, Standorten, Gründungsjahr und Traditionszugehörigkeit« geben. Von modernem Spielzeug hält man bei der NPD offenbar wenig, Blechaufziehtiere und Holzbausätze (Junkers JU 87, Stuka) sollen die Kindheit zwischen völkischer Familie und Heimattreuer Deutscher Jugend aufhellen. Für lange Winterabende empfiehlt die Partei den Kinderchen »ein schönes Puzzle unserer Heimat«: Deutschland in den Grenzen von 1937.

Um dieses Angebot für die Familie zu erweitern, zu optimieren und mit etwas Leben zu erfüllen, haben rechtsextreme Frauen den Ring Nationaler Frauen (RNF) gegründet. Hier oder auch in neonazistischen Internet-Foren können sie sich austauschen: über Ernährung, Betreuungsangebote, Freizeitgestaltung, die »Manipulation des Wetters«, »Hexenjagt auf nationale Mütter«, Spielanleitungen und alles, was die völkisch bewusste Mutter des 21. Jahrhunderts noch so bewegt. Die Sozialwissenschaftlerin Michaela Köttig meint: »Es gibt eine neue Strategie von Frauen in der rechten Szene. Sie wollen die nächste Generation formen. Deshalb werden sie Erzieherinnen oder Lehrerinnen. Sie studieren Geschichte, um an der Uni zu lehren.« Wie viele Frauen dies aber wirklich sind, lässt sich nur schwer schätzen.

Innerhalb der NPD führt der RNF, der allerdings auch erst im Herbst 2006 gegründet wurde, bislang eher ein Schattendasein. Geld ist keines da, wie ein Aufruf aus dem November 2008 zeigt:

Öffentlichkeitsarbeit ist wichtig, und der RNF hat viele gute Ideen, um sich aus weiblicher Sicht in den nationalen Kampf um die Köpfe einzubringen. Leider liegen, teils schon seit geraumer

Zeit, viele Entwürfe für Flugblätter »auf Halde«. Dies ist einerseits dem leidigen Geldmangel geschuldet, andererseits liegt es aber auch an der Mitarbeit eines ZUVERLÄSSIGEN Grafikers. Die Grafiker der Mutterpartei sind hoffnungslos überlastet, und seit unser Kamerad aus den Reihen der Freien Kräfte seinen PC nach einer Durchsuchung in die Hände der Staatsmacht übergeben musste, stehen wir – bildlich gesprochen – auf dem Schlauch.

Daher suche der RNF nun

einen Grafiker, der unsere Flugblätter schnell, zuverlässig – auf Wunsch selbstverständlich auch äußerst diskret – als druckreife Pdf's erstellt. Bild – und Textmaterial wird geliefert. Bei ernsthaftem Interesse bitte melden xxx@xxx.de Fairerweise möchte ich hinzufügen, dass eine entsprechende Zuarbeit nicht vergütet werden kann.

(Und wer mich kennt, weiß auch, dass Reichshansel, Verschwörungstheoretiker und paarungswillige Sozialversager gnadenlos aussortiert werden.)

Gitta Schüßler, Bundessprecherin

Die NPD-Frauen bemühen sich offenbar intensiv, arbeitsfähige Strukturen im gesamten Bundesgebiet zu schaffen, wollen ihren Einfluss auf diese Weise vergrößern. So trafen sie sich im Juni 2007 im »Raum Plauen« zu ihrem »Bundestreffen im Sommer«. Dieses sollte laut Einladung unter dem Motto »gleiche Rechte – verschiedene Pflichten ...« stehen. Hier wird das Bild der Mutter und Hausfrau bereits deutlich gemacht. Mittlerweile sind die NPD-Frauen ideologisch sogar noch einen Schritt weiter zurückgegangen – Männer und Frauen seien einfach ungleich, so die Parole, nun ist noch nicht einmal mehr von gleichen Rechten die Rede. Auf aktuellen Flugblättern des RNF stehen Sprüche wie »Gleiches gleich zu behandeln ist ungerecht« oder auch

»Müttergehalt statt Elterngeld«. Hier wird das völkische Weltbild, welches von einer natürlichen Ordnung ausgeht, gegen die
durch die moderne Gesellschaft verstoßen wird, auf aktuelle
Themen angewandt. Maßnahmen wie das Elterngeld werden
abgelehnt, die RNF-Sprecherin Stella Pallau begründete diese
Position im August 2007 folgendermaßen:

> Der RNF beurteilt die zwanghafte Verpflichtung von Vätern zur
> Pflegearbeit an Kleinkindern als lächerlich. [...] Vermutlich will
> man Vätern bald künstliche Brüste verkaufen, damit sie ihrer
> Aufgabe besser gerecht werden können. [...] Mütter sind die
> zentralen Lastenträger und werden es immer sein. Sie formen die
> nächste Generation eines Volkes, die es ohne sie nicht gäbe! [...]
> Jede Mutter soll sich selbst aussuchen können, ob sie berufstätig
> ist, aber wir wissen ganz genau – und davor hat man Angst – daß
> die meisten Frauen das Müttergehalt dankend annehmen würden.
> Über die Finanzierung bräuchte sich Frau Müller [gemeint ist
> Christa Müller von der Linkspartei, PG] gar keine Gedanken ma-
> chen. Die NPD würde die benötigten Gelder aus der Ausländer-
> und Auslandsfinanzierung herausziehen.

Durch die »Rückführung« – also Deportation – und Enteignung
von Millionen von Bürgern, die die NPD nicht als Deutsche definiert, soll ein Müttergehalt finanziert werden. Frauen sollten
sich keine unnötigen Gedanken über ihre Karriere machen, so
die Überlegung des RNF, denn viel wichtiger sei die Aufgabe,
die »nächste Generation eines Volkes zu formen«. Dies dürfe aus
Sicht der Völkischen nur in der Familie geschehen, diese sei die
»Keimzelle des Volkes«, Kindertagesstätten seien hingegen ein
Ort der Gleichmacherei, den Aufenthalt von Kindern in Krippen
bezeichnen die NPD-Frauen sogar als Arrest, um Zwangsarbeit
zu ermöglichen. Und das geht so:

> Auch hat der RNF klar deutlich gemacht, daß die Steigerung
> der Krippenplatzkapazität allein der Wirtschaft dient und einen

Zwang zur Arbeit für Mütter von unter Dreijährigen geradezu heraufbeschwört. Das Diktat der Wirtschaft über die heutige Politik ist angesichts dieser Prämissen geradezu offenkundig. Wer die negativen Folgen einer Krippenbetreuung von Säuglingen und Kindern unter drei Jahren leugnet oder schönredet, der verhöhnt die vielen Opfer von Krippenarrest, die es nachweislich gibt.

Wie gewohnt bleiben die Rechtsextremisten jegliche Angabe von Quellen zu den »Opfern von Krippenarrest« schuldig. Mit unbelegten Behauptungen hantieren, das kann die NPD. Leider passen die einzelnen, selbst gefertigten Puzzleteile oft nicht so recht zusammen, denn einerseits gibt es laut NPD angeblich zu wenig Arbeit in der Bundesrepublik, da zu viele Ausländer »hereingeholt« würden, andererseits will die Wirtschaft angeblich deutsche Mütter unbedingt auf dem Arbeitsmarkt halten, so zumindest die Behauptung der NPD, die aber gleichzeitig über beschönigte Arbeitslosenstatistiken schimpft. Zu anderer Gelegenheit polemisierten die NPD-Frauen gegen das Elterngeld, da Mütter »ganz im Sinne marxistischen Lehre« wieder in den Arbeitsprozess eingegliedert würden. Alles in sich wenig schlüssig, das stört die NPD aber nicht, sie hat mal wieder das »Ganze« im Blick. Vom Elterngeld springt sie innerhalb von zwei Absätzen zur Globalisierung, sachbezogene Details sind ihre Sache nicht:

Die NPD lehnt die Globalisierung an sich ab und jammert nicht nur über deren Folgen. Globalisierung und der Gedanke von der Einheitswelt ohne Völker und Abgrenzung ohne Kultur- und Wirtschaftsunterschiede ist eben eine krankhafte Vorstellung wider die Menschen.

Dass ausgerechnet die NPD, die sich als Opfer aller vorstellbaren Einflüsse und Mächte darstellt, angeblich nicht jammere, gehört dann schon zu den heiteren Abschnitten in dieser Erklärung. Während der RNF in den Monaten nach seiner Gründung zunächst noch für etwas Aufsehen gesorgt hatte, wurden die

Frauen zuletzt zunehmend ruhiger – und folgen der Linie, die unter anderem der NPD-Fraktionschef im Landtag von Mecklenburg-Vorpommern, Udo Pastörs, vorgibt:

Verbiegen wir Männer und Frauen – sie nennen es Emanzipation – töten wir aber in den Frauen ein Stück ihrer Weiblichkeit und blockieren bei den Männern die Entfaltung ihrer Männlichkeit.

Angesichts dieses glasklaren und doch so verstaubten Frauenbilds in der rechtsextremen Bewegung fällt es den Frauen schwer, die rückwärtsgewandten Ideen als postfeministisch zu verkaufen. Vor allem, da der Markt mit ähnlichen Parolen schon übersättigt scheint, nicht umsonst versuchte die NPD aus dem Rummel um die Ex-Tagesschau-Sprecherin Eva Herman Profit zu schlagen. In einer Pressemitteilung schrieb Gitta Schüßler, RNF-Aktivistin und familienpolitische Sprecherin der NPD-Fraktion im Sächsischen Landtag, »der Aufstand der Frauen« könne durch den Rauswurf Hermans nicht gestoppt werden. Und weiter:

Der Rauswurf von Frau Herman zeigt aber auch, daß längst ein breiter, von Frauen getragener Aufstand gegen das von oben verordnete Leitbild des sogenannten »Gender Mainstreaming« im Gange ist.

»Gender Mainstreaming« bedeutet laut Definition des Familienministeriums übrigens, »bei allen gesellschaftlichen Vorhaben die unterschiedlichen Lebenssituationen und Interessen von Frauen und Männern von vornherein und regelmäßig zu berücksichtigen«. Ein anschauliches Beispiel dafür, dass auch hier eine Bezeichnung, die von jedem verstanden wird, hilfreicher und weniger angreifbar wäre. Gender Mainstreaming hört sich tatsächlich unverständlich und kryptisch an, wenn Mann und auch Frau wenig Ahnung von der Materie haben. Verständliche Begriffe und Formulierungen sind demokratisch – weil jeder sie verstehen kann. Die NPD nutzt die Möglichkeit, durch die Kritik an diesem Begriff zu verschleiern, dass aus ihrer Sicht Menschen nicht als Individuen in ihren jeweiligen Lebensumständen betrachtet werden sollen, sondern nach Geschlecht oder Nationalität klassifiziert werden und dementsprechend funktionieren müssen.

Der Ring Nationaler Frauen ging unter anderem aus der Gemeinschaft deutscher Frauen (GDF) hervor, welche wiederum aus dem »Skingirl Freundeskreis Deutschland« entstanden war. Schon an dieser kleinen Geschichte der Organisationen kann nachgewiesen werden, wie die NPD Kader aus der Neonazi-Szene aufgenommen hat und deren Organisationen institutionalisiert wurden. Allerdings kann der Einfluss des RNF noch nicht wirklich eingeschätzt werden, zwar tauchen die Protagonistinnen mittlerweile auch in der Parteiführung auf, inwieweit sie wirklich Einfluss haben, ist aber noch unklar. Denn zumeist handelt es sich bei NPD-Aktivistinnen oder Kandidatinnen noch immer um Partnerinnen von männlichen Kadern, auch ist ihre Zahl weiterhin überschaubar. Frauen in Führungspositionen bleiben die absolute Ausnahme. So wurde zwischenzeitlich der Landesverband Hamburg erstmals von einer Frau geführt, Anja Zysk wurde aber von einer Truppe um Jürgen Rieger in einer bemerkenswerten Schlammschlacht – inklusive Gewaltandrohungen und rechtlicher Schritte – weggemobbt.

In Sachsen-Anhalt war das RNF-Mitglied Carola Holz vorübergehend Landesvorsitzende der NPD. Sie galt aber als wenig ambitioniert und durchsetzungsstark, in dem Landesverband herrschte in den vergangenen Monaten ein erbitterter Richtungsstreit, in dessen Verlauf Holz sich wieder von ihrem Amt verabschiedete. Holz sitzt seit 2006 für die NPD in einem Kommunalparlament und taucht auch bei Neonazi-Aufmärschen auf. So verlas sie im August 2008 bei einem illegalen Neonazi-Aufmarsch in Tschechien eine Grußbotschaft.

Offenbar begeben sich die rechtsextremen Frauen in vorhandene Strukturen und nutzen den RNF als Werbemöglichkeit,

größere Aktivitäten sind nicht bekannt. So hatten die Frauen Anfang 2008 angekündigt, einen eigenen Werbefilm zu realisieren.
Dieser sollte »nach Fertigstellung auf unserer Seite angesehen
und heruntergeladen werden«, so die RNF in einem »Rund-
brief«. Auch eine eigene Kinder-CD und ein Buch wollte man
veröffentlichen. Aber: Es blieb bislang bei der Ankündigung.
Gleichzeitig will der RNF nach eigenen Angaben eine weitere
Organisation aufbauen: die »Selbsthilfegruppe: Jeanne D., Selbsthilfegruppe für politisch verfolgte Frauen in Zeiten der BRD«.
»Jeanne D.« sei abgeleitet von »Jeanne d'Arc«, so der RNF und
stehe »in diesem Sinne selbstverständlich für ›Jeanne Deutschland!‹«. »Jeanne Deutschland!« – man fasst es manchmal einfach
nicht. Ihre Aufgabe beschreibt »Jeanne Deutschland!« so:

Wie Ihr aus eigener Erfahrung selbst wisst, werden Deutsche, die
sich auch nur ein wenig national oder patriotisch in BRDeutsch-
land für ihre Heimat engagieren nur zu gerne mit Lügen und
Falschdarstellungen öffentlich diffamiert. Das betrifft jede einzelne Person, gleich welchen Alters und gesellschaftlichen oder
beruflichen Status. Wir wollen uns als selbst Betroffene wider-
lichster Diffamierungen, die wir uns nie im Leben etwas zu Schul-
de kommen haben lassen, außer hin und wieder einmal falsch
zu parken, in dieser Situation aufgefangen und ernstgenommen
wissen. Es ist kein Spaß, als Angestellter seine Arbeitsstelle zu
verlieren oder als Selbstständiger, seine Aufträge storniert zu
sehen, weil ein paar picklige, anonyme Antideutsche sogenannte
»Outing«-Schmierereien verteilen und öffentliche Stellen, sowie
öffentliche Medien darauf sogar noch anspringen.

Zwei Punkte fallen auf: Auch die Frauen in der rechtsextremen
Bewegung neigen sehr zur Selbststilisierung als Opfer, und zwei-
tens: Die Aktionen von antifaschistischen Gruppen zeigen bei
der NPD erhebliche Wirkung. Dies belegen auch Aussagen von
anderen Neonazis. In dem Text des RNF, bzw. der »Jeanne
D.«, fällt zudem auf, dass noch nicht einmal hier die weibliche

Form »Angestellte« genutzt wird, obwohl explizit von Frauen geschrieben wird. Der RNF möchte sich nicht einmal dem leisesten Verdacht aussetzen, auch nur irgendetwas mit Feminismus zu tun zu haben.

Dafür sorgt denn auch die Familie Pastörs selbst: So fungiert der »etablierte Frauenstammtisch« von Marianne Pastörs aus Lübtheen, Ehefrau des NPD-Fraktionschefs in Schwerin, als »neue RNF-Gruppe« – damit sei also MeckPomm in Sachen nationaler Frauenarbeit kein »weißer Fleck« mehr! Und Ehemann Udo kann immer aus nächster Nähe darauf achten, dass seine Männlichkeit nicht durch die Frauen »verbogen« und »blockiert« wird. Das will nun auch wirklich niemand.

Auch die RNF-Pressesprecherin Stella Palau war zunächst mit einem bekannten Berliner Neonazi liiert, nun ist sie mit einem führenden NPD-Kader verheiratet. Nach RNF-Angaben aus dem Februar 2008 ehelichte sie »ihren langjährigen Lebensgefährten, den bekannten Liedermacher Jörg Hähnel« und heiße jetzt Stella Hähnel. Der RNF gratulierte politisch korrekt:

Auch von dieser Stelle noch einmal herzliche Glückwünsche an das junge Ehepaar, dem wir natürlich alles Gute wünschen – vor allem eine harmonische und viele, viele Jahre dauernde Lebens- und Kampfgemeinschaft!

Damit auch Frauen sich im Sinne dieser Kampfgemeinschaft beispielsweise bei Aufmärschen gemäß ihrer »natürlichen Bestimmung« nützlich machen können, will die NPD eine weitere Organisation aufbauen: den »Nationalen Sanitätsdienst«. Nach eigenen Angaben solle ein

bundesweiter und einheitlich organisierter Nationaler Sanitätsdienst aufgestellt werden, damit auf sämtlichen Demonstrationen und Veranstaltungen die Versorgung durch Ersthelfer gesichert werden kann. Wir helfen in Fällen von schweren Verletzungen, z. B. durch Angriffe von Chaoten, aber auch allen Kameraden, die aus anderen Gründen, z. B. Kreislaufproblemen, Unterzucke-rung etc., Erste Hilfe benötigen – solange bis der Rettungswagen kommt.

Diese Idee ist nicht sonderlich neu, so gab es in den 1980er Jah-ren, als Straßenschlachten mit der Polizei ausgefochten wurden, »Autonome Sanitäter« bei linken Demonstrationen und Haus-besetzungen. Auch die rechtsextremen Nachmacher versuchten sich bereits an einem solchen Projekt. Unter dem dämlichen Namen »Braunes Kreuz« traten Neonazis als Hilfs-Sanitäter auf. Doch der Name durfte nicht mehr verwendet werden. Wer bei dem neuen NPD-Sanitätsdienst mitmischen soll, bleibt unklar, denn die rechtsextreme Partei schreibt: »Die Voraussetzungen für die Mitarbeit im Nationalen Sanitätsdienst werden bei An-meldung mitgeteilt.« Allerdings sind nicht nur Frauen gemeint, auf alle wird sanfter Druck ausgeübt, ihre Pflichten am Kollektiv wahrzunehmen:

Besonders Ärzte, ausgebildete Sanitäter und medizinisches Fach-personal, z. B. Arzthelfer und Krankenschwestern, werden drin-gend benötigt. Diese sollten sich verpflichtet fühlen, im Nationa-len Sanitätsdienst mitzuwirken.

Die NPD hatte dem RNF einst sogar einen eigenen Etat verspro-chen. In der RNF-Mitteilung hieß es bezüglich eines Treffens mit dem Parteivorstand am 28. Oktober 2007 in Niedersachsen:

Als Arbeitsgemeinschaft kann der RNF weder ein eigenes Konto führen noch Mitgliedsbeiträge erheben, so daß die Finanzierung z. B. unserer Publikationen sehr problematisch ist. Der Partei-vorstand zeigte sich beeindruckt von den bisherigen Leistungen des RNF und sicherte verbindlich finanzielle Unterstützung zu. Konkret wurde beschlossen, im nächsten Jahreshaushalt einen festen Betrag für die Arbeit des Ringes einzustellen. Von diesem Etat können dann z. B. die Fahrkosten der Frauen zu den Treffen oder auch die Druckkosten für unsere Publikationen finanziert werden.

Inwieweit diese Zusage eingehalten wurde, ist vor dem Hintergrund der bedrohlichen finanziellen Situation der NPD und dem erwähnten Aufruf des RNF höchst ungewiss. Über die Mitgliedszahlen des RNF schweigen sich die Aktivistinnen auch aus, wahrscheinlich mit gutem Grund: Immer wieder treten im Namen des RNF die gleichen Personen auf. Ein konstruktives Alleinstellungsmerkmal kann die Organisation für sich auch nicht formulieren, die Ideologie funktioniert auch bei den Frauen ausschließlich über Abgrenzung und Feindbilder: So antwortete Schüßler auf die Frage, was »nationale Frauen« von anderen Frauen unterscheide: Die nationalen Frauen hätten ein gemeinsames Feindbild, das verbinde. Im Folgenden führte sie die bekannte NPD-Mischung aus Ethnopluralismus und völkischer Globalisierungskritik auf: Das Feindbild sei »die liberale Endzeitgesellschaft, in der alle sozialen Bindungen durch eine hemmungslose Individualität ersetzt werden sollen, in der sich die Völker zu einem Multikulti-Einheitsbrei vermischen sollen und in der wir Deutschen zittern und zahlen sollen, sobald das Wort Auschwitz fällt«. Bei den Feindbildern konnte die RNF-Chefin also nichts präsentieren, was sie von den Kameraden unterscheidet. Schüßler suchte aber munter weiter:

> Für uns nationaldenkende, rechte Frauen steht Volk und Heimat an erster Stelle. Und zwar das deutsche Volk und das deutsche Vaterland – mit seiner Muttersprache. Was ihm schadet, lehnen wir ab. Feminismus schadet, Gender auch, deshalb lehnen wir es – im Gegensatz zu den etablierten Parteien und Organisationen – ab. Wir lehnen übrigens auch eine Quotierung ab, im Gegensatz zu der Linken und auch der SPD.

Auch das werden die NPD-Männer gerne hören, denn eine Quotierung gehört bei ihnen sicherlich nicht gerade zu den populärsten Forderungen. Und Schüßler sparte weiterhin jede Kritik an der eigenen Bewegung komplett aus, widmete sich nun lieber den »akademisch gebildeten« Frauen, denn diese seien »oftmals lesbisch«. Daraus folgerte Schüßler, Feminismus – beim RNF offenbar gleichbedeutend mit Gleichgeschlechtlichkeit – sei »kinderfeindlich und damit schädlich für unser Volk«. Es herrscht also nicht nur eine ausgeprägte Schwulenfeindlichkeit, auch Lesben gehören zu den erklärten Gegnern. Die Gleichstellung der Geschlechter auf allen gesellschaftlichen Ebenen bezeichnete Schüßler als ein »Umerziehungsprojekt, dass Frauen und Männern ihre natürliche, angeborene Geschlechtsidentität aberziehen will«. Zudem seien ohnehin »die gleichen Rechte [...] verwirklicht. Wahlrecht, Recht auf Bildung, Berufstätigkeit, das sind alles keine Kampfthemen mehr.« Gewalt, Unterschiede beim Einkommen, die wenigen Frauen in Führungspositionen – für Schüßler alles kein Wort wert. Und dann durfte sie endlich über die »verschiedenen Pflichten« referieren:

Die verschiedenen Pflichten ergeben sich aus den unterschiedlichen angeborenen Fähigkeiten, die ihren biologischen Sinn haben.

Kinder bekommen und aufziehen, Hausfrauenarbeit und die verwundeten Männer versorgen – die Verwirklichung des »biologischen Sinns« ist das Hauptanliegen des RNF. Nach den Lesben nahm sich Schüßler abschließend noch die Schwulen vor: Ein Hauptthema des RNF solle »immer die Ablehnung der rechtlichen Gleichstellung von schwulen Lebensgemeinschaften mit der Ehe zwischen Mann und Frau« sein. Denn, man ahnt es schon, dies

schadet unserem Volk, weil damit das natürliche Zusammenleben zwischen den Geschlechtern in Frage gestellt, aufgeweicht, oder sogar lächerlich gemacht wird.

Die Rechtsextremisten fühlen sich durch die bloße Existenz von schwulen und lesbischen Lebensgemeinschaften schon provoziert, das »natürliche Zusammenleben« würde dadurch »lächerlich« gemacht. Auf dieser Basis lässt sich auch leicht Gewalt begründen.

Der RNF vertritt also keine eigene Position innerhalb der NPD, sondern konzentriert sich lediglich auf Themen wie Familie, aber auch Ernährung, Umwelt und Medizin, hier vor allem in Bezug auf neuheidnische Scharlatane. Insgesamt keine sonderlich attraktive Option für junge, selbstbewusste Frauen, wie sie in der rechtsextremen Bewegung zu finden sind. Dabei spielen Frauen für die Verfestigung der Strukturen eine überragende Rolle, nicht umsonst heißt es in Subkulturen oft »der hat jetzt eine Freundin« – was gleichbedeutend mit dem Rückzug des »Betroffenen« aus den jeweiligen Zusammenhängen ist. Werden aber Frauen in die Szene integriert, bleiben die Kader trotz fester Partnerschaft und sogar Familiengründung in der Bewegung – und können sich sogar ihre Partner aus dem »Nationalen Widerstand« auswählen. »Störende« Einflüsse – also beispielsweise eine Frau, die einem Jüngling neues Selbstbewusstsein einhaucht und ihn aus der Neonazi-Szene herausholt – können so weiter minimiert werden. Weiterhin haben Frauen einen positiven Einfluss auf Gruppen, vor allem, was das Erscheinungsbild angeht. Gruppen mit einem gewissen Frauenanteil wirken weniger bedrohlich, daher können Frauen auch leichter an bürgerliche Kreise anknüpfen. Neonazi-Frauen werden gerne unterschätzt, dabei sind sie genauso radikal wie die Männer. Die Rechtextremismus-Expertin Andrea Röpke meint:

Man darf nicht den Fanatismus der Frauen unterschätzen. Viele Frauen, die in der Szene aktiv sind, wurden in die Szene hineingeboren. Viele der aktiven Neonazistinnen, auch die jüngeren darunter, stammen aus sogenannten völkischen »Sippen«, Familienverbänden der Rechten, die schon in der zweiten, dritten Generation Alt- beziehungsweise Neonazis waren und kulturell und politisch nichts anderes kennengelernt haben. Und diese Frauen sind sehr fanatisch.

Damit die Kameraden und Kameradinnen auch zueinanderfinden, gibt es »nationale Kontaktbörsen«. Dort führen die einsamen Kämpfer für Volk und Vaterland Namen wie Odin18, wobei die 18 nicht auf das Alter, sondern auf die Initialen von Adolf Hitler hinweisen. Ein 21-jähriger Berufssoldat beschreibt sein Lebensmotto:

Lieber stehend sterben als knieend leben! Das leben ist kein Wunschkonzert!! Wer kämpft kann verlieren, wer nicht kämpft hat schon verloren!

Fehlt nur noch der Klassiker, in den 1980ern auf vielen VW-Bussen zu sehen: »Nur tote Fische schwimmen mit dem Strom!« Auch in den Blättern der NPD gehören Kontaktanzeigen zum festen Bestandteil. Haben sich dann zwei »national gesinnte« Partner gefunden, kann es auch gleich mit der Familienplanung losgehen. In Ostdeutschland fällt bisweilen auf, dass Odin und andere Namen aus der nordischen Sagenwelt bei der Vornamenwahl immer beliebter werden, an Alleen in Mecklenburg-Vorpommern, wo noch immer viel zu viele Jugendliche tödlich verunglücken, stehen mittlerweile statt Kreuzen auch immer öfter Runen zur Erinnerung.

Das Private wird also politisch, die Bewegung verschafft sich Zugang zum Kinderzimmer, rechtsextreme Eltern engagieren sich in Elternvertretungen, können als anerkannte und integrierte Personen gegenüber ganz neuen Zielgruppen in unverfänglichen Situationen ihre Positionen darlegen. Nachbarn, Bekannte und Kollegen fallen dann aus allen Wolken, wenn bekannt wird, dass es sich um Neonazis handelt. So beispielsweise geschehen in einem brandenburgischen Mütterzentrum, in dem Stella Hähnel/Palau über längere Zeit ehrenamtlich aktiv war, bis eine Lokalzeitung über ihr Engagement in der Neonazi-Szene berichtete. Niemand in der als alternativ geltenden Einrichtung wäre auch nur auf die Idee gekommen, dass es sich um eine führende NPD-Funktionärin gehandelt habe, hieß es dann. Ähnliches wurde berichtet, als der langjährige Waldorflehrer Andreas Molau in die NPD-Fraktion nach Sachsen wechselte. Molau galt als alternativ. Ob es nach diesen Vorfällen eine kritische Aufarbeitung gegeben hat, inwieweit Themen wie Umweltschutz, Esoterik, alternative Ernährungsformen, Globalisierungskritik, Anti-Amerikanismus und die Lehre des Rudolf Steiner anschlussfähig für rechte Kreise sind – bzw. diesen eigentlich viel näher stehen als angenommen –, darf bezweifelt werden.

Diese Fälle zeigen auch: Rechtsextremisten sind selbstverständlich nicht per se unsympathisch, dumm oder einfach nur stumpf. Wer mit Neonazis zu tun hat, stellt sich danach bisweilen die Frage, warum diese Personen bloß Neonazis sind. Aber offenbar sind bei Rechtsextremisten einige entscheidende Grundpfeiler des Weltbilds verrückt oder durch Indoktrination falsch eingeschlagen worden: Innerhalb der Ideologie der Ungleichwertigkeit von Menschen agieren diese Leute oftmals rational. Die Grundkoordinaten sind das Problem, daher gestalten sich Debatten mit Rechtsextremisten auch zumeist komplett sinn- und ergebnislos.

Um diese Grundkoordinaten – weg von der allgemeinen Würde aller Menschen hin zu völkischen Kategorien – zu verschieben, warten auf die Jugendlichen in der rechtsextremen Bewegung Organisationen wie die HDJ und die Jungen Nationaldemokraten (JN). Zunächst war in Neonazi-Kreisen die »Wiking Jugend« die wichtigste Kaderschule. Nach deren Verbot stieg die »Heimattreue Deutsche Jugend« – man beachte die Ähnlichkeit der Abkürzungen HDJ und HJ für Hitlerjugend – zur Neonazi-Avantgarde auf. Die HDJ beschreibt sich selbst als »die aktive, volks- und heimattreue Jugendbewegung für alle deutschen Mädel und Jungen im Alter von 7 bis 29 Jahren«. Man »achte die Vergangenheit« und sei sich »unserer eigenen Herkunft, und der Geschichte unseres Volkes bewußt. Als junge

Deutsche können wir so manches aus den Erfahrungen unserer Vorfahren lernen. Dies gelingt aber nur, wenn wir uns selbstbewußt und unverkrampft der eigenen Vergangenheit stellen.« Für eine Beschreibung einer Organisation für Siebenjährige zumindest ungewöhnlich: »Als junge Deutsche wollen wir nach unserer eigenen Art und unserem Wesen leben und wirken. Einen Konsum- und Markenzeitgeist lehnen wir ab.« Und auch die Forderungen, für die man »kämpft«, lassen aufhorchen:

> Für ein unabhängiges Deutschland in einem Europa der freien Völker. Für eine Lebensführung, die sich ganzheitlich in einem gesunden Körper, Geist und Charakter widerspiegelt. Für ein Leben mit Tradition und Werten wie Aufrichtigkeit, Wahrhaftigkeit, Hilfsbereitschaft, Kameradschaft, Treue. Gegen die Abwertung des Lebens durch Oberflächlichkeit, Beliebigkeit, Kulturlosigkeit und Verrohung. Gegen die Verenglischung unserer Muttersprache.

Dass es hier militärisch zugeht, zeigt bereits ein rascher Blick auf die Homepage der Organisation: Man unternehme »Leistungsmärsche (150 km in 3 Tagen ...), Nachtwanderungen, Schwimmbadbesuche, Liederrunden, Lagerfeuer«, die HDJ ist dabei in drei Leitstellen aufgeteilt (Nord, Mitte und Süd), unterhalb dieser Ebene werden die Kinder und Jugendlichen dann noch in »Einheiten« wie Nordland, Pommern oder Preußen verwaltet. Der Begriff Einheit steht für organisatorische Zusammenfassungen von Personal und Material. Wiking Jugend und HDJ waren bzw. sind eindeutig Kaderschmieden: Neonazis wie HDJ-Chef Sebastian Räbiger oder Manfred Börm, Leiter des NPD-Ordnerdienstes, waren zunächst in der WJ und nach deren Verbot in der HDJ tätig. Die Verbindungen zur NPD sind vielfältig, neben Börm soll NPD-Bundesvorstand Jörg Hähnel bei der HDJ aktiv sein, die Homepage des Vereins läuft über den NPD-Landtagsabgeordneten in Mecklenburg-Vorpommern, Tino Müller, Mitarbeiter der Fraktion gehören ebenfalls zu den HDJ-Aktivisten. Jedes Jahr führt die HDJ dutzende Zeltlager durch, um ihren Nachwuchs zu schulen. Mittlerweile wurde die HDJ (am 31. März 2009) verboten, allerdings dürften die Rechtsextremisten bereits dabei sein, Ersatzorganisationen zu schaffen. Genügend Zeit hatten sie: Grüne, FDP und Linkspartei brachten bereits Anfang 2008 Verbotsanträge ein, im Oktober folgten dann bundesweite Razzien – und auch die große Koalition legte ihren eigenen Antrag vor, doch wieder passierte wochenlang erst einmal nichts.

Neben der HDJ versuchen die braunen Strippenzieher, weitere Organisationen zu schaffen. So bemüht sich die NPD schon seit Jahren, mehr Einfluss an den Hochschulen zu gewinnen. Mit bescheidenem Erfolg bislang. Dabei benötigt die Partei sehr dringend fähige Köpfe – und den rechtsradikalen Studenten aus den Burschenschaften könnte die NPD möglicherweise einen Platz in einem Landtag bieten – doch mehr auch nicht. Und auch die Etablierung der Neonazis in den Parlamenten ist noch keineswegs gesichert. Daher ist die Landtagswahl in Sachsen 2009 auch von größter strategischer Bedeutung. Sollte hier der erneute Einzug gelingen, kann die NPD langfristiger planen, die Partei könnte für rechte Intellektuelle als Arbeitgeber attraktiv werden. Allerdings müsste sich dafür auch das Image der NPD verbessern, denn die Zusammenarbeit mit Neonazi-Schlägern und auch das teilweise erbärmliche intellektuelle Niveau schrecken rechtsextreme Denker sicherlich ab. Nicht umsonst bemühen sich führende Mitglieder der Landtagsfraktion wie Holger Apfel oder Jürgen Gansel um ein gemäßigtes Auftreten.

Trotz des schlechten Rufs sitzen bei der NPD bereits einige angehende Akademiker in wichtigen Positionen, vor allem Michael Schäfer aus Sachsen-Anhalt ist hier zu nennen. Der Student der Politikwissenschaft führt seit Ende 2007 die Jungen Nationaldemokraten und treibt die Verankerung der NPD in Sachsen-Anhalt und ganz Ostdeutschland voran. Im Juli 2008 trat an der Universität Magdeburg bereits zum zweiten Mal in Folge die rechtsextremistische Liste »Studentische Interesse« bei den Gremienwahlen an, erneut blieb die Gruppe erfolglos. Sie war nach

Angaben von örtlichen Antifaschisten im Jahr 2007 vom »JN-Bundeschulungsleiter« Matthias Gärtner gegründet worden.

Da die NPD auch schon mit ihrem Nationalen Hochschulbund (NHB) praktisch nicht wahrnehmbar war, kündigte Schäfer bei seinem Amtsantritt als Ziele an:

> Die Schaffung einer neuen Finanzordnung und der bundesweite Ausbau der Schulungs- und Bildungsorganisation der JN, dem Nationalen Bildungskreis (NBK), der auch über die Grenzen der JN zu Theoriediskussionen anregen soll.

Matthias Gärtner betonte immer wieder »die Wichtigkeit der Etablierung eines theoretischen Fundaments des politischen Kampfes«. Der »im Aufbau befindliche Nationale Bildungskreis (NBK)« solle »diese Theoretisierung und programmatische Akzentuierung der nationalen Opposition zukünftig vorantreiben«.

Schäfer stellte seine zweijährige Amtszeit unter das Motto: »Hin zu altem Geist und neuer Stärke!« Schäfers Ausführungen zeigen, dass Neonazis die NPD bzw. JN als strategisch beste Option sehen, um ihre Ideologie zu transportieren:

> Die JN sind die einzige nationalistische Jugendorganisation dieser Art in unserem Land und sie sind bundesweit organisiert. Dies müssen wir nutzen, um die Jugend in unserem Land zu erreichen und zu formen. Wir haben klare Grundsätze und wollen sie in die deutsche Jugend tragen. Wir stehen für einen modernen Nationalismus, frei von chauvinistischen Anfällen, und sehen in der Freiheit unseres Volkes das höchste Ziel. Wir wollen einen Nationalismus aufzeigen und vorleben, der sozialistisch ist im Wirtschaftlichen, national im Staatlichen, völkisch im Kulturellen und freiheitlich im Denken.

Die JN stellen also ein wichtiges Glied in der rechtsextremen Organisationskette dar, die möglichst nahtlos ineinandergreifen soll. Die Jungen Nationaldemokraten, die immer wieder darüber diskutieren, ob man sich nicht in »Junge Nationalisten« umbenennen sollte, bilden das Scharnier zwischen verschiedenen Organisationen, Gruppen und Milieus: zwischen HDJ und NPD, zwischen parteiunabhängigen Neonazis und der Partei, zwischen ultrarechten Burschenschaften und Strategen innerhalb der NPD.

Die Jungen Nationaldemokraten stellen zwar »die einzige nationalistische Jugendorganisation dieser Art« dar, allerdings liegen ihre Schwerpunkte eindeutig in Ost- und Süddeutschland. Ihre Kampagnenfähigkeit ist wie bei fast allen rechtsextremen Organisationen entscheidend von örtlichen Kadern abhängig. Die JN haben rund 400 Mitglieder, ihre führenden Kader verstehen sich als geschulte, extrem ideologisierte politische Soldaten, die der NPD neuen Schwung bringen müssten. Sie definieren sich klar als nationalrevolutionär und nationalsozialistisch. In den JN hatte auch die Neuausrichtung der NPD in den 1990er Jahren ihren Ursprung, nun wollen die Nachwuchs-Neonazis die Partei noch weiter radikalisieren. Und während die Mutterpartei zumeist recht bemüht gegenüber Journalisten auftritt, lehnen die JN schroff jegliche Auskunft gegenüber »Systemjournalisten« ab. In einer Antwort auf eine Anfrage des Autors schrieb Schäfer:

Sehr geehrter Herr Gensing,

aufgrund Ihrer unseriösen, unwissenschaftlichen und unprofessionellen Berichterstattung und Arbeitsweise sind wir zu keiner Zusammenarbeit mit Ihnen bereit. Sie verstehen sicher, dass wir Hetzjournalismus auf niedrigstem Niveau nicht noch fördern wollen.

Mit harten Bandagen gegen »Systemjournalisten« zu arbeiten, verspricht durchaus Anerkennung in der rechtsextremen Bewegung. Allerdings haben die JN einen entscheidenden Nachteil: Im Gegensatz zu den neonazistischen Kameradschaften und anderen Netzwerken versprühen ihr Name und die Tagesordnung den Muff einer starren Organisation – und eben nicht einer revolutionär ausgerichteten Aktionseinheit. Dennoch: Wer sich als Nachwuchskader bei den JN und anschließend der NPD bewährt hat, dem winkt zur Belohnung ein Posten in den Landtagsfraktionen. In Sachsen und Mecklenburg-Vorpommern dienen diese bereits als Versorgungswerke für bewährte Funktionäre oder auch hoffnungsvolle Nachwuchsneonazis. Aber auch Kader aus militanten Neonazi-Gruppen ließen sich ihren Einsatz im NPD-Wahlkampf mit Posten und Einfluss vergüten, ohne eine Karriere bei den JN. Auf welchem Weg auch immer sie kamen: In den Fraktionen können die Kader von Beruf Neonazi sein, sich gestützt auf einen beträchtlichen Apparat von Büros, Dienstwagen, Telekommunikation und Geldmitteln ihrer Mission, der völkischen Umgestaltung Deutschlands, widmen. Diese professionellen Neonazis leben von dem Geld des Staates, den sie so verachten.

Auch im Alter geben die Kader oft keine Ruhe. Die heute noch lebenden Altnazis sind in Organisationen von ehemaligen SS-Angehörigen und Ähnlichem organisiert. Es ist zu erwarten, dass sich die heutigen Neonazis neue Vereine und Strukturen für das Alter schaffen werden. Die Altersbezüge aus den Fraktionen werden hier sicherlich eine solide Basis legen.

Eine weitere Unterorganisation innerhalb der Partei ist der Arbeitskreis Christen in der NPD, ihr prominentester Vertreter ist der Multifunktionär und Strippenzieher Peter Marx. Allerdings spielen die Christen keine Rolle, sie werden nur erwähnt, wenn sich die NPD zu bestimmten Anlässen lammfromm präsentieren möchte, der Arbeitskreis scheint vor allem in Südwestdeutschland einige Mitglieder zu haben, in Rheinland-Pfalz ist Marx auch Landesvorsitzender. So hatten sich die Christen in der NPD hier gegen das Abhängen von Kreuzen in Gerichten ausgesprochen. Größere Aktivitäten des Arbeitskreises sind allerdings nicht bekannt. In der rechtsextremen Bewegung, in der alte nordische Götter und Märchen zum Kult erhoben werden, wird Christen eher feindlich begegnet, sie gelten als »Weicheier« und »Gutmenschen«.

Wichtiger als die Christen in der NPD ist hingegen die Kommunalpolitische Vereinigung. Immerhin sitzen mehr als 100 Mitglieder der Partei in zahlreichen Kommunalparlamenten. Da die NPD es in den vergangenen Jahren immer wieder geschafft hat, flächendeckend auch bei Kommunalwahlen anzutreten, und in mehreren Bundesländern bei diesen Abstimmungen die Fünf-Prozent-Hürde weggefallen ist, wird diese Zahl wahrscheinlich weiter steigen. Allerdings fallen die meisten NPDler in den Parlamenten nur durch Desinteresse und absolute Sachunkenntnis auf. Wobei auch hier Ausnahmen die Regel bestätigen, wie der Aufmarsch der NPD in den Landtagen zeigt.

8. Rechtsextremer Aufmarsch in den Parlamenten

[W]ir werden einen Teufel tun, uns von unseren Gegnern ins Hamsterrad der parlamentarischen Niederungen stecken zu lassen. Grundsätzlich gilt für unsere Arbeit: Wir sind nicht der Reparaturbetrieb eines untergehenden Systems. Unseren politischen Einsatz leisten wir für die Demokratie im Sinne einer Herrschaft des Volkes und nicht der zur Zeit herrschenden parlamentarischen Demokratie. (Mitteilungsblatt Klartext – Informationen der NPD-Fraktion im Sächsischen Landtag, *beigefügt in der Februar-Ausgabe 2006 der Parteizeitung* Deutsche Stimme)

»Wir gehen in den Reichstag hinein, um uns im Waffenarsenal der Demokratie mit deren eigenen Waffen zu versorgen. Wir werden Reichstagsabgeordnete, um die Weimarer Gesinnung mit ihrer eigenen Unterstützung lahm zu legen. Wenn die Demokratie so dumm ist, uns für diesen Bärendienst Freifahrkarten und Diäten zu geben, so ist das ihre Sache. Uns ist jedes gesetzliche Mittel recht, den Zustand von heute zu revolutionieren. Wir kommen als Feinde! (*Joseph Goebbels, Ende der 1920er Jahre in der Zeitung* Angriff)

Ich bin kein großer Anhänger dieser Form des Parlamentarismus. Aber das macht man so, dass man da reingeht und provoziert mit Präzision. Dann werden sie sehen, wie diese ganzen Viren, diese Parasiten, wach werden, dann sehen die, dass die Axt kommt, dass man das bis aufs Gesunde herausseziert. Das ist die Aufgabe eines nationalen Menschen. (*Udo Pastörs, NPD-Fraktionsvorsitzender in Mecklenburg-Vorpommern im Jahr 2006 im* Stern)

Wenn wir einen Schulterschluss haben, dann sind wir auch wieder in der Lage, anzugreifen dieses System! Auf der Straße – und in den Parlamenten! [...] Wir müssen Licht anmachen, damit man uns sehen kann. Aber: Es ist oft ratsam, dass man bevor man den Lichtschalter umlegt, sehr gut überlegt, ob die Zeit denn schon reif ist, um das Licht anzuschalten Und ich habe den Eindruck, dass wir doch hier und da, das ein oder andere Mal den Lichtschalter zu früh betätigt haben und ein anderes Mal zu spät. [...] Auch wer zu früh kommt, den bestraft das Leben. Und daher braucht eine so kleine Kampftruppe, so wie wir es sind, Punktlandungen! Und dafür müssen wir arbeiten, kämpfen und notfalls auch bluten. Angriff heißt die Parole! Nicht blind agieren. *(Udo Pastörs am 26. Februar 2009 bei einer Rede im Saarland)*

»Überfremdungsdruck in den Ballungsräumen« sowie die »asiatisch-negroide Ausländerflut in Hamburg lassen die Menschen in den neuen Bundesländern erahnen, was morgen für Verhältnisse in Rostock und Leipzig herrschen werden!« NPD-Fraktionschef Udo Pastörs in seiner Paraderolle im Schweriner Schloss, als selbst ernannter Anwalt des kleinen deutschen Mannes will er den »Blockparteien« einheizen. Im Januar 2008 legt die NPD einen Antrag vor, in dem gefordert wird, eine »Studie über die Kostenwahrheit der Einwanderung und deren fiskalische Auswirkungen auf die Sozialsysteme« schnellstmöglich in Auftrag zu geben. Pastörs nutzt die Redezeit wie gewohnt zu einer Art Generalabrechnung – mit den demokratischen Parteien und dem »volksfeindlichen System«, der NPD-Einpeitscher erhöht sich und seine Kameraden moralisch, indem er alle anderen als unanständig bezeichnet: »In einem anständigen Staat« hätten »alle den Gesetzen zu gehorchen«, doch in »dieser BRD« sei dies nicht so, poltert Pastörs. Er stellt infrage, dass der deutsche Nationalspieler Gerald Asamoah überhaupt Bundesbürger sei – und kommt gleich im Anschluss auf »Illegale und Sozialbetrüger« zu sprechen, die »die Sozialsysteme plündern«. Die Wirkung seiner Worte lässt auf sich warten – noch bleiben die Abgeordneten nach außen ruhig. Pastörs setzt auf die antisemitische Karte: Es seien auch »die Kontingentjuden, die hunderte Millionen Euro aus der Staatskasse erhalten«. Die Landtagspräsidentin unterbricht: »Herr Pastörs. Die Würde dieses Hauses ist zu beachten.« Findet der NPD-Einpeitscher offenbar nicht, Pastörs dreht sich kommentarlos wieder um und bezieht sich auf die öffentliche Debatte, die Ende 2007 und Anfang 2008 rund um den hessischen Wahlkampf über gewalttätige Ausländer in den Medien geführt wird.

Und wieder schlägt Pastörs einen Bogen zu dem »Sonderprogramm für die Ostjuden«, die NPD wolle »nun endlich Aufklärung« über die Kosten, da »die Altparteien und deren fürstlich entlohnten Mitarbeiter in den Behörden alles unter den Teppich kehren«. Da im Plenarsaal noch immer relativ gelassene Ruhe herrscht, greift Pastörs die demokratischen Abgeordneten frontal an, spricht vom »aus dem Westen importierten pathologischen Selbsthass«, der »auch bei der Politikerkaste der Postkommunisten bis Christdemokraten in Mecklenburg-Vorpommern angekommen« sei. Die Präsidentin unterbricht erneut, Raunen im Plenarsaal: Pastörs dreht sich mit Unschuldsmiene zur Präsidentin um, setzt nach deren Hinweis auf die Würde des Hauses erneut an. Er hat weitere Pfeile in seinem Köcher: Roland Koch habe die »offiziöse Totschweigespirale« durchbrochen und ein realistisches Bild gezeichnet. Nun kommt wieder der Opfermythos der Rechtsextremisten: Auch die NPD stelle »unbequeme Fragen«, wirft Pastörs ein, und nur deswegen werde sie als »rechtsradikal beschimpft« oder wegen Volksverhetzung »weggesperrt«. Aus der Opferrolle geht es wieder in den Angriff über: Es gebe nur einen Unterschied zur DDR, meint Pastörs, und das sei deren Ausländerpolitik gewesen, die »vorbildlich« war. Dies treffe nebenbei bemerkt auch auf »andere Bereiche« zu. Nun nennt Pastörs erstmals Zahlen: Mehr als 880 Asylbewerber im Verfahren hielten sich in MV auf, dazu rund 1900 geduldete Flüchtlinge – »also Asylbetrüger«, beleidigt Pastörs diese Menschen. Die Zahl der Ausländer in Mecklenburg-Vorpommern habe sich verdreifacht, setzt er dramatisch hinzu. Die Quote lässt er allerdings aus, sie liegt bei rund zwei Prozent. Es werde für die Bürger »interessant sein, über das moderne

Schmarotzertum informiert zu werden«. Er garniert seine Hetz-
rede noch mit Begriffen wie »Sippschaft« und stellt einen angeblichen Betrugsfall vor, bei dem eine ausländische Familie
mehrere hunderttausend Euro erschlichen haben soll – in Nordrhein-Westfalen. Dann kommt er zum dritten Mal zu den Juden aus Osteuropa: In Mecklenburg-Vorpommern solle es 2800
Juden geben, die teilweise »ethnisch – also rassisch gesehen – gar
keine Juden sind«. Juden als eigene Rasse. Noch immer schweigen die Parlamentarier. Pastörs macht unbeirrt weiter: »Wir
Deutschen helfen gern, aber alles hat seine Grenzen, die längst
überschritten sind, man will und braucht keinen Import von
ausländischen Unterschichten, die Sozialkassen plündern, die
Kinder in den Schulen drangsalieren und ganze Stadtviertel ...«
Lautes Geraune im Plenarsaal, die Landtagspräsidentin ver-
sucht mehrmals Pastörs zu unterbrechen. Sie erteilt ihm einen
Ordnungsruf für »unparlamentarische Ausdrücke«. Raimund
Borrmann von der NPD brüllt quer durch den Plenarsaal im
Schweriner Schloss etwas von Willkür. Nachdem sich die Landtagspräsidentin endlich Gehör verschafft hat, erteilt sie ihm und
Pastörs einen Ordnungsruf – mal wieder. Innerhalb von gut zwei
Jahren sammelte die rechtsextreme Fraktion fast 150 davon, die
anderen Fraktionen kommen insgesamt auf 15. Der NPD-Einpeitscher steht schweigend am Rednerpult, schaut zufrieden aus.
Kein Wunder: Er hat es beinahe geschafft, den Eklat im Landtag fast erreicht. Ein letztes Mal setzt Pastörs an: Man brauche
keine »ausländischen Unterschichten, die ganze Stadtviertel zu
No-go-Areas für Deutsche machen«. Dahingegen brauche man
eine Familienpolitik zur »Neubelebung« des deutschen Volkes.
Abgeordnete skandieren »Aufhören«, die Landtagspräsidentin
unterbricht die Sitzung und beruft den Ältestenrat ein, Pastörs
wippt zufrieden hin und her, packt dann seine Zettel ordentlich
zusammen und verlässt das Rednerpult. Seine Mission ist erfüllt.
   Solche Momente gehören für die Rechtsextremisten zu den
Höhepunkten ihrer parlamentarischen Arbeit. Dafür gibt sich
die NPD viel Mühe im Landtag von Mecklenburg-Vorpom-

mern, sie hat aus den Fehlern gelernt, die ihre Parteifreunde in Sachsen reihenweise fabriziert haben. Die NPD-Strategen in Schwerin belohnte die regionale Neonazi-Szene für ihren Einsatz und die Unterstützung mit Mandaten und Posten, der Einzug in das Parlament wurde generalstabsmäßig geplant. In Sachsen hatte der Wahlerfolg die Rechtsextremisten am 19. September 2004 hingegen überrascht – genau wie alle anderen. Nur knapp hinter der SPD, die im einst »roten Sachsen« nicht einmal zehn Prozent der Stimmen holte, kam die NPD auf 9,2 Prozent. Zwölf Abgeordnete einer in Teilen neonazistisch ausgerichteten Partei zogen in einen deutschen Landtag ein. Der rechtsextremen Bewegung erwuchs ein parlamentarischer Arm, die NPD-Spitzen strahlten um die Wette. Allen voran Holger Apfel. Der ehemalige JN-Chef, der wie so viele Rechtsextremisten aus dem Westen »rübergemacht« hatte, war der gefeierte Mann des Tages. Vor allem wegen seines Auftritts im ZDF: Eine unvorbereitete Moderatorin und hysterische Politiker verhelfen Apfel zu einer Show nach seinem Geschmack, ihm wurde das Mikrofon weggerissen, er wurde als Neonazi bezeichnet, obwohl er sich wie ein freundlicher junger Mann benahm, was dem damaligen Klischeebild des Neonazis so gar nicht entsprach. Apfel legte noch einige provokante Sprüche nach und vertrieb die anderen Politiker von der Bühne – seiner Bühne an diesem Abend.

Aufmerksamkeit erregen, im Mittelpunkt stehen, die demokratischen Fraktionen zur Weißglut treiben: So wie an diesem Abend stellt sich die NPD den Alltag in der medialen Öffentlichkeit immer vor. Die Rechtsextremisten als Sand im Getriebe, die die anderen Politiker vor sich hertreiben – so weit die Theorie. In der Praxis gestaltet sich das Ganze deutlich schwieriger. Zwar konnte der NPD-Stratege Jürgen Gansel, der gerne seine Belesenheit demonstriert, indem er mit einer *FAZ* unter dem Arm durch die Landtagsflure läuft, durch eine gezielte Provokation zum »Bombenholocaust« der Alliierten noch einmal bundesweit Schlagzeilen im Sinne der NPD produzieren, doch danach geriet die Fraktion fast ausschließlich unfreiwillig in den

Fokus. Drei Abgeordnete stiegen aus, es gab Razzien gegen einen Fraktionsmitarbeiter wegen des Verdachts auf Kinderpornografie und immer wieder neue Ermittlungen, vor allem gegen Klaus Menzel. Menzel konnte oder wollte die Taktik der NPD nicht verstehen: Nach außen gibt man sich bürgerlich, um die Wähler aus der Mittelschicht nicht zu verprellen, intern darf und muss Klartext gesprochen werden. Doch Menzel nahm den Titel der NPD-Fraktionszeitung – nämlich *Klartext* – offenbar zu wörtlich. Mehrmals betonte er öffentlich, er würde zum »Führer« stehen, ein Gericht verurteilte ihn wegen uneidlicher Falschaussage, im März 2008 auch noch wegen unerlaubten Waffenbesitzes. Menzel, auch Kanonen-Klaus genannt, wurde bereits im Jahr 2002 der Waffenschein entzogen. Doch im Dezember 2006 fanden Mitarbeiter des Sicherheitspersonals bei einer routinemäßigen Kontrolle im Landtag in der Tasche eines Besuchers einen Revolver. Bei dieser Person handelte es sich um einen Mitarbeiter Menzels, der die Waffe im Auftrag des Abgeordneten auf die Besuchertribüne bringen sollte. Die NPD-Fraktion hatte sich zu diesem Zeitpunkt bereits des Nazi-Krawallbruders entledigt, ihn aus der Fraktion ausgeschlossen. Allerdings nicht wegen seiner Bekenntnisse zu Adolf Hitler oder der Falschaussage, durch die er offenbar gewalttätige Neonazis deckte, sondern offiziell wegen finanzieller Unregelmäßigkeiten. Die NPD durfte es sich nicht mit der Neonazi-Basis verscherzen – bei der kamen Menzels Sprüche nämlich gut an. Daher musste er offiziell nicht wegen seiner »Führer«-Treueschwüre gehen, sondern wegen angeblicher »Unregelmäßigkeiten« – bei Geld hört nämlich auch die Kameradschaft auf. Menzel sorgte danach munter für weitere Eskapaden, der mittlerweile fraktionslose Abgeordnete rief im Oktober 2008 bei einer Debatte im Landtag zu Waffengewalt auf. Gegen »Zionisten, Freimaurer, Kriegstreiber und andere Psychopathen« würden keine langen Reden mehr helfen, sondern nur noch Handgranaten, so Menzel in einer Rede. Gegen »Rotfront und Antifa« helfe nur die Panzerfaust. Der Landtagspräsident schloss Menzel für zehn Parlamentssitzungen aus –

gemäß Paragraf 95 Abs. 2 der Geschäftsordnung wegen eines besonders schweren Verstoßes gegen die Ordnung im Wiederholungsfall. Die Staatsanwaltschaft prüfte zudem Ermittlungen, doch sah dafür keine Handhabe. Der Oberstaatsanwalt verwies in diesem Zusammenhang auf Artikel 55 der Sächsischen Verfassung.

Artikel 55.
(1) Abgeordnete dürfen zu keiner Zeit wegen ihrer Abstimmung oder wegen einer Äußerung, die sie im Landtag oder sonst in Ausübung ihres Mandates getan haben, gerichtlich oder dienstlich verfolgt oder anderweitig außerhalb des Landtages zur Verantwortung gezogen werden. Dies gilt nicht für verleumderische Beleidigungen.
(2) Abgeordnete dürfen nur mit Einwilligung des Landtages wegen einer mit Strafe bedrohten Handlung zur Untersuchung gezogen, festgenommen, festgehalten oder verhaftet werden, es sei denn, daß sie bei Begehung einer strafbaren Handlung oder im Lauf des folgenden Tages festgenommen werden. Die Einwilligung des Landtages ist auch bei jeder anderen Beschränkung der persönlichen Freiheit von Abgeordneten erforderlich.
(3) Jedes Strafverfahren gegen Abgeordnete und jede Haft oder sonstige Beschränkung ihrer persönlichen Freiheit ist auf Verlangen des Landtages für die Dauer der Wahlperiode oder einen kürzer begrenzten Zeitraum auszusetzen.

Neben dem Fall Menzel sorgte die Fraktion aber auch selbst für weitere Schlagzeilen. Anfang 2007 tauchten Postkarten auf – für den internen Gebrauch gedruckt: »Sex, Gewalt, Abenteuer – die NPD« und: »Nazis bumsen besser – Typisch deutsch«. Solche Sprüche wollten so gar nicht zu dem Saubermann-Image passen, das insbesondere der Fahrlehrer Uwe Leichsenring präsentiert hatte. Ein enormer Tiefschlag für die gesamte NPD in Sachsen war der Unfalltod Leichsenrings im August 2006, bis heute können die Partei und Fraktion den Prototypen des modernen Neonazis nicht gleichwertig ersetzen. Denn die NPD verfügt nicht ansatzweise über eine ausreichende Anzahl von fähigen Köpfen, von parlamentarischer Erfahrung ganz zu schweigen. Holger Apfel führte noch im Dezember 2008 als größten Rückschlag für seine Fraktion den Tod von Leichsenring an:

> Er hat die NPD in Sachsen nach 1990 mit aufgebaut und mit seiner Persönlichkeit Maßstäbe gesetzt. Sein Tod bewegt mich auch noch heute tief. Das war ein unersetzlicher Verlust.

So muss die Fraktion auf Eklats hoffen, die gar keine sind, um überhaupt wahrgenommen zu werden. Im Mai 2008 war es mal wieder so weit, *Bild.de*, *Spiegel Online* und weitere führende Medien witterten die große Story. Der sächsische Landtag wählte den CDU-Politiker Stanislaw Tillich zum neuen Ministerpräsidenten, da Georg Milbradt sich zurückgezogen hatte. Der bisherige Finanzminister holte erwartungsgemäß bereits im ersten Wahlgang die erforderliche Mehrheit. Alles wenig aufregend, doch auch die NPD hatte einen Kandidaten für die Ministerpräsidentenwahl ins Rennen geschickt: den Arzt Johannes Müller. Der 1969 in Sachsen geborene Müller erhielt drei Stimmen mehr, als seine Fraktion Sitze hat – nämlich elf. Schnell liefen Meldungen mit der Überschrift »Eklat im Landtag« über den Ticker, es dauerte einige Stunden, bis sich das Missverständnis aufklärte: Der NPD-Fraktion gehören zwar nur noch acht Abgeordnete an, doch sitzen zusätzlich vier Ex-NPDler (drei Aussteiger und Menzel) im Parlament. Es lag sehr nahe, dass der NPD-Kandidat hier Stimmen geholt hatte. Einen wirklichen Eklat hatte es hingegen im November 2004 gegeben, als Uwe Leichsenring als Gegenkandidat des damaligen Kandidaten Milbradt in zwei Wahlgängen zwei Stimmen mehr holte, als die damalige NPD-Fraktion Abgeordnete stellte. Bis heute ist unbekannt, welche Abgeordneten damals die NPD unterstützt haben.

In Mecklenburg-Vorpommern bereitete die NPD den Einzug

in das Schweriner Schloss besser vor. Der sich bereits abzeichnende Wahlerfolg am 17. September 2006 und die negativen Erfahrungen aus Sachsen erleichterten es der Partei, die Basis für ein weniger chaotisches Auftreten zu legen. Konflikte zwischen radikalen Neonazis und eher bürgerlich auftretenden Rechtsextremisten deckelt Fraktionschef Udo Pastörs, zudem sitzen mit Tino Müller und Birger Lüssow zwei prominente Vertreter der regionalen Neonazi-Szene für die NPD im Landtag. In der Fraktion werden zahlreiche Mitarbeiter und Praktikanten aus anderen Landesverbänden geschult und versorgt. Die NPDler aus Mecklenburg-Vorpommern hatten bereits vor der Wahl als Praktikanten in Sachsen Erfahrung gesammelt, als erfahrener Stratege wechselte NPD-Multifunktionär Peter Marx von Dresden nach Schwerin, Anfang 2008 holte die Fraktion auch noch Andreas Molau ins Boot, der offiziell als Pressesprecher angestellt wurde. Und so erschüttern die Fraktion in Mecklenburg-Vorpommern, wo die Rechtsextremisten in einigen Regionen Ergebnisse um die 30 Prozent erzielen, bislang keine größeren internen Skandale, sie tritt für ihre Verhältnisse überwiegend professionell auf. Allerdings sorgte sie dennoch für so manchen Lacher, das NDR-Satiremagazin *Extra 3* weidete mehrmals genüsslich Peinlichkeiten der Rechtsextremisten im Schweriner Schloss aus. So mokierte sich der NPD-Abgeordnete Stefan Köster vor laufender Kamera ernsthaft darüber, dass unsportliche Menschen aus der Puste seien, wenn sie die NPD-Fraktion besuchten, da sie eine Wendeltreppe nehmen müssten. Zudem habe man die Küche auf der Büroetage nur durch Zufall entdeckt, lamentierte Köster weiter. Und die weiblichen Gäste mussten auch zunächst das Damen-WC in der unteren Etage benutzen, da es nicht bekannt gewesen sei, dass sich ein solches auch bei den Fraktionsräumen befindet. Die Lacher sind der NPD mit solchen Auftritten sicher, genau wie mit Reden, in denen die Neonazis halbe Wörter verschlucken oder sich einfach fürchterlich verhaspeln. Peinlich wurde es auch für die NPD, als sie in einem Antrag die Ächtung der Gewalt als Mittel der politischen Auseinandersetzung fordert. Nun gehört eine solche Ächtung – mit Ausnahme bei Rechtsextremisten und Neonazis – zum Grundkonsens der in den bundesdeutschen Parlamenten vertretenen Parteien. Dass nun ausgerechnet die NPD – die in ihren Reihen Gewalttäter integriert und immer wieder durch Hetze gegen Minderheiten Gewalt provoziert – im Januar 2008 so einen Antrag vorlegt, macht die Sache noch etwas lächerlicher. Um der Geschichte die Krone aufzusetzen, wird so ein grundsätzliches Thema, welches in Bezug auf die NPD tatsächlich eine Erörterung wert wäre, folgendermaßen abgehandelt:

Der Landtag möge beschließen:
1. Der Landtag lehnt die Gewalt als Mittel der politischen Auseinandersetzung ab.
2. Der Landtag lehnt die Verherrlichung von Personen, die sich der Gewalt als Mittel der politischen Auseinandersetzung bedienen und das Gewaltmonopol des Staates verletzen, ab.
3. Der Landtag lehnt die finanzielle Unterstützung von Gewalttätern, die von der Justiz für schuldig befunden wurden, zur Liquidierung ihrer Zahlungsverpflichtungen ab.
Udo Pastörs und Fraktion
Begründung: Politische Auseinandersetzungen in einer Demokratie bedürfen der Gewaltfreiheit. Die Anwendung von politisch motivierter Gewalt, die das Gewaltmonopol des Staates verletzt, führt in letzter Konsequenz zum Bürgerkrieg.

Am Politischen Aschermittwoch der NPD propagierte Pastörs allerdings öffentlich eine Art Notwehr gegen Migranten: »Wer Selbstrespekt hat und Stolz entwickelt hat auf das, was er ist – und in seiner Ahnenkette geworden ist, der wird sich wehrhaft dieser muselmanischen Bedrohung entgegenstellen. Mit Herz, mit Verstand und wenn nötig auch mit Hand, meine Damen und Herren!« Und wenn sich Fraktionschef Pastörs im Plenarsaal umdreht, sieht er hinter sich den NPD-Landesvorsitzenden Stefan Köster sitzen. Was der von Gewalt als Mittel der politischen Auseinandersetzung hält, zeigte er im Jahr 2004. Bei dem NPD-Landesparteitag in Schleswig-Holstein verjagte er mit seinen Kameraden eine Gruppe Demonstranten, die gegen das rechtsextreme Treffen protestiert hatten. Eine Frau stürzte bei der Flucht vor den Neonazis. Wie Bilder des Politmagazins *Panorama* belegen, trat Köster auf die am Boden liegende Frau ein. Das Landgericht Itzehoe verurteilt die NPD-Funktionäre Stefan Köster, Ingo Stawitz sowie einen weiteren Angeklagten im März 2007 daher zu Geldstrafen. Köster muss nach dem Urteil des Landgerichts 5400 Euro zahlen, Stawitz 900 Euro und der dritte Angeklagte 1350 Euro. Aber auch NPD-Fraktionschef Pastörs hat seine Momente: Im Mai 2007 bedrohte er den Protokollanten des Landtags und wurde deswegen aus der Sitzung ausgeschlossen. Bevor Pastörs die Sitzung verlassen musste, hatten die Parlamentarier das Thema Gewalt gegen Frauen behandelt; die NPD schickte zu diesem Thema ausgerechnet Stefan Köster ins Rennen. Insgesamt sammelte die Fraktion innerhalb von zwei Jahren neben den fast 150 Ordnungsrufen mehr als 50 Zurückweisungen von unparlamentarischen Äußerungen. Dreimal entzog die Landtagspräsidentin der NPD das Wort, 55-mal wies sie Äußerungen der NPD als unparlamentarisch zurück. 13-mal wurden NPD-Abgeordnete von Sitzungen ausgeschlossen. Während solche Zahlen für andere Fraktionen der GAU wären, kann die NPD diese Bilanz ihrer Basis als erfolgreichen Arbeitsnachweis vorlegen. Inhalte und Sachpolitik sind nebensächlich – und interessieren die rechtsextremen Wähler wohl auch nur am Rande. Die NPD soll »denen da oben« mal zeigen, wo der Hammer hängt.

Geht es um Sachpolitik, blamiert sich die NPD kräftig. Frischen Wind hatten die Rechtsextremisten ihren Wählern versprochen, doch als sich der Landtag im Mai 2007 mit dem »Gesetz über den Öffentlichen Gesundheitsdienst« beschäftigte, wehte bei der Beratung über den ersten von der NPD vorgelegten Gesetzentwurf statt einer frischen Brise nur ein abgestandener Mief durch das Schweriner Schloss. Der SPD-Abgeordnete

Norbert Nieszery legte in der Debatte offen: Die NPD hatte ihren Gesetzesantrag nicht selbst verfasst, es handelte sich um ein Plagiat – abgeschrieben bei der saarländischen CDU. Und ebenfalls im Mai 2007 fanden Sicherheitsbeamte beim NPD-Fraktionsmitarbeiter Jörg Hähnel einen Totschläger, als er den Landtag betreten will.

Selbstverständlich sind solche Vorfälle peinlich für die NPD und kontraproduktiv für ihr Bemühen, sich als ernst zu nehmende Alternative zu den »Blockparteien« zu präsentieren. Doch ist dies nicht ihr Hauptanliegen in den Parlamenten: Die Parlamente sollen vor allem für öffentliche Grenzüberschreitungen unter dem Schutz der Immunität sowie als große Bühne für völkische, rassistische und geschichtsrevisionistische Propaganda genutzt werden. Statt komplexe Gesetzesvorlagen zu erarbeiten, setzten die Rechtsextremisten auf Anfragen, die ohne viel Arbeit eingebracht werden können und komplette thematische Freiheit zulassen – auch was die Zuständigkeit des Landtags angeht. Dafür ernten die Neonazis Lob von der Basis. So schrieb im Dezember 2008 ein bekannter Rechtsextremist aus Hamburg in einem Forum über die Schweriner NPD-Fraktion:

DIE NPD FRAKTION IN MECKLENBURG (SCHWERIN), DIE MACHT RICHTIG GUTE PARLAMENTSARBEIT UND DORT SITZEN AUCH KEINE BÜRGERLICHEN SPIESSER IM PARLAMENT. SONDERN UNSERE MÄNNER!

Für solches Lob tut die NPD einiges: Besonders bunt, bzw. braun, trieb sie es im November 2008. Fast auf den Tag 70 Jahre nach der Reichspogromnacht machte Tino Müller »die« Juden für den antisemitischen Terror in Deutschland verantwortlich. So bezog er sich in dem NPD-Antrag zum »Kampf gegen den Antigermanismus« in Mecklenburg-Vorpommern auf einen Artikel aus dem *Daily Express* aus dem Jahr 1933, in dem die »Juden Deutschland den Krieg erklärt haben«. Diese Erklärung habe dann eben »Reaktionen« ausgelöst, so die NPD. Die vermeintliche Kriegserklärung gehört zu den Lieblingsgeschichtsmythen der Neonazis. Diese werden nun offen im Landtag vorgetragen. Ein Kenner der Neonazi-Szene in Mecklenburg-Vorpommern kommentierte die Ereignisse im Landtag so:

> Damit bedient sich die NPD fast wörtlich der antisemitischen Propaganda der Nationalsozialisten. Der von der NPD behauptete »Antigermanismus« taucht allerdings schon in antisemitischen und völkischen Texten der 1920er Jahre als programmatisches Schlagwort auf. Hervorzuheben ist hier insbesondere die Schrift »Antisemitismus und Antigermanismus« des völkischen Publizisten Wilhelm Stapel von 1928. Stapel behauptete darin, dass die Juden ihre »Gastvölker« in einen »Fluch« verstricken, indem sie diese »Gastvölker« »zum Pogrom reizen und damit schuldig machen« – genau dieser Argumentation folgt die NPD in ihrem »Antigermanismus«-Antrag.

Der Landtag stimmte mit Ausnahme der sechs NPD-Abgeordneten gegen diesen Unsinn. Auch in Sachsen versucht die NPD weiterhin angestrengt, durch möglichst haarsträubende Reden und Ausdrücke Aufmerksamkeit zu erhaschen. Im Mai 2007 bezeichnet Fraktionschef Holger Apfel Migranten als »arrogante Wohlstandsneger« und spricht von »staatsalimentierten orientalischen Großfamilien«. »Für wen das alles unterschiedslos Menschen sind, der vermag das schreiende Unrecht aus der bunten Republik Deutschland nicht mehr zu erkennen«, hetzte Apfel – und versuchte wenig später, seine Aussage zu relativieren: »Der Vorwurf, ich würde bestreiten, daß Ausländer Menschen sind, ist völlig aus der Luft gegriffen und ein ungehöriges Auseinanderreißen aus dem Zusammenhang«, schrieb er in einer Presseerklärung. Ebenfalls im Mai 2007 charakterisierte Apfel die Ablehnung des »Gesetzes zur Behebung der Not von Volk und Reich« (bekannt als »Ermächtigungsgesetz«) durch die SPD im Jahre 1933 als »peinlich«. Er warf dem Sozialdemokraten Otto Wels, der den Widerspruch der SPD gegen das Gesetz im

Reichstag mutig vertreten hatte, vor, dieser habe die Konsequenzen für sich und die SPD »larmoyant bejammert«. Wels hatte am 23. März 1933 eine historische Rede im deutschen Reichstag gehalten – es war die letzte freie in diesem Parlament. Wels tat dies bereits nach den ersten Verhaftungswellen der Nazis und trotz der Anwesenheit von SA-Schlägern im Plenarsaal. »Freiheit und Leben kann man uns nehmen, die Ehre nicht«, so bot Wels den Nationalsozialisten und ihren bürgerlichen Unterstützern die Stirn. Das sieht die NPD offenbar anders, wenn sie rund 70 Jahre nach dessen Tod Otto Wels als Jammerlappen verhöhnt. Der NS-Terror ist den Neonazis hingegen kein Wort wert; wenn es in den Landtagen um das Gedenken an die Opfer geht, verlassen die geistigen Erben der Täter den Saal oder bleiben demonstrativ sitzen. Der industrielle Massenmord an den Juden Europas, an Sinti und Roma, an Kommunisten, Homosexuellen und vielen weiteren Menschen ist nicht ihr Thema, genauso wenig wie der deutsche Angriffskrieg. Die NPD löst lieber bestimmte Ereignisse aus dem historischen Kontext und mobilisiert zu großen Neonazi-»Trauermärschen«, um revanchistische und revisionistische Ideen zu verbreiten, zum Beispiel gegen den »alliierten Bombenterror«. Terror wittert die NPD zudem bei den linksextremen Straftaten – diese gehören zu den Lieblingsthemen der NPD-Abgeordneten. Die Antworten der Landesregierung dürfte die rechtsextreme Propaganda des »Antifa-Terrors« allerdings nicht wirklich glaubwürdiger machen. Die Antwort der Landesregierung auf eine Anfrage über »Linksorientierte/linksextremistische Aktivitäten in Mecklenburg-Vorpommern im Monat Januar 2007« brachte beispielsweise folgende Ausbeute für die NPD:

– Sachbeschädigung gemäß § 303 StGB
In der Zeit vom 01.01.2007 bis 02.01.2007 bewarfen unbekannte Täter den Eingangsbereich des Hanse-Jobcenters in Rostock mit Farbbeuteln. Auf einschlägigen Internetseiten wurde der Vorgang als »Verschönerungsaktion« im Zusammenhang mit dem G 8-Gip-

fel bezeichnet. Der Vorgang wurde an die Staatsanwaltschaft abgegeben.

– Gefährliche Körperverletzung gemäß § 224 StGB
Eine Gruppe von Personen, die dem linksorientierten Spektrum zugeordnet wird, griff am 01.01.2007 in Rostock eine Personengruppe, die dem rechtsorientierten Spektrum zugeordnet wird, mittels Reizgas an. Zwei Tatverdächtige konnten ermittelt werden. Der Vorgang wurde an die Staatsanwaltschaft abgegeben.

– Verwenden von Kennzeichen verfassungswidriger Organisationen gemäß § 86a StGB Am 16.01.2007 wurde in Kühlungsborn in der Fritz-Reuter-Straße ein durchgestrichenes Hakenkreuz im Kreis festgestellt, das unbekannte Täter auf den Asphalt aufgesprüht hatten. Der Vorgang wurde an die Staatsanwaltschaft abgegeben.

Ein Angriff mit Reizgas auf Neonazis am Neujahrstag, Farbbeutel auf ein Jobcenter und ein durchgestrichenes Hakenkreuz, welches eine Ermittlung wegen der Verwendung verbotener Symbole nach sich zog – seit dieser Anfrage im Januar 2007 verzichtete die NPD auf weitere, sie will wohl ihre eigene Propaganda nicht weiter selbst demontieren. Ohnehin fällt auf: Die parlamentarischen Aktivitäten der NPD zwischen Mai 2007 und Juni 2008 fielen sehr übersichtlich aus. Erste Ermüdungserscheinungen, der Kampf um die Parlamente ist zäh. Gerade einmal eine Kleine Anfrage brachte die sechsköpfige Fraktion in dreizehn Monaten zustande. Dafür legte die NPD im März 2008 einen Gesetzesentwurf vor, der interessante Einblicke in die angeblich so antikapitalistische Welt der Völkischen erlaubte. Denn eigentlich gibt sich die NPD sonst sehr besorgt um die »Volksgesundheit« und das Wohlbefinden der Jugend – und kritisch gegenüber privatwirtschaftlichen Interessen. Aber offenbar stellt die Partei die Interessen von Wirten und internationalen Tabakkonzernen über die Gesundheit der Menschen in Mecklenburg-Vorpommern. So forderte die NPD in dem Gesetzesentwurf die Lockerung des Rauchverbots in Kneipen sowie in Gefängnissen und sogar an Schulen. Im Dezember 2007 brachte die NPD hingegen einen Antrag ein, in dem die Fraktion Folgendes fordert:

einen Handlungsrahmen für die Vermittlung von Gesundheits-
bewusstsein und vollwertiger Ernährung in den Schulen zu entwickeln und bereits im Schuljahr 2008/2009 mit der Umsetzung
zu beginnen. Ziel muss es sein, die Schülerinnen und Schüler für
Gesundheitsthemen zu interessieren und eine bestmögliche ge-
sundheitliche Bildung aller Altersklassen sicherzustellen.

Zur Begründung schrieben die Rechtsextremisten:

Bei der Gratulation zum Geburtstag steht nicht zufällig der Ge-
sundheitswunsch an oberster Stelle. Dass Gesundheit aber keine
Selbstverständlichkeit ist, sondern immer wieder erhalten werden muss, wird vielen Menschen erst bewusst, wenn sie erkrankt
sind. Jede Erkrankung hat aber mindestens eine Ursache. Ge-
sundheitsbewusste Erziehung hat deshalb bereits in den Schulen
zu beginnen. Gesund zu leben und zu essen, muss bereits in der
Schule ausführlich erlernt werden. Auch der Sport hat in seiner
Bedeutung im schulischen Lehrplan und darüber hinaus einen
größeren Stellenwert einzunehmen. Durch eine tägliche Sport-
stunde ist dem zunehmenden Gesundheitsverfall und der Über-
gewichtigkeit von Schülern entgegenzuwirken.

Die Themen sind letztlich nebensächlich, die NPD versucht sich zu profilieren und sich bei ihren verschiedenen Wählergruppen anzubiedern; gegen das Rauchverbot für kleine Wirte aus der Region, Gesundheitsthemen für junge Familien und völkische Ideologen, Sammeln von Informationen über für die Neonazi-Szene unangenehme Initiativen. Denn für Abgeordnete eröff-nen sich ganz neue Kanäle und Möglichkeiten zur »Anti-Antifa-

Arbeit«. Neonazis versuchen immer wieder, politische Gegner, Journalisten und engagierte Bürger durch die Veröffentlichung von Bildern einzuschüchtern. Im Mai 2007 rief die NPD in Mecklenburg-Vorpommern sogar dazu auf, Fotos von antifaschistischen Demonstranten zu sammeln und einzuschicken. Dies sollte bei der »Identifizierung von möglichen Straftätern« helfen, schrieb der Landesverband. Ein Kommentator mit dem Namen »NPDler« meinte auf einer bekannten Neonazi-Internet-Seite zu der Aktion:

> Man kann als Nebenkläger durch solche Anzeigen gut an Namen und Adressen linker Gewalttäter kommen. Nichts hasst dieses Lichtscheue Gesindel mehr als wenn man ihre Gesichter öffentlich macht.

Offensichtlich eine beliebte Taktik. In Sachsen wurden Neonazis sogar Polizeifotos, die Personen der linksautonomen Szene zeigen, zugespielt. Nach offiziellen Angaben handelte es sich um erkennungsdienstliche Fotos der Kriminalpolizei von 37 Personen. Außerdem seien Rechtsextremisten im Besitz von Polizeivideos gewesen, auf denen weitere neun Linksautonome zu sehen seien, so ein Sprecher des Innenministeriums. Die Fotos seien bei einer Hausdurchsuchung in einer von Rechtsextremisten in Dresden angelegten »Anti-Antifa-Akte« gefunden worden. Der Grüne Landtagsabgeordnete Johannes Lichdi äußert in diesem Zusammenhang ebenfalls den Verdacht, dass Rechtsextremisten gezielt Strafanzeigen gegen politische Gegner stellten, um dann durch Akteneinsicht an Informationen über diese heranzukommen. Es stelle sich die Frage, ob Anwälte der rechten Szene den Extremisten gezielt zuarbeiteten.

Im April 2007 versuchte die NPD-Fraktion im Schweriner Landtag sich mit einer Flut Kleiner Anfragen gezielt Einblicke in die Arbeit des Opfervereins Lobbi zu verschaffen. Lobbi berät und unterstützt Opfer rechtsextremer Gewalt. Auf der Internetseite rief die NPD-Fraktion dazu auf, »Lobbi e. V. ist umgehend das Handwerk zu legen«. Anlass für die Breitseite: Lobbi hatte einen Überfall im Vorfeld einer Neonazi-Demonstration in Rostock öffentlich gemacht. Bei der Anfahrt sollen Neonazis, darunter laut Zeugenaussagen auch Mitarbeiter der NPD-Fraktion, eine Gruppe Jugendlicher angegriffen haben. Ende 2008 erhob die Staatsanwaltschaft Rostock Anklage – unter anderem gegen Thomas Grewe, der in der Fraktion angestellt ist und der Heimattreuen Deutschen Jugend zugerechnet wird.

Im Dezember 2006 sorgten Anhänger der NPD-Fraktion für Schlagzeilen, weil sie Filmaufnahmen von Mitarbeitern und Parlamentariern anfertigten. Nach dem Wahlsieg der NPD im September 2006 griff in Schwerin der NPD-Funktionär Andreas Theißen einen Kameramann des NDR an. Das Schweriner Amtsgericht verurteilte den NPD-Kreisvorsitzenden von Westmecklenburg im April 2008 wegen vorsätzlicher Körperverletzung und Nötigung zu einer Geldstrafe von 1000 Euro. Das Gericht sah es als erwiesen an, dass der zu diesem Zeitpunkt 35-Jährige in Schwerin den Kameramann abgedrängt und verletzt hatte. Theißen habe das Filmen von NPD-Mitgliedern und Anhängern der Partei unterbinden wollen und dabei den Kameramann an dessen Berufsausübung gehindert, so die Richter. Der Kameramann erlitt bei der Attacke eine Platzwunde im Gesicht und einen Bluterguss am Oberarm. Theißen wurde nach dem Einzug der NPD in den Landtag Mitarbeiter bei Fraktionschef Udo Pastörs. Handfestes »Engagement« lohnt sich also offenbar in der NPD.

Im Parlament selbst stellt die NPD des Öfteren Anfragen zu der Anzahl von Migranten und Flüchtlingen, versucht aber auch lebensnahe Alltagsthemen aufzugreifen: kommunale Bibliotheken in Mecklenburg-Vorpommern, Verkehrskonzept Usedom-Wollin, Schulwegzeit in Mecklenburg-Vorpommern. In Sachsen setzt die NPD-Fraktion gerne auf das Thema »Kinderschänder«, mehrere Verbrechen sorgten für eine öffentliche Stimmung, in der die Forderungen der Neonazis Gehör finden. Auf Demonstrationen für die »Todesstrafe für Kinderschänder«

gaben Rechtsextremisten den Ton an, dennoch schlossen sich hunderte »normale« Bürger dem Aufzug an. Auch ein Fan-Club des 1. FC Lok Leipzig unterstützte den Aufruf zu einer Demonstration von »Freien Kräften«, also Neonazis. In einer Stellungnahme schrieben die »Blue Caps«:

Wir wissen genau wer die Freien Kräfte Leipzig sind, was sie machen uns für was sie sich einsetzten. Doch ist es keine Gesinnungspolitik, was alle gemeinsam dazu bewogen hatte auf diese eine Demonstration aufmerksam zu machen, sondern vielmehr der gesunden Menschenverstand. Die Blue Caps LE '06 sind mittlerweile in einer Stufe des Lebens angelangt, wo viele Mitglieder Familienväter sind und so ist es für uns als selbstverständlich anzusehen, das man auf eine Demonstration, wo es um die Zukunft und auch um den Schutz unsere Familien geht, aufmerksam zu machen. Das wir nun in eine Ecke gedrängelt werden auch, wenn der größte Teil eine Nationale Einstellung trägt, ist uns unklar, da man bisher nie solche »Werbung« machte bzw. wie bereits erwähnt im Zusammenhang mit dem 1.FC Lok noch nie Politisch als Gruppe aufgefallen ist. [...] Diese Stellungnahme wurde mit Einverständnis aller Mitglieder Verfasst und Öffentlich gemacht.

Die NPD kennt ihre aktionistische Basis genau – und möchte diese auch im Parlament nicht vergessen. Im März 2007 stellte sich die NPD vor Rassisten im Fußballstadion: Holger Apfel wies bei der Debatte über gewalttätige Auseinandersetzungen bei Fußballspielen jegliche »rechtsextremistischen Motive« zurück, da bei den diskutierten Ereignissen keinerlei Zusammenhang erkennbar sei. Er finde es aber bemerkenswert, wenn Politik und Medien berechtigte Kritikpunkte von Fußballfans als »Rassismus in Stadien« diffamieren. Apfel wörtlich:

Warum sollen die Fans nicht der Meinung sein, daß ein Neger in ihrer Mannschaft nichts zu suchen hat? Fußball ist auch Ausdruck von Heimatgefühl! Und immer mehr Fans sind der Meinung, daß die Fußballakteure eben nicht mehr »ihre Jungs« sind! Die Fans sollen zu zahlenden Statisten degradiert werden, die Multikulti auf dem Rasen akzeptieren sollen.

Dumpfer Rassismus soll so zu einer angeblich konstruktiven Kritik an gesellschaftlichen Zuständen aufgewertet werden. Ein einschlägig bekannter Neonazi aus Berlin brachte dieses Denken auf den Punkt: »Schuld ist nicht der Neger, schuld sind die Verantwortlichen, die es zulassen, dass der Neger hier spielt.« Hier zeigt sich die moderne Variante des Rassismus: Dieser wird getarnt als Sorge um die eigene kulturelle Identität, man habe gar nichts gegen »Neger«, behaupten die Rassisten. Ein anderer Fußballfan kann die ganze Aufregung ohnehin nicht verstehen: »Kaum ruft man mal ›uhuhuh‹ – schon ist man ein Rassist.«

Während sich die NPD also für die Belange deutscher Rassisten und rechtsextremer Hooligans einsetzt, versucht sie das Feindbild des ausländischen Krawallmachers aufzubauen. In einer Kleinen Anfrage zu »Aktivitäten ›aggressiver polnischer Fußballfans‹ und Vorkommnis in Rostock« wollte Tino Müller wissen: »Inwieweit kam es seit 2004 in den Zuständigkeitsbereichen der Polizeidirektionen des Landes zu polizeilich relevanten Aktivitäten polnischer Fußball-Anhänger?« Antwort: »Der Landesregierung liegen – über die bereits dargestellten Ereignisse vom 16.02.2008 in Rostock hinaus – keine weiteren Erkenntnisse zu polizeilich relevanten Aktivitäten polnischer Fußball-Anhänger vor.« Auch die zweite Antwort dürfte für Müller nicht so ausgefallen sein, als dass man daraus noch eine Meldung im Sinne der NPD hätte drehen können. Auf die Frage: »Aus welchen Orten und/oder Staaten kamen die übrigen, offensichtlich nichtpolnischen Staatsangehörigen der etwa 20-köpfigen Gruppe, die am 16.02.2008 in Rostock-Hansaviertel Eintracht-Anhänger beraubte?« erhielt der ehemalige Neonazi-Anführer die Antwort: »Die anderen Personen aus der Gruppe haben ihren Wohnsitz in Mecklenburg-Vorpommern.« Keine Antwort im Sinne der NPD. Auch nach dem Spiel Hansa Rostock gegen den FC St. Pauli im

September 2008 versuchte die NPD, sich als Anwalt der Hansa-Fans zu profilieren. Bei dem Spiel hallten schwulenfeindliche Gesänge durch das Stadion, der schwarze St. Pauli-Spieler Morike Sako wurde mit Affengeräuschen beleidigt, rund um das Stadion flogen Steine, hunderte Rostocker versuchten nach dem Spiel, St. Pauli-Fans anzugreifen. Die Polizei verhinderte dies durch massiven Einsatz von Wasserwerfern.

Auffallen um jeden Preis, die aktionistische Basis vertreten, Neonazi-Parolen öffentlich verbreiten, das sind die Ziele der NPD in den Landtagen. Damit die Propaganda nicht ungehört in den Plenarsälen verhallt, leiten die Rechtsextremisten sogar rechtliche Schritte ein. Im Oktober 2007 veröffentlichte die NPD eine Erklärung, in der es hieß, die sächsische NPD-Fraktion setze ihre »Bemühungen um eine ausgewogene Berichterstattung im öffentlich-rechtlichen Rundfunk über ihre Arbeit im Landtag fort«. Die NPD verklagte sogar die *Sächsische Zeitung*, da diese in einem Bericht über eine Plenardebatte die Position der NPD nicht erwähnt hatte. Das Landgericht Dresden wies die Klage aber zurück, es gebe keinen entsprechenden verfassungsrechtlichen Anspruch, die Richter betonten zudem den Grundsatz der Freiheit der Presse.

Aufmerksamkeit ist alles, dies zeigt auch das (Nicht-)Verhalten der NPD in den nicht-öffentlichen Fachausschüssen, dort fallen die Rechtsextremisten durch Desinteresse bis Abwesenheit auf. Die Arbeit der NPD in den Ausschüssen sei gleich null, berichten Abgeordnete der demokratischen Fraktionen immer wieder übereinstimmend. Es wird daher bereits überlegt, die Ausschüsse auch für den Publikumsverkehr zu öffnen, um die mangelhafte Mitarbeit der NPD und die fehlende Sachkompetenz deutlicher herauszustellen. Fraglich ist nur, ob die NPD-Wähler überhaupt eine Realpolitik von der Partei erwarten.

In den Etagen darunter, in den Kommunalparlamenten, gestaltet sich die Arbeit ähnlich unspektakulär wie in den Ausschüssen, zwar gibt es Publikum, vor dem sich die NPD gerne in Szene setzen möchte, doch die mediale Aufmerksamkeit ist gering. Und auf Themen wie öffentliche Toiletten lassen sich sogar die braunen Weltverschwörungsfantasien nicht herunterbrechen. Zudem können die rechtsextremen Kommunalparlamentarier nicht gerade mit jahrelanger Erfahrung prahlen, die dünne Personaldecke der NPD zwingt sie dazu, immer dieselben Personen in verschiedene Funktionen und Ämter zu hieven – oder vollkommen desinteressierte Leute in die Parlamente zu schicken. Gleich mehrere Studien, Untersuchungen und zahlreiche Berichte bescheinigen den NPD-Abgeordneten in den Kommunalparlamenten daher auch recht einheitlich ein desaströses Auftreten.

Beispiel Hessen: In mehreren Kommunen sowie Kreistagen ist die NPD vertreten, teilweise durchgehend seit den 1980er Jahren. Bei den Kommunalwahlen 2006 gewann sie weitere Mandate hinzu. Nun machten noch mehr demokratische Kommunalpolitiker die Erfahrung: Die Arbeit der Rechtsextremisten ist dilettantisch – oder schlicht und ergreifend nicht existent. Wie im Gemeindeparlament von Gedern: »Da war noch nie jemand da«, berichtete der SPD-Fraktionsvorsitzende Oliver Hampel. Zwei Kandidaten hätten das Mandat gar nicht erst angetreten, der Nachrücker habe sich dauerhaft entschuldigt. In Büdingen hingegen nahm der NPD-Mann Daniel Lachmann zwar teil, die Kommunalpolitiker erkannten jedoch schnell, dass dessen Anträge zum Teil schon wortgleich in anderen Kommunen gestellt worden waren. »Die Anträge sind nicht konkret lokalpolitisch, sondern austauschbar«, sagt Heidi Schlösser von der SPD. Wenn die NPD überhaupt Anträge einbringe, seien diese sehr krude und enthielten keine sachlichen lokalpolitischen Themen, berichteten hessische Kommunalpolitiker gegenüber Medien. Wenn die Rechtsextremisten auffielen, dann durch ihre Neonazi-Propaganda, so wie der ehemalige NPD-Chef in Hessen, Marcel Wöll, der das Stadtparlament von Butzbach für geschichtsrevisionistische Thesen missbrauchte.

Beispiel Mecklenburg-Vorpommern: Die beiden NPD-Abgeordneten Bernd Flotow und Dirk Arendt sollen die NPD in der

160

Stralsunder Bürgerschaft vertreten. Wenn die Rechtsextremisten einmarschierten, fielen sie vor allem durch ihr Werkeln an den mitgebrachten Klappstühlen auf, berichteten Lokaljournalisten. Denn weil sich die beiden Kameraden nicht auf die »Bonzensessel« im Parlament setzen wollten, schleppten sie sich mit ihren eigenen Sitzgelegenheiten ab. Häufig war das skurrile Schauspiel allerdings nicht zu beobachten. »Seit Beginn der Wahlperiode im Jahr 2004 nahm Herr Flotow von insgesamt 45 nur an 24 Sitzungen teil«, sagte der Präsident der Stralsunder Bürgerschaft, Rolf-Peter Zimmer (CDU), über den Schwänzer. Seit Sommer 2006 war der NPD-Mann sogar nur ein einziges Mal im Parlament gesehen worden. Im November 2007 platzte dem Präsidenten der Schweriner Volkszeitung zufolge der Kragen. Für das andauernde unentschuldigte Fehlen drohte Zimmer dem NPD-Mann mit einem Ordnungsgeld. Denn in Mecklenburg-Vorpommern gilt laut Kommunalgesetz Mandatspflicht. »Die anderen Abgeordneten nehmen ihr Mandat ernst, fehlen so gut wie nie«, so Zimmer. Für Flotow entschuldigte sich sein Parteikamerad Dirk Ahrendt in einem Brief an den Präsidenten. Flotow habe eine Arbeit in Holland gefunden und könne deshalb nicht regelmäßig an den Sitzungen teilnehmen, hieß es demnach in dem Schreiben. Es folgte eine Aussprache. »Sein Mandat will Herr Flotow trotz der Arbeit in Holland nicht niederlegen«, wunderte sich das Oberhaupt der Bürgerschaft anschließend. Das habe Flotow damit begründet, dass die NPD keinen Nachfolger für ihn finde.

Die Kandidatenlisten der NPD könnten zugespitzt als »Volkssturm« – also das letzte Aufgebot – bezeichnet werden. Zur Landtagswahl im September 2008 in Bayern kandidierte im Stimmkreis 115, Erding, Anneliese Elsa Margarete Michel für die NPD. Auskünfte über Qualifikation und Programm der Dame sind leider nicht zu finden, außer dass sie Verwaltungsangestellte im Ruhestand ist – und 1915 geboren wurde.

Beispiel Berlin: Seit dem Jahr 2006 sitzt die NPD gleich in vier Bezirksverordnetenversammlungen (BVV). Zur Halbzeit der

Legislaturperiode, im September 2008, zog Clara Hermann, die Grünen-Sprecherin für Strategien gegen Rechtsextremismus, mit anderen Experten öffentlich Bilanz. Yves Müller vom Verein für Demokratische Kultur (VDK) betonte dabei die strategische Bedeutung für die völkische Partei, über die kommunale Verankerung auch in Land und Bund erfolgreich zu sein. Doch in den Bezirksverordnetenversammlungen sei die NPD nicht an demokratischen Aushandlungsprozessen interessiert. Das Handeln der NPD beschränke sich auf Provokationen, Tabubrüche und Anträge, die keine kommunale Relevanz hätten – oder schlicht und ergreifend nicht in deren Zuständigkeit fielen. Gleichzeitig möchte sich die NPD als »normale« Partei darstellen. Yves Müller führte vier Typen von rechtsextremen BVV-Abgeordneten auf:

- die bürgernahen, kommunalpolitisch interessierten NPD-Verordneten
- die ideologisch gefestigten Neonazis, wie beispielsweise der NPD-Landesvorsitzende Jörg Hähnel (BVV Lichtenberg)
- die Sonderrollen, die beispielsweise Udo Voigt und Manuela Tönhardt (BVV Lichtenberg) einnehmen, in welchen sie sich als kompetente, staatsmännisch auftretende Verordnete versuchen
- die Personen im Hintergrund, zum Beispiel die Geschäftsführer der Fraktionen, meist Neonazis, die ihre Erfahrungen weitergeben und im Austausch miteinander stehen. Sie kennen die Geschäftsordnungen und tragen zur Professionalisierung der NPD-Fraktionen bei.

Auch in den BVVs legten die NPD-Abgeordnete Anträge vor, die bereits in den Landtagsfraktionen in Mecklenburg-Vorpommern und Sachsen oder auch in anderen Kommunalparlamenten aufgetaucht waren. Parlamentarische Arbeit als Recycling-Produkt. So wurde beispielsweise der Antrag, die Ausländerbeauftragten in »Ausländerrückführungsbeauftragte« umzubenennen, mehrfach von Landes- und Bezirksparlamenten abgelehnt.

Erfolgreich wertete Müller in der Auseinandersetzung mit der NPD, dass der »demokratische Konsens«, NPD-Anträgen nicht zuzustimmen, weitestgehend gewahrt werde und die Wahrnehmbarkeit der völkischen Partei relativ gering geblieben sei. Allerdings fehle es aufseiten der demokratischen Parteien häufig an kompetenter Entgegnung gegenüber der NPD-Familienpolitik und der völkischen Ideologie des Ethnopluralismus.

Oliver Igel, SPD-Bezirksverordneter in Treptow-Köpenick, berichtete, der NPD-Abgeordnete Eckart Bräuniger sei seit eineinhalb Jahren in keinem Fachausschuss mehr aufgetaucht. Amüsiert erzählte Igel von einem Antrag Udo Voigts, in dem er mehr »öffentliche Toiletten im Bezirk« forderte. Doch auf Nachfrage kann der gebürtige Bayer keinen Ort in Treptow-Köpenick nennen, wo ein Mangel an öffentlichen Toiletten vorherrsche. Dies sei ein Beispiel für die Versuche der NPD, sich als Vertreterin des »kleinen Mannes« darzustellen, ohne Kenntnis von dessen wirklichen Bedürfnissen zu haben. Außerdem bescheinigte sich »Toiletten-Voigt«, wie ihn Igel nannte, damit seine eigene Unwissenheit über den Bezirk, den er eigentlich vertreten soll. Für Annicka Eckel von der Mobilen Beratung gegen Rechtsextremismus in Berlin (MBR) stellen eben diese Anträge der NPD Versuche dar, sich als »völkischer Kummerkasten« zu profilieren.

Das Parlament ist nicht das Hauptaufmarschgebiet der NPD, der »Kampf um die Parlamente« gehört zu der Gesamtstrategie und begünstigt den »Kampf um die Köpfe« – durch Tabubrüche, die öffentlich thematisiert werden, sowie den »Kampf um die Straße«. So sollen die Kommunalparlamente als völkische »Brückenköpfe« etabliert werden, über die man sich beispielsweise viel leichter Zutritt zu öffentlichen Räumen verschaffen kann. So nimmt die Zahl der NPD-Saalveranstaltungen in Berlin seit 2006 extrem zu. Außerdem weisen Experten auf die große Zustimmung von Jugendlichen für die NPD hin. Es muss also auch mittelfristig mit Wahlerfolgen der Neonazis gerechnet werden, vor allem auf kommunaler Ebene. Die NPD räumt ihre Strategie, die auf die Jugendlichen abzielt, offen ein. Im Jahr 2007 schrieb Jürgen Gansel, Mitglied des sächsischen Landtags und Pressesprecher des NPD-Kreisverbandes Riesa-Großenhain:

Sehr geehrter Herr Gensing,

am 22. Juni wählten die Mitglieder des NPD-Kreisverbandes Riesa-Großenhain einen neuen Vorstand, der die Partei in das Wahljahr 2008 führen wird. Um für die Kreistagswahlen optimal aufgestellt zu sein, wurde der Vorstand des nun fast siebzig Mitglieder zählenden Verbandes noch einmal erweitert.

Zum Kreisvorsitzenden wurde der Gröditzer Mirko Beier (31) gewählt, als Stellvertreter fungieren Alexander Delle (33, Riesa) und Jan Szabo (28, Gröditz). Als Schatzmeister wurde der Riesaer Stadtrat Jörg Reißner im Amt bestätigt. Beisitzer im neuen Vorstand sind Jürgen Gansel (Riesa), Gunter Wendt (Gröditz), Karin Haase (Riesa), Michaela Steinert (Riesa), Steffen Roßberg (Riesa), Alexander Neum (Gröditz), Marko Beutler (Riesa), Stefan Klose (Riesa) und Matthias Beier (Gröditz). Klose und Beier werden sich der neu konzipierten Jugendarbeit widmen, um bis zur Kreistagswahl im Juni 2008 die überall im Landkreis vorhandenen, aber politisch meist noch unorganisierten nationalen Jugendlichen in die Parteiarbeit einzubinden und neue Jugendkreise zu erschließen. Mit Jasmin Langer (22, Riesa), Vorstandsmitglied des Ringes nationaler Frauen, verfügt der Kreisverband zudem erstmals über eine Frauenbeauftragte, um noch mehr junge Frauen für nationale Politik zu begeistern. Im Gegensatz zu den völlig überalterten Systemparteien wird es dem neuen Kreisvorstand mit seinem Durchschnittsalter von gerade einmal 32 Jahren leicht fallen, mit neuen Politikformen und Freizeitangeboten die Jugend im Kreis anzusprechen – Musikkonzerte und die Verteilung einer neu aufgelegten Schulhof-CD inbegriffen. Der neue Kreisvorsitzende Mirko Beier kündigte zudem die regelmäßige Abhaltung von Infoständen an, um im Stadtbild präsent zu sein.

Dem neuen Kreisvorstand wünschte auch der Vorsitzende des NPD-Kreisverbandes Meißen, Robert Beck (28, Weinböhla) viel Erfolg bei der Jugendansprache und erklärte: »Die 18 Prozent, die wir bei der letzten Landtagswahl in der Altersgruppe der 18- bis 29-Jährigen erhielten, sind in jedem Fall ausbaufähig. Wenn die Jugend in diesem Land eine Zukunft haben will, muß sie sich der nationalen Opposition anschließen und den etablierten Volks- und Vaterlandsabwicklern die kalte Schulter zeigen.«

Die Kommunalparlamentarier sollen im Idealfall Schulungen vor Ort, also an der Basis, organisieren, für den Inhalt kommen dann die NPD-Spitzen aus den Fraktionen im Landtag angereist. Gansel beschreibt exemplarisch das Ineinandergreifen der verschiedenen Ebenen:

Am 21. Juni fand in Meißen wieder eine Vortragsveranstaltung des dortigen NPD-Kreisverbandes statt. 38 Mitglieder und Sympathisanten lauschten dem sehr eindringlichen und mit einer Filmvorführung unterstützten Vortrag von Dr. Olaf Rose zu dem Thema »Über Galgen wächst kein Gras. US-Folterjustiz vom Malmedy-Prozeß bis Abu Ghraib«. Der Historiker, der seit Anfang des Jahres als wissenschaftlicher Mitarbeiter bei der NPD-Landtagsfraktion arbeitet, spannte einen weiten historischen Bogen von den Folterungen amerikanischer »Verhörspezialisten« gegen deutsche Soldaten nach 1945 bis zum Vorgehen der US-Imperialisten in Vietnam, Afghanistan und dem Irak. Rose erteilte dem bundesrepublikanischen Vasallentum gegenüber den USA eine klare Absage und bedauerte, daß Deutschland durch seine politische Führung in die schmutzigen Globalisierungskriege der Amerikaner hineingezogen werde und damit die Terrorgefahr im eigenen Land dramatisch zunehme. Der NPD-Kreisverband Meißen kündigte weitere Vortragsveranstaltungen an.

Sachsen stellt bei der Zusammenarbeit zwischen den verschiedenen Ebenen des organisierten Rechtsextremismus einen Sonderfall dar. Nirgendwo sonst agieren so viele fähige Kader. Nirgendwo sonst verfügt der organisierte Rechtsextremismus über so arbeitsfähige Strukturen wie in dem südöstlichen Bundesland. Auch die Zusammenarbeit mit den »Freien Kameradschaften« funktioniert größtenteils weiterhin gut – denn die »Freien Kräfte« können auch in die NPD-Strukturen (Fraktionen, *Deutsche-Stimme*-Verlag) einsteigen, die NPD ist so stark, dass sie die Auseinandersetzung mit der neonazistischen Basis nicht zu scheuen braucht.

Sachsen nimmt auch beim Umgang mit der NPD eine Sonderrolle ein. Nirgendwo sonst wird die NPD so oft als eine normale, akzeptierte Partei beschrieben. Die NPD treibt die anderen Parteien, beispielsweise im Dresdner Stadtrat, hier teilweise vor sich her. So gab es am 11. September 2008 eine Mehrheit für einen Antrag des »Nationalen Bündnisses« – dieses wird maßgeblich von der NPD geführt. Teile der CDU- und Linksfraktion stimmten für den NB-Antrag, André Hahn von der Linkspartei meldet nach dem Desaster »dringenden Klärungsbedarf« an. »Dass Kommunalpolitiker den Rechtsextremisten auf den Leim gehen, ist in Sachsen offenbar nicht nur ein Problem des ländlichen Raums, sondern auch in der Landeshauptstadt. Welche konkreten Themen sich Nazis aussuchen, um ihre menschenverachtende Ideologie zu verschleiern, ist völlig belanglos«, argumentiert Hahn. Bei der Linkspartei gebe es eine klare Position: Mit der NPD und von ihr getragenen Fraktionen gibt es keinerlei Formen einer politischen Zusammenarbeit, also auch keine Zustimmung zu Anträgen.

Am 11. September 2008 aber leider doch, nämlich als das NB eine Schweigeminute für die Opfer des 11. September 2001 beantragt. Normalerweise feixen Neonazis über die Anschläge und weiden sich an Verschwörungstheorien, die besonders im Internet weite Verbreitung finden. Auch dieses Beispiel zeigt: Für die NPD geht es ausschließlich darum, für Provokation und Streit zu sorgen. Dies bestätigt die Strategie der demokratischen Fraktionen, die Anträge der Rechtsextremisten einfach abzulehnen – sie sind inhaltlich substanzlos und haben nicht das Ziel, konstruktive Arbeit zu leisten.

Doch in Sachsen setzen die demokratischen Parteien nicht das um, was anderswo im Umgang mit der NPD bereits erfolgreich praktiziert wird. Daher geht hier die Saat auf, die CDU und CSU durch die Gleichsetzung von NPD und Linkspartei gesät haben: Die NPD wird zunehmend zur normalen Partei, trotz der Kooperation mit Kadern aus der militanten Neonazi-Szene, obwohl in der Fraktion vorbestrafte Personen angestellt werden, obwohl es zahlreiche Skandale um NPD-Funktionäre gibt. Bei der Kommunalwahl 2008 holten die Rechtsextremisten mehr als fünf Prozent der Stimmen und sitzen nun flächendeckend in den Parlamenten. In ihren Hochburgen kam die NPD auf mehr als 25 Prozent, landesweit dürfte die NPD eine Stammwählerschaft von mehr als fünf Prozent haben.

Die Debatte über den Umgang mit den Rechtsextremisten nimmt derweil absurde Züge an. Während sich in den Landtagen die Strategie größtenteils bewährt hat, wonach nur ein Vertreter der demokratischen Parteien auf NPD-Anträge antwortet und alle lehnen die Vorlagen der Neonazis gemeinsam ab, weichen nun manche Politiker diese Abmachung auf. So beispielsweise Gotthard Deuse: Deuse, Chef der Fraktion von FDP und DSU (die rechtskonservative Kleinpartei Deutsche Soziale Union) im Kreistag von Nordsachsen, hatte zuvor für Schlagzeilen gesorgt, als er als Bürgermeister nach einem Volksfest mit integrierter Ausländerjagd in Mügeln in der rechtsradikalen *Jungen Freiheit* eine Hetzkampagne gegen »seine« Stadt beklagte – und dafür von der NPD gelobt wurde. In Bezug auf die NPD im Kreistag sprach sich Deuse nach der Kommunalwahl dafür aus, die Rechtsextremisten nicht auszugrenzen, da sich dies »immer negativ« auswirke. Worauf Deuse seine Einschätzung stützte, obwohl es doch angeblich gar keine Rechtsextremisten in Mügeln gebe, blieb allerdings sein Geheimnis. Auch Roland Märtz, CDU-Kommunalpolitiker, betonte: »Nein, Anträge der NPD werde ich nicht einfach ablehnen, nur weil sie die NPD stellt.«

Märtz ist immerhin CDU-Fraktionschef des Kreises von Nordsachsen und Bürgermeister von Doberschütz. Solche Aussagen zeigen bei der NPD Wirkung: »Seit dem 8. Juni 2008 ist in Sachsen nichts mehr, wie es war«, freute sich Hartmut Krien von der »Kommunalpolitischen Vereinigung« der NPD Sachsen.

Auch im Kreistag von Meißen können sich die Rechtsextremisten über die Entwicklung freuen, mehrmals erhielten sie Stimmen aus anderen Fraktionen. Bereits zur ersten Sitzung des Kreistages schaffte es die NPD in den Verwaltungsausschuss (mit einer Fremdstimme), in den Jugendhilfeausschuss (zwei Fremdstimmen), in die Trägerversammlung der Riesaer Arge (drei Fremdstimmen), in den Verwaltungsrat der Sparkasse (vier Fremdstimmen) und in den Sport-Stiftungsrat (fünf Fremdstimmen). Zur Wahl des Aufsichtsrates der gemeinnützigen, kreiseigenen Firma Meisop erhielt die NPD im Oktober 2008 zehn Stimmen, obwohl sie nur über fünf Abgeordnete verfügt. Damit wurde NPD-Mann Jan Szabo als Aufsichtsrat gewählt – er verdrängte den SPD-Kreisrat Michael Ufert. Für SPD-Fraktionschef Udo Schmidt ein Eklat. Er distanzierte sich von den fünf Abgeordneten, die im Geheimen die NPD unterstützt hatten. Sie sollten ihr Mandat zurückgeben. Schmidt forderte eine Ehrenerklärung aller demokratischen Parteien und Gruppierungen, die NPD grundsätzlich nicht zu unterstützen. Die jubelte derweil, in einer Presseerklärung schreibt Jürgen Gansel:

Im Meißener Kreistag bröckelt die Abgrenzungsfront gegen die NPD weiter. [...] Nationale Opposition gegen das volksfeindliche BRD-System beginnt auf lokaler Ebene durch soziales Engagement und Vertrauen, das man sich beim Bürger erarbeitet.

Eigentlich verachtet die NPD nach eigenen Aussagen das parlamentarische System und die Ausschüsse, wie die Ausführungen von Holger Apfel zu den Hamsterrädern zeigen. Doch gleichzeitig bejubeln die Rechtsextremisten jeden noch so kleinen Erfolg bei Wahlen zu Verwaltungsausschüssen in Kreistagen. Daher wurde es Zeit für eine Justierung der eigenen Position, im November 2008 ließ sich der sächsische NPD-Fraktionschef Holger Apfel dazu in der *Deutschen Stimme* interviewen. Die Passivität der NPD in den Ausschüssen will er nun offensiv umdeuten:

> Was das Hamsterrad der Ausschüsse betrifft, die arbeiten zweifellos ineffektiv; stundenlang wird geschwatzt, obwohl längst feststeht, wie die Abstimmung ausgeht: Die Koalition stimmt die Opposition nieder, egal welche Argumente vorgebracht werden. An diesem – unter Ausschluß der Öffentlichkeit stattfindendem – Spiel namens »parlamentarische Demokratie« beteiligen wir uns in der Tat nur begrenzt. Wir werden uns auch künftig nicht an diesen Scheingefechten beteiligen, auch wenn wir natürlich präsent sind und das Geschehen beobachten.

Da stellt sich eigentlich die Frage, warum die NPD sich und allen anderen nicht auch ihre Redebeiträge bei den Plenardebatten erspart. Der Pressesprecher der NPD-Fraktion im sächsischen Landtag, Arne Schimmer, der dieses Interview in der *Deutschen Stimme* führte, ließ diesen Schritt aber aus und erkundigte sich gleich nach dem Sinn der Beteiligung an Wahlen insgesamt und gab Apfel somit die Möglichkeit, etwas Kitt in die teilweise brüchige »Volksfront« mit den militanten Neonazis zu schmieren:

> Die Frage, warum wir trotzdem zu Wahlen antreten ist verständlich, doch wir fühlen uns mit jedem Tag, an dem wir uns mit dem Irrsinn der Etablierten auseinandersetzen, bestärkt im Bewußtsein über die Notwendigkeit der NPD als parlamentarischer Arm des volkstreuen Widerstandes. Wir waren und sind Stachel im Fleisch dieses abgewirtschafteten Systems und nutzen zugleich die Fraktion, um politische Konzepte zu entwickeln.

Die NPD fühlt sich wohl als »Stachel im Fleisch«, vor allem, da es sich von diesem Fleisch recht gut zehren lässt. Trotz der vielen Skandale und Unzulänglichkeiten der meisten NPD-Abgeordneten trägt die Strategie der Rechtsextremisten, sich zunächst lokal zu etablieren, in Mecklenburg-Vorpommern und Sachsen bereits reife Früchte. Der Marsch in die »Höhle des demokratischen Löwen« hat für die NPD große Bedeutung, um ihre Position und ihren Einfluss in der rechtsextremen Bewegung zu sichern und auszubauen. Inhalte spielen keine Rolle, die NPD will stören, spalten und Propaganda verbreiten. Für diese Zwecke werden auch Erfolge bei den Wahlen zu Sachausschüssen in Kreistagen lauthals bejubelt. Hamsterrad hin, Hamsterrad her.

9. Hass 2.0 – die Wortergreifungsstrategie

»Für Rasse, Volk und Nation!«: in ihrem Profil auf der Internet-Videoplattform »YouTube«-Deutschland lässt »Riefenstahl89« keinen Zweifel aufkommen, wo sie politisch steht. Auch die Werke ihres historisches Vorbilds Leni Riefenstahl lassen sich hier leicht finden, zum Beispiel der NS-Propaganda-Schinken »Triumph des Willens«.

Der User »Volksaufklärer« zeigt mit seiner Video-Auswahl anschaulich die Schnittmenge zwischen neonazistischer und islamistischer Hetze: »Die Lügen der BRD-Juden über den islamistischen Terror« stehen hier neben einem Beitrag über »ZIONs Massenmord auf den Rheinwiesen«. Krassestes Beispiel für diese antisemitische Querverbindung, die es auch schon zwischen arabischen und deutschen Antisemiten in der NS-Zeit gab, ist ein Rap aus Berlin – von »zwei Arabern und einem Nazi« dargeboten: »Bomben auf Tel Aviv«. Gemeinsamer Hass auf Juden als Mittel der Völkerverständigung sozusagen. Auch »Antifahunter88« treibt sich bei YouTube herum. Er wirbt für ein NPD-nahes Videoprojekt, das in beachtlicher Zahl moderne rechtsextreme Propagandastreifen für das Internet produziert. Damit soll der »Kampf um die Köpfe« gewonnen und damit sollen die ideologisch wenig gefestigten Sympathisanten geschult werden. Doch selbstverständlich treiben sich nicht nur bei YouTube und anderen Video-Plattformen Neonazis herum. Auch Projekte, die sich der Aufklärung über Rechtsextremismus verschrieben haben, sollen geentert werden:

Bitte nehme zur Kenntnis, dass ich im Gegensatz zu dem Möchtegern-Journalisten, der diesen Schweineblog betreibt, sogar einen akademischen Titel habe und in einer Woche mehr Geld verdiene, als Gensing sich in 6 Monaten zusammenklieren und -lügen kann. (*»Einherjer« im Mai 2008 auf* NPD-BLOG.INFO)

Rechtsextremisten und Neonazis haben es nicht gerne, wenn sachlich über sie berichtet wird. Denn wenn das Moralisierende in der Berichterstattung fehlt, geht ihnen eines ihrer Lieblingsfeindbilder abhanden: der sogenannte »Gutmensch«. Werden zudem die zahlreichen und offensichtlichen Widersprüche in der rechtsextremen Bewegung sowie die tiefe Spaltung innerhalb der NPD an aktuellen Fällen aufgezeigt, verlieren sie schnell die Nerven. So auch der oben angeführte Schreiber, der auch oft in bekannten Neonazi-Foren Kommentare verfasst – aber in dem angeführten Fall pöbelt »Einherjer« bei NPD-BLOG.INFO, einem journalistischen Angebot, das seit Ende 2005 täglich über die völkische Partei berichtet. Dort meldet sich aber nicht nur »Einherjer« zu Wort, sondern auch einige seiner Gesinnungsgenossen.

NPD und andere Neonazis setzen verstärkt auf das Internet. Udo Voigt spricht beim »Weltnetz« von einer »wunderbaren Sache«. Denn die rechtsextreme Bewegung in Deutschland verfügt über keinen Zugang zu Massenmedien, aber durch die vielen jungen Aktivisten gibt es ein ausreichendes Wissen und Können, um die rechtsextreme Propaganda online- und zielgruppengerecht darzustellen – mit viel Symbolik und wenig Text. Die Anzahl der deutschsprachigen Internet-Seiten mit rechtsextremen Inhalten wuchs zwischen Anfang 2006 und Ende 2007 von 1100 auf 1500 – und bis Mitte 2008 weiter auf mehr als 1600, berichtete Jugendschutz.net. Mithilfe von Jugendschutz.net versuchen die Bundesländer, gegen jugendgefährdende Inhalte im Internet vorzugehen. Keine leichte Aufgabe: Rechtsextremisten wissen zumeist sehr genau, was rechtlich gerade noch zulässig ist. Und falls sie doch nicht an sich halten können, breiten sie ihre rassistische Hetze anonym auf Internet-Seiten aus, die über ausländische Anbieter laufen. Paradoxerweise zumeist auf Seiten, die über Server in den in völkischen Kreisen abgrundtief verhassten USA laufen. Im World Wide Web lässt sich die rechtsextreme Propaganda billig und leicht verbreiten – bundes- und weltweit. Auch wenn die Zahlen von Jugendschutz.net nur mit Vorsicht zu genießen sind – über die Qualität, Aktualität und Reichweite der Seiten wird nämlich nichts verraten, und auch die Zahl der deutschen Internet-Seiten insgesamt ist weiter steigend –, verdeutlichen sie eine im Prinzip banale Erkenntnis: Auch und ganz besonders für die rechtsextreme Bewegung führt kein Weg an dem nicht mehr ganz neuen, aber dynamischsten aller Medien vorbei. Im »Weltnetz« können die rechtsextremen Agitatoren eine Breitenwirkung erzielen, vor allem bei jüngeren Personengruppen, für die das Internet die wichtigste Informationsquelle darstellt. Zudem umweht viele Netz-Angebote noch immer ein rebellischer Hauch, sie haben die für Subkulturen identitätsstiftenden Fanzines ersetzt. Es geht antihegemonial gegen Mainstream-Medien – was ebenfalls besonders junge Leute ansprechen dürfte. Zwar darf Rechtsextremismus nicht auf Jugendliche reduziert werden, doch zielt die Propaganda von NPD und anderen Neonazis im Sinne einer langfristigen Metapolitik besonders auf Jugendliche sowie junge Erwachsene ab. Um Nachwuchs an sich zu binden, setzen Neonazis bekanntermaßen insbesondere auf Musik; Jugendlichen soll auf diesem Wege der Einstieg in die Szene erleichtert werden. Beim Handel mit Musik bietet das Internet ebenfalls entscheidende Vorteile. So entfallen Miete und Personalkosten für ein Ladengeschäft, zudem brauchen die Kunden in einem Online-Shop keine persönliche Konfrontation mit dem politischen Gegner zu befürchten. Dadurch wird ein Einkauf bei Neonazi-Versandhändlern auch für Sympathisanten attraktiv, die sonst vor einem Besuch in einem Szene-Laden zurückschrecken, sei es aus Sorge, dort gesehen zu werden, oder weil es schlicht und ergreifend keinen entsprechenden Laden in der Umgebung gibt.

Rechtsextremisten pflegen gerne ein rebellisches Image, gerieren sich als Outlaws. Dieses Gehabe ist auch in der sogenannten »Blogosphäre« zu beobachten, dort zählen etablierte Parteien, große Medien und professionelle Journalisten zu den beliebtesten Feindbildern.

Gegen die wachsende Anzahl der »Weltnetz-Seiten« der Rechtsextremisten hat sich in den vergangenen Monaten und Jahren ein breites Angebot von Projekten etabliert: Mut gegen rechte Gewalt, redok, Netz gegen Nazis, Recherche Nord, Endstation Rechts, Störungsmelder, Nazis in den Parlamenten, blick nach rechts, NPD-BLOG.INFO und weitere. Diese sind nach journalistischen Standards den Neonazi-Angeboten zumeist überlegen. Daher versuchen viele Rechtsextremisten die Diskussionen – soweit beim jeweiligen Angebot möglich – zu beeinflussen. Dabei kommen ihnen die interaktiven Möglichkeiten des Web 2.0 entgegen. So beispielsweise auf NPD-BLOG. INFO – hier kann jeder redaktionelle Beitrag kommentiert werden. Und so versuchen Rechtsextremisten fast täglich, sich über das Vehikel eines viel frequentierten Angebots Gehör zu verschaffen – auch und gerade abseits der rechtsextremen Kreise. Da NPD-BLOG.INFO über Aktivitäten sowie Strategien von Rechtsextremisten berichtet und aufklären will, aber nicht zur Plattform derselben verkommen möchte, müssen sämtliche Kommentare vor einer Veröffentlichung geprüft werden.

Die rechtsextremen Kommentatoren versuchen, wie auch sonst in der rechtsextremen Bewegung üblich, rechtsextreme Gewalt zu relativieren und sich selbst als Opfer zu stilisieren.

Ich erinnere hier an Sebnitz und an Potsdam. In Sebnitz sollten angeblich 50 Neonazis einen kleinen Ausländer ertränkt haben. Später stellte sich heraus, daß die Geschichte von vorn bis hinten erstunken und erlogen wurde. In Potsdam wurde angeblich ein friedlicher Afrogermane von Rechtsradikalen fast zu Tode geprügelt. Später stellte sich heraus, daß der Prügelneger von Potsdam wegen Pöbeleien aus einer Diskothek geflogen ist und auf der Straße Deutsche mit den Worten »Schweinesau!« (ist übrigens doppelt gemoppelt, was dem Prügelneger natürlich nicht aufgefallen ist) beleidigt und nach diese getreten hat. (»Frank Graf« im April 2008 beim Störungsmelder)

Veröffentlicht ein Autor einen Artikel über die alltägliche rechtsextreme Gewalt, führen die Neonazis in fast pawlowscher Manier den Fall Sebnitz an. Die sächsische Gemeinde geriet im Jahr 2000 auf das Titelblatt der *Bild*-Zeitung, weil Neonazis in einem Schwimmbad angeblich einen Jungen ertränkt hatten. Neuerdings verweisen Rechtsextremisten immer wieder auf einen Fall im ebenfalls sächsischen Mittweida, wo fünf Neonazis angeblich einer Jugendlichen ein Hakenkreuz in die Haut geritzt haben sollen. Und seit Dezember 2008 nutzen die Rechtsextremisten die vorschnelle Festlegung auf einen Neonazi als Täter im Fall des Passauer Polizeichefs Mannichl, um die Berichterstattung über prügelnde Neonazis und Rassisten insgesamt unglaubwürdig zu machen. Sie soll zur Propaganda eines »antideutschen« oder auch »volksfeindlichen Medienkartells« umgedeutet werden. Dass es jährlich hunderte Opfer von rassistischer und rechtsextremer Gewalt in Deutschland gibt, die in den Medien kaum Erwähnung finden, wird komplett ausgeblendet. Jeder Bericht über rechtsextreme oder rassistische Straftaten ist für die Rechtsextremisten ein Bericht zu viel. Es ist dringend geboten, auch und gerade bei rechtsextremen Angriffen journalistisch sauber und fundiert zu berichten. Nicht umsonst können sich die Neonazis im Fall Sebnitz bei der Zeitung mit den vier großen Buchstaben bedanken. Mit unsauberen und reißerischen Berichten über angeblich rechtsextreme oder rassistische Straftaten, die sich später als anders motiviert darstellen, spielt man den Neonazis in die Hände. Im Fall Passau forderte die CSU sogar plötzlich ein NPD-Verbot, obwohl ein rechtsextremer Hintergrund des Überfalls noch längst nicht bewiesen war. Daher müssen Journalisten genau hinschauen und bei der Berichterstattung auch auf die treffende Benennung von Tätern und Opfern achten. So beispielsweise, wenn ein Angriff auf einen schwarzen Deutschen nicht als rassistisch, sondern als ausländerfeindlich eingeordnet wird. Dies impliziert, Schwarze könnten keine Deutschen sein – was genau die Meinung der NPD und anderer völkisch denkender Menschen trifft.

Die Relativierung von Gewalt, oft mithilfe des Beispiels Sebnitz, ist eines der wichtigsten Aktionsfelder der Rechtsextremisten im Internet. Doch auch zu fast jeder anderen Diskussion melden sie sich zu Wort und brechen ihre Ideologie auf das jeweilige Thema herunter. Ein beliebtes Vorgehen bei dieser »Wortergreifungsstrategie 2.0«: Rechtsextremisten stellen beliebige Behauptungen zum Zustand der Gesellschaft bzw. des politischen Systems auf, belegen diese aber nicht. Weisen andere Kommentatoren darauf hin, dass die Gedankenkonstrukte vollkommen ohne Quellen daherkommen, packen Rechtsextremisten ihre Lieblingsschimpfwörter aus: Als »Linksfaschisten«, »Systemlinge«, »Anarchokapitalisten« o. Ä. werden andere Kommentatoren dann attackiert:

Typische Rabulistik, genährt aus Zwiedenken! Eine Weltsicht aus KLETT und BILD! Unfähig ganzheitlich zu denken und auf intelektuelle Eitelkeit bedacht. Somit demokratisch erzeugter Narzißmus, der sich gerne im eigenen Wohlstandsspiegel betrachtet, Hauptsache der Tank ist voll und das Weib geil! Mit dieser Weltsicht ist der Aufprall auf die Wirklichkeit garantiert- da hilft auch kein linksneurotischer AIRBAG!! Solche Kreaturen haben garantiert keine Schwielen von eigener Arbeit an den Händen. Sind Erzeugnisse von soziologischen Gebräu a'la Habermas, Adorno,etc. Geschichtlich dereinst nicht mal eine Fußnote, da nicht bereit um die eigene Vervollkommnung zu kämpfen, dem destruktiven Zeitgeist zu entkommen! »Wer zu spät kommt, den bestraft das Leben« wohl treffendes Zitat von M. Gorbatschov (hoffentlich richtig geschrieben)! Dieser ganz »Wohlstandsmüll« wird sich ausequibrillieren (nach Piaget) und als Geistesblase platzen, wie Imo-Blase bei dem Zinsverbrechern (Banker) – versprochen!! MdG (»*Wotan666*« *im April 2008 auf* NPD-BLOG. INFO)

Ein Feuerwerk der Plattitüden wird abgefeuert, ein brauner Brei verschüttet, der alles zudeckt – aber nur knöcheltief. So funktioniert die Propaganda der NPD. Ob Innen-, Außen- oder Wirtschaftspolitik – zu fast jedem Thema haben die Rechtsextremisten eine Meinung, oder treffender formuliert: Standardfloskeln, zu bieten. Doch geht es um konkrete Inhalte, versagen sie fast immer. Diese Unfähigkeit zur sachlichen Auseinandersetzung beginnt in Internet-Foren und endet beim Agieren der NPD-Abgeordneten in den Parlamenten. NPD und andere Rechtsextremisten stellen sich selbstverständlich auch im Internet grundsätzlich als Opfer dar. Ob von Antifa, Staat, ausländischen Mächten, Juden, internationalem Kapital, Medien oder Polizei – sie fühlen sich diffamiert, benachteiligt und gegängelt. Neben Minderwertigkeitskomplexen und dem ausgeprägten Hang, komplexe gesellschaftliche und politische Prozesse durch einfache Verschwörungstheorien zu erklären, zeigt sich dadurch auch die neurechte Ideologie, die einen ständigen Kampf gegen innere und äußere Feinde propagiert. Zudem sollen durch den Hinweis auf angebliche Attacken von außen die eigenen Aggressionen legitimiert werden. Die NPD-Schlappen bei den Landtagswahlen in Niedersachsen und Hessen im Januar 2008 erklärten Rechtsextremisten auf NPD-BLOG.INFO mit angeblichem Wahlbetrug. Indizien oder gar Beweise sucht man allerdings vergeblich.

Also das Thema Wahlbetrug ist so aus der Luft gegriffen nicht. Sicher gibt es keine Anweisung von »oben« aber es gibt leider viele linke Wahlhelfer, die sich durch den beschworenen Aufstand der »Anständigen« ermutigt fühlen die ein oder andere Stimme für unliebsame politische Gegner verschwinden zu lassen. Im Osten sind das meistens ehem. SED- und STASI-Leute und im Westen alt 68iger. Die haben ja auch lange Weile als Rentner und haben genug Zeit den Sonntag im Wahllokal zu verbringen. (»Björn« im Januar 2008 auf NPD-BLOG.INFO)

Durch den Hinweis auf die angebliche »Pogromstimmung« gegen NPD und »Nationale« wird versucht, rechtsextreme und rassistische Gewalttaten zu erklären, zu relativieren und schließlich zur Selbstverteidigung umzudeuten.

> Nachdem sie [»die« Antifa, PG] erstmal tagelang von Medien und Zivilgesellschaft den moralischen Rückhalt für ihre Gewalttaten bekommen haben. Denn es wirft sich doch gleich viel leichter Steine auf Menschen, wenn man ständig gesagt bekommt das die »Rechten« alles Verbrecher und Kriminelle sind. Und überhaupt wollen die alle Menschen töten die nicht blauäugig und Blond sind. (»Björn« im April 2008 auf NPD-BLOG.INFO)

Zudem reagieren Rechtsextremisten auf Berichte über rechtsextreme Straftaten mit der Behauptung, diese seien inszeniert worden, um die vermeintlich moralisch integre Bewegung zu schwächen:

> Mich würde auch mal interessieren wieviele junge, naive Menschen schon von Staatsschützern und V-Männern zu Straftaten aufgestachelt wurden. Vielleicht sollte man den Verfassungsschutzbericht mal in Links-, Rechts- und V-Mann-Straftaten aufschlüsseln. (»Björn« im September 2007 auf NPD-BLOG.INFO)

Oder:

> Leute die andere mit Pflastersteinen bewerfen, Schulungszentren anzünden wo Menschen drin schlafen, oder feige auf offener Straße mit 20 auf einen eintreten sind für mich Gewohnheitsverbrecher. Deswegen passen unsere Aussteiger gut zu den Linken. Und kommt jetzt nicht mit: »Ihr zündet doch auch Asylantenheime an und so.« Fast ausnahmslos sind solche Typen danach »ausgestiegen«. Und das ist auch gut so. Bleibt nur die Frage wie können wir verhindern, dass solche Gestalten gleich auf die Seite wechseln, die zu ihnen passt und nicht erst zu uns kommen um

nach medienwirksamen Gewalttaten auszusteigen. (*»Freedomof-Speech«* *im April 2008 auf* N P D - B L O G . I N F O)

Rechtsextremisten führen in Kommentaren regelmäßig Straftaten von Migranten an, besonders angeblich politische Straftaten (Stichwort: Deutsche als Opfer, »Inländerfeindlichkeit«). Damit soll ebenfalls rechtsextreme Gewalt relativiert, legitimiert und vom eigentlichen Thema abgelenkt werden. Auch die enge Verstrickung von NPD und Neonazi-Schlägern leugnen die Rechtsextremisten in Foren – auch hier werden Vergleiche gesucht, die wenig überzeugen:

Die Zahl krimineller CDU, SPD, FDP,Grünen und Linken »Abhänger« dürfte wahrscheinlich erheblich über der Anzahl krimineller NPD Anhänger liegen. Übrigens, woran erkennt man eigentlich NPD Anhänger?? Vielleicht waren die Schläger einfach asoziale, gestrandete arme Existenzen. (*»???«* *im November 2007 auf* N P D - B L O G . I N F O)

Nach dieser »Argumentation« werden die rechtsextremen Gewalttäter zu herkömmlichen Kriminellen. Zwar ist es durchaus angebracht, bei Analysen zwischen den unterschiedlichen Akteuren in der rechtsextremen Bewegung zu differenzieren – doch grenzt sich die NPD keineswegs gegen militante Neonazis ab, höchstens aus strategischen Gründen bei Aufmärschen. Eine personelle Überschneidung zwischen rechtsextremen Schlägern und politischen Soldaten scheinen die Kommentatoren auszuschließen. Diese strategische Distanzierung vom rechtsextremen Fußvolk wird oft und gerne eingesetzt – so auch nach dem Halbfinale Deutschland gegen Türkei bei der Europameisterschaft 2008, als unter anderem in Dresden rechtsextreme Hooligans Döner-Läden angriffen:

Mein persönliches Fußball-Interesse ist schon in den 8ozigern in die virtuelle Welt emigriert, angesichts des Niveaus der Haßgesänge bei BFC-Dynamo Dresden. Das Niveau von Gruppen scheint sich doch immer an den Dümmsten ihrer Mitglieder zu orientieren. Fußball-Blödheit und Fußball-Gewalt haben nichts mit irgendwelchen politischen oder weltanschaulichen Sachen zu tun, als daß sie diese instrumentalisieren, um ihrer reinen »Lebenslust« ein Mäntelchen umhängen zu können. (*»Steve« im Juni 2008 auf* NPD-BLOG.INFO)

Rechtsextremisten können also differenzieren, wenn es ihnen in den Kram passt: Die Gewalt wird auf vermeintlich unpolitische Fußball-Hooligans, »pseudorechte Straßenschläger« und »Bahnhofsglatzen« abgewälzt:

> Da sieht man mal wieder, dass sie [gemeint ist der Autor, PG] nicht zwischen pseudorechten Straßenschlägern und Chauvinisten und wirklichen politischen Aktivisten unterscheiden können. [...] Aber sie müssen es ja wissen. Schließlich haben sie ihre Erkenntnisse ja von Bahnhofsglatzen. (*»Björn« im März 2008 auf* NPD-BLOG.INFO)

Hier wird ein wichtiger Aspekt des ultrarechten Selbstverständnisses und der eigenen Wahrnehmung deutlich: Die Rechtsextremisten sehen sich als idealistische Aktivisten und Kämpfer. Dass Destruktivität und Gewalt aus niederen Motiven zu der rechtsextremen Ideologie untrennbar dazugehören, dass die Hetze der NPD und anderer Rechtsextremisten genau solche Gewalttaten fördert, wollen sie nicht wahrhaben. Nicht zu leugnende Taten werden daher als legitimes politisches Mittel einer vermeintlichen Freiheitsbewegung umdefiniert. Viele Rechtsextremisten fühlen sich tatsächlich als nationalrevolutionäre Helden, das Volk sei nur zu bequem oder auch indoktriniert, um dies zu erkennen. Kein historischer Vergleich erscheint zu absurd, der Größenwahn ist grenzenlos:

Ohne eine Einzelfallkritik zu betreiben – Vorstrafen wegen politischer Delikte, Widerstand oder vollständiger Nutzung des Freiheitsrahmens, den das Grundgesetz für die Bundesrepublik in Deutschland oder das Völkerrecht vorgeben, können kaum als ehrenrührig angesehen werden. Sie sind ganz normale Narben, die man sich im Kampf holt. Wer würde Fidel Castro vorwerfen, daß er unter Batista im Gefängnis saß? (*»Steve« im Juni 2008 auf* NPD-BLOG.INFO)

Die Rechtsextremen verbreiten liebend gerne Opfermythen:

Opfer werden in der BRD in unterschiedliche Kasten eingeteilt. Juden sind in der obersten Kaste und kleinste Vorfälle werden endlos wiederholt. Ausländer kommen gleich danach. Deutsche (und noch schlimmer Nationale) haben gefälligst ohne mediale Wahrnehmung still und heimlich verscharrt zu werden. Diese Scheinmoral und dieser Rassismus gegen Deutsche und die Benachteiligung politisch Andersdenkender hat mich zum Nationaldemokraten werden lassen. (*»Frank Graf« im März 2008 auf* NPD-BLOG.INFO)

Die Umkehrung von Tätern und Opfern geht noch weiter. Denn die meisten Rechtsextremisten beklagen immer wieder, es gebe keine Meinungsfreiheit in der Bundesrepublik Deutschland – weil das Leugnen des Holocaust und somit das Verhöhnen der Opfer und der Überlebenden nicht erlaubt ist oder weil NS-Symbole verboten sind. Auch die Aufstachelung zum Hass gegen bestimmte Personengruppen und Beleidigungen sollen nach Meinung rechtsextremer Kommentatoren zugelassen werden. Wieder eine Täter-Opfer-Umkehr, um die eigene Feindseligkeit zu legitimieren. Dementsprechend tritt auch die NPD immer wieder für die Forderung ein, den Straftatbestand der Volksverhetzung abzuschaffen.

(1) Wer in einer Weise, die geeignet ist, den öffentlichen Frieden zu stören,

1. zum Hass gegen Teile der Bevölkerung aufstachelt oder zu Gewalt- oder Willkürmaßnahmen gegen sie auffordert oder

2. die Menschenwürde anderer dadurch angreift, dass er Teile der Bevölkerung beschimpft, böswillig verächtlich macht oder verleumdet,

wird mit Freiheitsstrafe von drei Monaten bis zu fünf Jahren bestraft.

(2) Mit Freiheitsstrafe bis zu drei Jahren oder mit Geldstrafe wird bestraft, wer

1. Schriften (§ 11 Abs. 3), die zum Hass gegen Teile der Bevölkerung oder gegen eine nationale, rassische, religiöse oder durch ihr Volkstum bestimmte Gruppe aufstacheln, zu Gewalt- oder Willkürmaßnahmen gegen sie auffordern oder die Menschenwürde anderer dadurch angreifen, dass Teile der Bevölkerung oder eine vorbezeichnete Gruppe beschimpft, böswillig verächtlich gemacht oder verleumdet werden,

a) verbreitet,

b) öffentlich ausstellt, anschlägt, vorführt oder sonst zugänglich macht,

c) einer Person unter achtzehn Jahren anbietet, überlässt oder zugänglich macht oder

d) herstellt, bezieht, liefert, vorrätig hält, anbietet, ankündigt, anpreist, einzuführen oder auszuführen unternimmt, um sie oder aus ihnen gewonnene Stücke im Sinne der Buchstaben a bis c zu verwenden oder einem anderen eine solche Verwendung zu ermöglichen, oder

2. eine Darbietung des in Nummer 1 bezeichneten Inhalts durch Rundfunk, Medien- oder Teledienste verbreitet.

(3) Mit Freiheitsstrafe bis zu fünf Jahren oder mit Geldstrafe wird bestraft, wer eine unter der Herrschaft des Nationalsozialismus begangene Handlung der in § 6 Abs. 1 des Völkerstraf-

gesetzbuches bezeichneten Art in einer Weise, die geeignet ist, den öffentlichen Frieden zu stören, öffentlich oder in einer Versammlung billigt, leugnet oder verharmlost.

(4) Mit Freiheitsstrafe bis zu drei Jahren oder mit Geldstrafe wird bestraft, wer öffentlich oder in einer Versammlung den öffentlichen Frieden in einer die Würde der Opfer verletzenden Weise dadurch stört, dass er die nationalsozialistische Gewalt- und Willkürherrschaft billigt, verherrlicht oder rechtfertigt.

(5) Absatz 2 gilt auch für Schriften (§ 11 Abs. 3) des in den Absätzen 3 und 4 bezeichneten Inhalts.

(6) In den Fällen des Absatzes 2, auch in Verbindung mit Absatz 5, und in den Fällen der Absätze 3 und 4 gilt § 86 Abs. 3 entsprechend.

Gleichzeitig droht die rechtsextreme Partei übrigens immer wieder mit Anzeigen, wenn sie wegen der zahlreichen vorbestraften Mitglieder als »Ansammlung von Kriminellen« o.ä. bezeichnet wird. Auch militantes Vorgehen gegen Journalisten wird gerechtfertigt. Gleichzeitig gerieren sich viele Rechtsextremisten als unerschrockene Vorkämpfer für Meinungsfreiheit sowie vermeintlich »unbequeme Wahrheiten«:

Immerhin handelt es sich bei den allermeisten »Straftaten« von NPD-Leuten um Delikte die in den meisten Ländern der Welt ganz selbstverständlich zum politischen Diskurs gehören und natürlich nicht verboten sind. (»*Walther Weber*« *im April 2008 auf* NPD-BLOG.INFO)

Dass in den »meisten Ländern« das Leugnen einer historischen Tatsache nicht »selbstverständlich zum politischen Diskurs« gehört, dürfte klar sein. Auch der Kommentator »NPD KV Unna/Hamm« scheut keinen noch so abwegigen Vergleich, was die historische Dimension der politischen Aktivitäten angeht:

Galilei wollte man wegen einer abweichenden Meinung seiner Zeit noch verbrennen. Insofern ist das Urteil [wegen Volksverhetzung, PG] natürlich schon ein Fortschritt. (»*NPD KV Unna/Hamm*« *im September 2007 auf* NPD-BLOG.INFO)

Viele Rechtsextremisten sehen sich gar nicht als solche, sondern definieren sich als kritische Geister, die mit der politischen Situation »unzufrieden« seien. Bei einem Artikel über den Rechtsrocker und verurteilten Straftäter »Lunikoff«, eine Kultfigur in der Neonazi-Szene, klingt das so:

> Ihr seid alle recht beschränkt in eurer eigenen Art und Weise!!!!!
> Man ist nicht gleich ein Neonazi nur weil man die Lieder von Luni
> [Lunikoff, PG] hört!!!! (»*Matthias*« *im September 2007 auf* NPD-BLOG.INFO)

Oder:

> Lunikoff ist ein Künstler sondersgleichen er bringt die probleme dieses Staates zwar nicht immer objektiv zum Ausdruck aber das ist auch bloß in witzigen Texten der Fall und wer immer noch vom »bösen Nazi« träumt sollte langsam aufwachen. Wir sind keine wild durch die Städte ziehende Horde die wahllos irgendwelche Ausländer verprügelt. Wir sind Menschen die mit der politischen Situation unzufrieden sind und diese verändern wollen auch wenn manche Kameraden da nicht immer den richtigen Weg wählen. (»*Ians Enkel*« *im Februar 2008 auf* NPD-BLOG.INFO)

Rechtsextremisten haben also wie gezeigt ein hohes Interesse, die Debatten in Internetforen oder Blogs zu beeinflussen, zu sabotieren oder die dargelegten und mit Quellen belegten Sachverhalte umzudeuten. Viele Rechtsextremisten wollen ihre Ideen und Ansichten wie Missionare verbreiten. Da ihre Ideologie ohnehin weitgehend ohne gesicherte Fakten auskommen muss, erweisen sich Rechtsextremisten in Diskussionen als immun gegen Argumente. Nimmt sich beispielsweise ein anderer Kommentator die Zeit und widerlegt die aufgeführten Behauptungen und Gedankenkonstrukte, reagieren die Rechtsextremen höchst aggressiv. Eine Auseinandersetzung – zumindest im virtuellen Raum – erscheint von daher aussichtslos, vor allem, da es schnell zu persönlichen Beleidigungen und Drohungen kommt.

> Nun mal nicht so mimosenhaft sein, liebe linke Presseschmierer! Wer austeilt muss auch einstecken können! Ihr glaubt doch tatsächlich, dass wir Rechten Freiwild sind, auf das man beliebig eindreschen kann. Dem ist nicht so und das werdet ihr noch häufiger zu spüren bekommen. In Anlehnung an die gute alte 68er Maxime werden wir nämlich kaputt machen, was uns kaputt macht. Und da sind die verlogenen Wordverdreher der Schweinepresse in vorderster Frontlinie. Ihr solltet mal nicht so viel kiffen und fressen ... dann klappt es auch mit dem Weglaufen (*»Einherjer« im Mai 2008 auf* NPD-BLOG.INFO)

Da die Rechtsextremisten keine belastbaren Argumente anführen (können), greifen sie stattdessen schnell zu Drohungen und Gewaltfantasien. Nach dem Aufmarsch von Neonazis am 1. Mai 2008 in Hamburg lässt der Cyber-Mob seinem Hass gegen Journalisten freien Lauf. Da es zielgerichtet zu offenen Gewaltaufrufen gegen namentlich genannte Personen kommt, leitete die Staatsanwaltschaft Hamburg Ermittlungen ein – bislang ohne Ergebnisse. Auf Neonazi-Seiten gehören Drohungen gegen Journalisten und politische Gegner ohnehin zum guten Ton, ohne dass sich Politik und Ermittler daran gestört hätten. Erst nach dem Anschlag auf den Passauer Polizeichef Alois Mannichl diskutiert die Öffentlichkeit über die zielgerichtete Hetze gegen die zahlreichen Feinde der Rechtsextremisten.

Wie also umgehen mit rechtsextremen Kommentaren auf NPD-BLOG.INFO und anderen Seiten, die sich der Aufklärung rechtsextremer Aktivitäten widmen? Einfach freien Lauf lassen, weil sie sich schon selbst bloßstellen? Alles löschen? Um diese

Fragen beantworten zu können, müssen die eigenen Ziele formuliert werden. Wer ist überhaupt Adressat des Angebots? Bei der Zielgruppe von NPD-BLOG.INFO handelt es sich eindeutig nicht um Rechtsextremisten, die überzeugt werden sollen – dies ist in den meisten Fällen ein sinnloses Unterfangen –, sondern um engagierte Bürger, Lehrer, Journalisten oder auch Personen, die sich einfach für das Thema Rechtsextremismus interessieren. NPD-BLOG.INFO will aktuell, kontinuierlich und hintergründig berichten und einordnen. Auch Fehltritte von etablierten Medien werden thematisiert, ohne eine generelle Kollegenschelte zu betreiben. Denn nicht jeder Journalist beschäftigt sich ausführlich mit der NPD. Besonders im Nachrichtengeschäft kommt noch ein erheblicher Zeitdruck hinzu. Aus diesem Selbstverständnis ergibt sich der Umgang von NPD-BLOG.INFO mit Kommentaren von ganz rechts. Diese werden gelöscht, wenn sie persönlich beleidigend sind, auch rassistische, antisemitische oder homophobe Inhalte werden nicht toleriert. Rechtsextremisten schreien dann »Zensur!«.

So können nur Gutmenschen schreiben ... Schon allein, dass man hier Beiträge löscht, die nicht in den Kram passen ist schon Diktatur. (»*Madeleine*« im März 2008 beim Störungsmelder)

Besonders der erwähnte »NPD KV Unna/Hamm« meldet sich bei NPD-BLOG.INFO immer wieder zu Wort. Auch dieser Schreiber, nach Angaben anderer Rechtsextremisten handelt es sich dabei um Hans Jochen Voss von der NPD, spielt sich immer wieder als Opfer von Zensur auf. Ein Blick auf das Gästebuch auf der Internet-Seite des NPD-Kreisverbandes ist in diesem Zusammenhang sehr aufschlussreich. Dort heißt es:

Die Einträge werden vor ihrer Veröffentlichung geprüft. Beleidigungen, sinnlose Beiträge und Werbung für Nicht-Nationale Seiten werden nicht freigegeben. Die Einträge entsprechen nicht unbedingt der Meinung des NPD Kreisverbandes Unna!

Nicht sonderlich pluralistisch – und auch gar nicht das, was die NPD nach außen stets predigt und für sich einfordert. Bezüglich der »sinnlosen Beiträge«: Was soll man mit so einem Kommentar anfangen, der im Jahr 2008 bei NPD-BLOG.INFO von dem »NPD KV Unna/Hamm« gepostet wurde?

Wieso werden hier eigentlich Leute, die nicht möchten, dass das deutsche Volk ausstirbt als Rassisten beschimpft? Ich finde Rassisten sind, die sich um jeden Baum und jede bedrohte Krötenart kümmern, aber denen ihr eigens Volk gleichgültig ist.

Leute, die sich für Kröten engagieren, sind also Rassisten. Im Einzelfall sicherlich möglich, aber welchen Erkenntnisgewinn bringt dies? Ob dieser Kommentar nach NPD-Lesart schon in die Kategorie »sinnlos« fällt? In dem Forum der Bundes-NPD herrschen übrigens noch weit strengere – und vor allem willkürlichere – Regeln als beim Kreisverband Unna/Hamm. Dies zeigt: Die Rechtsextremisten wissen selbst sehr genau, dass Forums-Regeln leider notwendig sind, sie selbst wenden diese äußerst rigide an (Ausnahme: *Altermedia*, hier werden die meisten, aber längst nicht alle Kommentare freigeschaltet. Diese Seite basiert auf dem gelebten Wahnsinn). Viele NPD-Funktionäre verstehen wahrscheinlich auch durchaus, dass sie wegen ihrer menschenverachtenden Ansichten von öffentlichen Debatten ausgeschlossen werden bzw. sich dadurch selbst ausgrenzen. Daher versuchen sie ihre Propaganda als normale Position eines Menschen mit »gesundem Menschenverstand« gegen vermeintliche »Denkverbote« darzustellen.

Diese Vorgehensweise ist auf der Seite *Störungsmelder*, einem Projekt der Wochenzeitung *Die Zeit*, immer wieder zu beobachten. Nach dem Erscheinen eines Artikels melden sich schnell mehrere Kommentatoren zu Wort, die zunächst alle zentralen Aussagen des Beitrags generell in Zweifel ziehen, oft in Frageform, was den Vorteil hat, noch besser ohne Fakten auszukommen. Zudem wird sofort – bevor eine konstruktive Debatte in

Gang kommen kann – vom eigentlichen Thema abgelenkt, es wird versucht, die Diskussion in die gewünschte Richtung zu lenken. Statt über rassistische Gewalt soll beispielsweise über Straftaten von Ausländern diskutiert werden, so die Intention der rechtsradikalen Kommentatoren, die sich gerne der Argumentation der Neuen Rechten bedienen, da diese unverfänglich aufgebaut ist. Sprechen andere Kommentatoren diese Strategie im weiteren Verlauf an, stellen sich die Rechtsradikalen als kritische Köpfe dar, die eben alles hinterfragen. Wird weiter gebohrt und um Fakten und konkrete Informationen gebeten, reagieren die Rechten zumeist mit persönlichen Angriffen. Durch diese Strategie konnten rechtsradikale Kommentatoren auf dem *Störungsmelder* bereits zahlreiche Debatten abwürgen oder sabotieren. Selbst wenn Kommentatoren bereits mehrfach gegen die Blog-Regeln verstoßen hatten, konnten sie letztendlich nicht völlig gesperrt werden, weil sie unter anderem Namen weiterschrieben, wie die IP-Adressen zeigen. Trotz dieser offensichtlichen Strategie: Auch bei NPD-BLOG.INFO werden Kommentare von Rechtsextremisten bisweilen freigeschaltet – zu Dokumentationszwecken. Es sind Zeugnisse der rechtsextremen Ideologie, die in dem jeweiligen Kontext interessante Einblicke erlauben und die aktuellen Entwicklungen bei der »Wortergreifungsstrategie« aufzeigen. Und aus diesem Vorgehen im Internet lassen sich auch hilfreiche Rückschlüsse auf die »Wortergreifungsstrategien« in den Medien und im gesellschaftlichen Diskurs generell ziehen. Die vorgetragenen Behauptungen und Argumentationsmuster sind oft identisch.

Genau wie von anderen rechtsextremen Akteuren wird auch von der NPD registriert, was bei NPD-BLOG.INFO berichtet wird. Ein Fachjournalist bezeichnete die Seite als eine Art »Währung« in der rechtsextremen Bewegung. Im Juli 2007 gab die NPD erstmals eine Pressemitteilung heraus, die sich auf einen Bericht von NPD-BLOG.INFO über den damaligen Vorsitzenden der NPD in Hessen, Marcel Wöll, bezog. Dabei ging es um Äußerungen Wölls, die sich mit dem Einsatz von Gewalt als politischem Mittel in bestimmten Situationen beschäftigt hatten. Diese Presseerklärung thematisierte wiederum NPD-BLOG. INFO im Juli 2007:

> Hessens NPD-Chef Marcel Wöll hat die Dokumentation seines Beitrags zu den Vorfällen auf einer Neonazi-Demonstration am 07. Juli 2007 in Frankfurt am Main als »Taschenspielertricks interessierter Kreise« bezeichnet. Laut einer Pressemitteilung der NPD-Hessen – veröffentlicht auf den Seiten der NPD-Bundespartei – sagte Wöll: »Hier wird von offensichtlich interessierter Seite mit Taschenspielertricks versucht, gegen meine Person und damit gegen die nationale Opposition Stimmung zu machen. Zu diesem Zweck werden eindeutig gewaltkritische Stellungnahmen dadurch zu gewaltbefürwortenden Stellungnahmen gemacht, indem man diese in einzelnen aus dem Zusammenhang gerissenen Passagen zitiert und als Beweis für eine angeblich militante Einstellung meiner Person anführt.«

NPD-BLOG.INFO dokumentiert noch einmal Wölls Ausführungen, damit jeder selbst beurteilen kann, ob es sich um eine »eindeutig gewaltkritische« Stellungnahme handelt, so wie Wöll es behauptet (Hervorhebungen von NPD-BLOG.INFO):

> Der Sinn eines einheitlich gekleideten Blocks sollte es sein, bei eventuell begangenen Ordnungswidrigkeiten oder auch **Straftaten die Feststellung der Personalien zu erschweren, hier sind wir uns einig. Das macht Sinn. Der Sinn von militantem Vorgehen sollte es sein, seine Rechte durchzusetzen wenn man sie beschnitten bekommt, darin sollten wir uns auch einig sein.** Was für einen Sinn macht es aber, sich völlig **grundlos** mit der Polizei anzulegen, obwohl diese am 07.07.07 (anders als bei anderen Demos) überhaupt keine Probleme gemacht hat? Nicht einmal musste unser Zug halten, weil es hieß: »Wir können nicht räumen« oder »Es wäre nicht verhältnismäßig zu räumen« etc. Die Polizei hielt sich (und das ist für Hessen schon fast ein Wun-

der) an diesem Tag an die Verfügung des Gerichts und räumte die Gleise von demonstrierenden Zecken, mehr kann man in diesem System wohl kaum erwarten.

Das einzige Problem an diesem Tag war die Verhaftung von 2 Kameraden (nicht aus besagtem Block), denen man vorwarf, sie hätten Steine aufgehoben. Nach einem kurzen Sitzstreik und der Ankündigung, dass man Frankfurt nur mit diesen Kameraden verlassen werde, wurden auch diese wieder freigelassen.

Fakt ist, **sinnvoller Widerstand** sieht anders aus. Wenn es Probleme mit der Polizei gibt, diese provoziert, die Marschroute blockiert, schikaniert mit Kontrollen oder ähnlichem kann man **die komplette Palette von Widerstand auffahren**, aber warum sollte man dies tun, wenn es nicht nötig ist? Weil man ein »Event« will? Vielleicht auch ein bisschen »Spaß« beim Demonstrieren? Das Verhalten von manchen Kameraden erinnerte mich am Wochenende an jemanden, der mit 3 Meter Anlauf und Sprung versucht, eine offene Tür einzutreten und nicht kapiert, dass er sie dadurch höchstens zuschließt.

Als allerdings die Antifa an einem Streckenabschnitt mit Steinen warf, tat sich besagter Block dann durch gänzliche Dummheit hervor. Anstatt gesittet und normal weiterzudemonstrieren, blieb er stehen, fing an zu hüpfen und Blödsinn zu grölen, so daß Kameraden in den hinteren Blöcken weiter schön in der Steine- und Eierschneise verharren mussten. **Nein, zurückgeworfen wurde nichts, dass hätte ich noch gut verstehen können**, aber sich hinzustellen und zu hüpfen ist wohl das dämlichste, was man tun kann. Die Stein und Eierwürfe waren glücklicherweise nicht sehr heftig ...‹«

Fazit: Nicht ansatzweise kritisiert Wöll im Grundsatz die Militanz seiner Kameraden. Ganz im Gegenteil: Er betont, welche Vorteile ein schwarzer Block bringt, wenn Straftaten begangen wurden und dass militante Aktionen gegen bestimmte Polizeimaßnahmen sinnvoll seien. Falsch beziehungsweise unverständlich war für Wöll der Zeitpunkt der militanten Aktionen und dass Steine nicht zurückgeworfen wurden. Temporäre und lokale Gewaltkritik sozusagen.

Auf diesen Beitrag ist bis heute keine Reaktion der NPD mehr erfolgt. Auch nach dem bereits erwähnten Neonazi-Aufmarsch in Hamburg am 1. Mai 2008 meldete sich die NPD bei NPD-BLOG.INFO zu Wort. Bei der Demonstration – unterstützt vom Hamburger Landesvorsitz der NPD und deren Jugendverband Junge Nationaldemokraten (JN) – wurden Medienvertreter, Gegendemonstranten und Polizisten angegriffen. Nur wenige Stunden nach der Veröffentlichung eines Artikels über die enge Kooperation zwischen NPD und militanten Neonazis schrieb das NPD-Bundesvorstandsmitglied, verantwortlich für das »Amt Recht«, Frank Schwerdt, in einem Kommentar:

> Sehr geehrter Herr Gensing, Sie scheinen unter partiellen Wahrnehmungsstörungen gelitten zu haben. Ich habe auch von der Hamburger Polizei nicht gehört, daß »Rechte« Autos angesteckt und Busse entglast haben. Die Bilder in den Medien sprechen auch eine deutliche Sprache: Massive Gewalt ist von der linken Seite ausgegangen, aber da sehen Sie und Ihre Freunde in der Regel weg. [...] zunächst teile ich Ihnen mit, daß ich am 1. Mai nicht in Hamburg sondern in Nürnberg war. Das Geschehen in Hamburg kenne ich nur aus Berichten.
>
> Ich finde es aber immer wieder bemerkenswert, wie Journalisten Ihres Schlages es erfolgreich fertig bringen, Ursache und Wirkung zu vertauschen. Mein Respekt vor soviel Chuzpe.

Auch hier also das Ziel: von Neonazi-Gewalt ablenken. Da Schwerdt, wie er selbst einräumt, nicht vor Ort war und die Augenzeugenberichte sowie das Bildmaterial zudem alle übereinstimmen, blieben auch ihm nur wenig taugliche Mittel: persönliche Angriffe und Verweise auf Straftaten von links. Dass es an dem betreffenden Tag massive Ausschreitungen von Anti-NPD-Demonstranten gegeben hatte, wurde übrigens nicht in Abrede gestellt, war aber nicht Gegenstand der Berichterstattung auf NPD-BLOG.INFO, da sich dieses Projekt mit den Aktivitäten von Neonazis beschäftigt. Schwerdt hantierte dennoch ebenfalls mit Zensur-Vorwürfen und warf dem Autor vor, durch Kürzungen einer NPD-Stellungnahme deren Sinn entstellt zu haben. Da auf NPD-BLOG.INFO kein Platzmangel und keine Zeilenbegrenzung die Berichterstattung einengen, wurden daraufhin noch einmal die gesamten schriftlichen Beiträge komplett dargestellt. Ein Leser bilanzierte daraufhin in einem Kommentar:

> auch nach mehrmaligem lesen kann ich nicht entdecken, welche wesentliche information aus der stellungnahme des herren amtsleiters [gemeint ist Schwerdt, PG] du unterschlagen haben sollst. vielmehr konstatiere ich, daß zu den skurrilen vorstellungen, die nazis von pressefreiheit und fairer berichterstattung haben, offenbar die annahme gehört, sie hätten ein recht auf vollständige wiedergabe ihrer episteln vom ersten bis zum letzten wort, wenn über sie berichtet wird. (*»Arkadenfeuer«* im Mai 2008 auf NPD-BLOG.INFO).

Auch dieses Selbstverständnis zeigt sich nicht nur im Internet, sondern zieht sich durch die gesamte rechtsextreme Gedankenwelt. So klagte die NPD-Landtagsfraktion in Dresden gegen die *Sächsische Zeitung*. Grund: Das Blatt stellte die Position der Rechtsextremisten in einer Debatte nicht dar. (Siehe dazu auch das Kapitel »Rechtsextremer Aufmarsch in den Parlamenten«.)

Die verstärkte öffentliche Auseinandersetzung mit dem Rechtsextremismus in den vergangenen Jahren hat bei vielen Journalisten einen Lernprozess ausgelöst. Die gezielten Tabubrüche der NPD-Funktionäre werden zumeist nicht mehr nur skandalisiert, sondern auch als das benannt, was sie sind: Versuche, für Schlagzeilen zu sorgen und der rechtsextremen Basis zu signalisieren: »Wir sind noch da!« Der NPD gelingt es zunehmend seltener, Medien für ihre Zwecke zu instrumentalisieren. Gleichzeitig wächst die offene Aggressivität gegenüber Journalisten weiter. NPD-Multifunktionär Peter Marx umriss die Zwickmühle, in der seine Partei und deren Umfeld stecken, im Juli 2008 im NPD-Blatt *Deutsche Stimme* so:

> Persönlich erachte ich die ständigen Beschimpfungen der Medienvertreter für falsch. Wir sollten uns im Umgang mit Journalisten insgesamt souveräner verhalten. [...] Eine Partei, die in der Bundesversammlung vertreten ist und demnächst im Reichstag sitzt, wird mit den Medien sprechen müssen, um die Öffentlichkeit zu erreichen.

Einerseits beschweren sich NPD-Kader immer wieder über ausgiebige »Hetze« in den Medien gegen die rechtsextreme Partei, dann ist wiederum plötzlich von einem »Medienboykott« die Rede, so auch bei Marx. Diesen Boykott habe man »durch spektakuläre Aktionen« bisweilen durchbrechen können. Und weiter Marx:

> Die Ausreizung aller Möglichkeiten ist bei der feindseligen Ausgrenzung, welche uns in den Landtagen entgegenschlug, überlebenswichtig.

Hier zeigt sich einmal mehr, dass die Rechtsextremisten sehr bewusst getreu dem Motto »Provokation als Prinzip« agieren. Im Internet fällt dies allerdings sehr schwer, da hier Fakten nur einen Mausklick entfernt liegen, verschiedene Behauptungen in Relation gesetzt werden können. Daher gibt sich die NPD auf einigen Seiten gemäßigt – und wird dafür von Google fürstlich belohnt. Bei *Google News*, wo der Internet-Gigant nach eigenen Angaben Nachrichten von Verlegern anbietet, tauchen auch Angebote der NPD auf – zwischen journalistischen Seiten wie *tagesschau. de*, *Süddeutsche Zeitung* oder der *Frankfurter Rundschau*. Eine räumliche oder inhaltliche Trennung fehlt, Hinweise auf nichtjournalistische Quellen – wie die der NPD oder PR-Agenturen –

fehlen. *Google News* ist mitnichten nur ein kleiner Ableger der Suchmaschine, sondern für die Verbreitung von Nachrichten im Netz von großer Bedeutung. Der Chef von *Focus-Online*, Jochen Wegner, freute sich im Fachblatt *Journalist* über die vielen Besucher, die durch Google den Weg zu *Focus-Online* finden – etwa 40 Prozent aller User. Bei anderen großen journalistischen Online-Angeboten dürfte es ähnlich aussehen. Bei vielen Online-Magazinen sind Mitarbeiter damit beschäftigt, das Angebot für die Suchmaschine – und für *Google News* – zu optimieren.

Der Nutzen für die Rechtsextremisten ist offensichtlich: Hier erfüllen sich Träume; völkische Propaganda als akzeptierte Position. Warum die NPD-Meldungen aber die Kriterien von *Google News* erfüllen, ist unbekannt. Google legt die Auswahlkriterien der Quellen nicht offen – auch auf mehrfache Nachfrage nicht. Ein Sprecher begründet die Ausspielung von NPD-Propaganda auf *Google News* gegenüber dem NDR-Medienmagazin *Zapp* damit, dass die NPD keine verbotene Partei sei, man daher nicht zensieren wolle. Doch die Seiten der NPD werden ohnehin in den Suchmaschinen – also auch bei Google – indexiert, sind so für die Öffentlichkeit zugänglich und auffindbar. Warum der Konzern die Propaganda der NPD aber zu Nachrichten kürt – das bleibt unklar. Vor allem, da das Unternehmen den Sinn von *Google News* damit selbst zerstört. Wenn ohnehin nicht ausschließlich journalistische Angebote bei der Nachrichtensuche gescannt werden, kann man auch gleich die normale Google-Suche benutzen.

Für die NPD ist *Google News* zu einem besonders wichtigen Ausspielweg geworden, da sie ihren zahlreichen Internet-Seiten zwar überwiegend ein modernes Design verpasst hat, die Angebote aber ansonsten äußerst statisch wirken, die Inhalte in Funktionärsdeutsch gehalten sind und Interaktion kaum möglich ist. Beispielsweise bot die NPD als Aufmacher ihrer Startseite im Juli 2008 einen Text von Jürgen Gansel an. Dieser befasste sich mit dem Projekt einer »Dresdner Schule« (ein fiktiver rechtsextremer Gegenentwurf eines Think Tanks zur

Frankfurter Schule) – und stammt aus dem Jahr 2005. Wohl aus diesen Gründen halten sich die Besucherzahlen und der Einfluss auf die rechtsextreme Bewegung in Grenzen. Die NPD muss sich immer wieder Kritik wegen ihres Internet-Auftritts gefallen lassen, der auch Ausdruck ihrer kaum vorhandenen Informationspolitik ist. Bei der vollmundig verkündeten Medienoffensive mit einem eigenen Internet-TV-Kanal blieb es wie so oft bei der Ankündigung. Beim NPD-Bundesparteitag 2008 in Bamberg kritisierte die Parteibasis daher die Auftritte im Internet scharf. In dieses Vakuum sind mehrere neonazistische Seiten gestoßen, die nicht von der NPD betrieben werden. Hier wird relativ offen über Erfolge und Misserfolge, über Kandidaturen und Machtkämpfe berichtet und diskutiert. Diese neonazistischen Portale sorgen dementsprechend bei den NPD-Oberen für reichlich Verärgerung. So schrieb NPD-Stratege Jürgen Gansel im November 2008 auf Anfrage des Autors über die Artikel auf der Neonazi-Seite *Altermedia*:

Sie können davon ausgehen, daß wohl jedes NPD-Mitglied schon einmal den Verdacht hatte, daß das Denunziations- und Spaltungsmedium »Altermedia« eine besonders perfide Einrichtung des Verfassungsschutzes ist. Altermedia ist ja längst zur Hauptinformationsquelle der antinationalen Medienschaffenden geworden, die dort alle tatsächlichen oder vermeintlichen Interna finden, die sie für ihre Hetze brauchen. Altermedia desinformiert und verzerrt, es spaltet und zersetzt. Es ist die Dreckschleuder der nationalen Szene, das Hauptforum für Lügen, Intrigen, Spaltungsversuche und persönliche Rachefeldzüge. Die Frage »Cui bono?« ist nur zu leicht zu beantworten. Der zwielichtige Altermedia-Betreiber Möller geht keiner geregelten Arbeit nach, betreibt aber »hauptberuflich« sein Projekt – und das von Hartz IV? Wohl kaum. Altermedia schadet in jeder Hinsicht der nationalen Opposition, weil es stets das Trennende und nicht das Verbindende aller Volkstreuen betont, und hat damit eine systemdienliche Funktion.

Auch hier erklärt die NPD Konflikte zwischen Partei und anderen Neonazis durch Verschwörungstheorien. Der *Altermedia*-Betreiber sei offenbar bezahlt, *Altermedia* eine »besonders perfide Einrichtung des Verfassungsschutzes«. Die NPD macht sich die Welt, wie sie ihr gefällt. Auch im Internet.

10. Vereint im Hass auf alles »Fremde« – die Internationale der Nationalisten

»Waffenbrüder Europas im Bunde für die Freiheit« – neben dieser Parole blicken zwei Wehrmachtssoldaten entschlossen von dem Plakat auf der Bühne des »Fests der Völker« in Thüringen. »Jugend Europa, erhebe dich im Namen aller organisch gewachsenen Völker, für ein freies Europa der Vaterländer«, ruft einer der zahlreichen Redner den mehr als 1000 Neonazis zu. Das »Fest der Völker« – in Anlehnung an einen Film der von Adolf Hitler sehr geschätzten Regisseurin Leni Riefenstahl – gehört zu den wichtigsten Neonazi-Veranstaltungen auf dem gesamten Kontinent. Die NPD und andere Neonazis organisieren das »Fest der Völker« seit 2005 jährlich, um die »Internationale der Nationalisten« zu schmieden. Ein Wallfahrtsort der extremen Rechten Europas mit Rednern aus der Schweiz, Portugal, Belgien, Italien, Spanien, Tschechien, Schweden, Großbritannien und Slowenien. Aus Deutschland spricht NPD-Vize Jürgen Rieger über eine neu zu errichtende Weltwirtschaftsordnung, die nicht wie bisher von einer kleinen Clique in Amerika, den Juden, gelenkt werde. Im Jahr zuvor war Udo Voigt dabei und forderte: »Wer Deutschland nicht liebt, soll Deutschland verlassen!«

Dass allein mit solchen Parolen nicht bis zu 2000 Neonazis nach Thüringen gelockt werden können, weiß die NPD sehr genau. Daher treten Bands wie White Law aus Großbritannien, Brainwash/Mosphit aus Thüringen, Strappo aus Italien oder die deutsche Neonazi-Combo Sleipnir auf. Sleipnir spricht aus, was Voigt mit seiner Parole andeutete. Die Sleipnir-CD »Mein bester Kamerad« wurde von Ermittlern beschlagnahmt, da die Lieder »in menschenverachtender Weise gegen Ausländer« hetzten, indem diese zu Parasiten herabgewürdigt würden, »die kein Recht hätten in Deutschland zu leben«.

Die Band Brainwash kommt trotz Heimvorteils nicht so gut

an beim Publikum. Dem Musik- und Kleidungsstil Hardcore begegnen viele anwesende Nazi-Skinheads mit Unbehagen. Denn besonders »deutsch« wirkt das Ganze nicht. Aber auch der jamaikanisch/britische Skinhead-Kult und die Oi-Musik wurden von den deutschen Rechtsextremisten in den 1980er Jahren angenommen – obwohl kultureller Austausch nach völkischer Lesart eigentlich zu bekämpfen ist. Das Fest der Völker ist auch ein Fest der inhaltlichen Widersprüche.

Den Kampfeswillen bei dieser Veranstaltung soll ein Transparent mit acht Soldaten demonstrieren. Diese tragen Schilde in den Nationalfarben des Deutschen Reichs, Portugals, Spaniens, Italiens, Großbritanniens, Schwedens, Ungarns und der Schweiz – für die »Freiheit Europas«. Wie diese Freiheit aussehen soll, können die Besucher unweit der Bühne an den Infoständen der NPD Thüringen und verschiedener Verbände der Jungen Nationaldemokraten sowie vom »Nationalen Widerstand Berlin« erfahren. Auch der »JN-Frontdienst« bietet seine Waren an, der Handel mit CDs und Devotionalien stellt eine wichtige Einnahmequelle dar.

Das »Fest der Völker« ist für die NPD aber nicht vorrangig aus finanziellen Gründen von Bedeutung. Die Bindung an die Neonazi-Szene, Gemeinschaft vermitteln, die Besucher politisieren, Kontakte verbessern, Bekanntschaften knüpfen, vorhandene Netzwerke ausbauen – das sind die wichtigsten Ziele. Solche internationalen Netzwerke funktionieren am besten auf der persönlichen Ebene, wie das Beispiel des NPD-Funktionärs und langjährigen Neonazis Thorsten Heise zeigt.

Heise, geboren 1969 in Göttingen, ist bereits mehrfach vorbestraft, unter anderem wegen schwerer Körperverletzung, Landfriedensbruchs und Nötigung. Im Jahr 1989 soll er versucht haben, einen Flüchtling aus dem Libanon mit dem Auto zu überfahren, zudem war Heise an Angriffen auf Andersdenkende maßgeblich beteiligt. Er war niedersächsischer Landesvorsitzender der 1995 verbotenen Freiheitlichen Arbeiterpartei (FAP) und Anführer der Kameradschaft Northeim. Nach Einschätzung von Verfassungsschützern spielt Heise seit vielen Jahren eine herausragende Rolle in der Neonazi-Szene. Innerhalb der rechtsextremen Bewegung gerät er allerdings immer wieder in die Kritik, da er bei internen Machtkämpfen, beispielsweise in Thüringen, eine unglückliche Figur abgibt. Heise pflegt gute Kontakte nach Skandinavien, nutzt aber auch CD-Presswerke in Tschechien und der Slowakei. Wegen Volksverhetzung wurde er zu einer Freiheitsstrafe auf Bewährung verurteilt. Nach Überzeugung der Richter hatte er 6000 CDs mit volksverhetzenden Texten der Band »Sturm 18« bei Presswerken in der Slowakei und in Tschechien in Auftrag gegeben, um sie dann in Deutschland zu verkaufen. Der NPD-Funktionär wurde zudem zu gemeinnütziger Arbeit sowie 15 000 Euro Geldstrafe verdonnert. So viel Geld habe Heise mit dem Vertrieb der CDs verdient, begründete das Gericht. Der Richter betonte zudem, es handele sich um »schlimme, widerliche Texte« und Heise sei »unbelehrbar«. Die Zahl 18 im Bandnamen von »Sturm 18« steht für den ersten und den achten Buchstaben im Alphabet, bei Neonazis der Code für Adolf Hitler. Für die NPD offenbar kein Problem: Auch der *Deutsche-Stimme*-Versand, das »nationale Warenhaus«, vertrieb Tonträger der Band. Vorübergehend stand die »Sturm 18«-CD »unbelehrbar« auf der Hitliste beim *Deutsche-Stimme*-Verlag.

In Skandinavien gehört der in Dänemark wohnhafte Neonazi Stephan G. zu Heises Bekannten. G. betreibt die Neonazi-Seite »Nordisches Hilfswerk«, welche beispielsweise »länderübergreifende Fahrten und Feiern« organisiert, um »einen Austausch und lernen der gemeinsamen, germanischen Wurzel zu verwirklichen«. Neonazis profitieren von den weniger strengen Gesetzen in anderen Staaten bezüglich der nationalsozialistischen Agitation. G. weiß dies durchaus zu schätzen: »Die nationalsozialistische Weltanschauung und eine revisionistische Geschichtsschreibung ist in ›unseren‹ Ländern [gemeint sind die skandinavischen, PG] (noch) nicht verboten; und somit legal!« Wie diese revisionistische Geschichtsschreibung aussieht, führt der Neonazi wenig später aus:

... unsere Gegner [...] ermordeten viele Millionen Deutsche nach dem Krieg in Konzentrationslagern oder auf der Flucht aus ihrem angestammten Lebensraum. Später, nach der Besetzung Deutschlands, folgte eine systematische Ausrottung und Unterdrückung aller patriotischen Kräfte und Politiker.

Dummheit oder Wahnsinn: die Deutschen stets als Opfer, Verfolgung und Unterdrückung als Instrument der Alliierten.

Der in Dänemark ansässige G. war möglicherweise ebenfalls an der Produktion von CDs beteiligt, bei internationalen Razzien im August 2008 werden er und ein dänischer Neonazi festgenommen. Die Bundesrepublik stellt einen Auslieferungsantrag, da die Rechtsextremisten 100 000 illegale CDs auf dem Label »Celtic Moon« produziert haben sollen. Den Beschuldigten Flemming C. und Stephan G. wird konkret vorgeworfen, über einen Zeitraum von mehreren Jahren als Verantwortliche des Musikversands »Celtic Moon« illegale Tonträger wie »Kommando Freisler – Geheime Reichssache« finanziert, deren Produktion in Auftrag gegeben und sie anschließend vertrieben zu haben. Dazu hätten sie sich ihrer Kontakte zu einem Mitbeschuldigten in Australien bedient, der die übersandten Masterbänder vervielfältigen ließ und die CDs anschließend nach Dänemark verschickte.

Das Bundeskriminalamt (BKA) spricht nach den Razzien von einer international koordinierten Aktion, die den vorläufigen Höhepunkt der mehr als dreijährigen Ermittlungen des BKA darstelle. Damit sei der rechtsextremen Musikvertriebsszene in ihrem vermeintlich »sicheren Vertriebsgebiet«, in Skandinavien, ein empfindlicher Schlag versetzt worden. Denn aufgrund entsprechender Rechtshilfeersuchen führten auch die Behörden in Finnland unter BKA-Beteiligung Durchsuchungsmaßnahmen bei mehreren Verdächtigen durch, die verantwortlich für den illegalen CD-Versandhandel »Werwolf Records« sein sollen. Auch dieser Personenkreis soll in Kontakt zu den Hintermännern der »Celtic Moon«-Verantwortlichen stehen – sowie zu dem NPD-Bundesvorstandsmitglied Heise. Auch über Verbindungen von G. und weiteren Kadern zu der internationalen Neonazi-Organisation »Blood & Honour«, die in Deutschland verboten ist, berichten skandinavische Fachblätter immer wieder. Auch Heise wurde dem B&H-Netzwerk zugerechnet – und es gab bereits mehrere Razzien bei dem NPD-Funktionär. Heises Anwesen in Fretterode wurde mehrmals von Ermittlern durchsucht: Beamte des Bundeskriminalamts stießen dabei unter anderem auch auf drei Waffen. Bei einer anderen Razzia suchte das Landeskriminalamt Thüringen nach CDs, die auf dem Cover das Symbol einer SS-Division zeigen.

Bei der Vernetzung der extremen Rechten spielt Musik eine überragende Rolle, denn auch wenn es die Neonazis nicht wahrhaben wollen: Kultur, wenn man diese Musik denn so bezeichnen möchte, kennt keine Grenzen. Die politische Botschaft soll der Musik folgen, so die Strategie der Rechtsextremisten. Im Begleittext zu einer Tournee von einschlägig bekannten Musikgruppen heißt es beispielsweise:

Europa ist in Verzweiflung. Es verliert seine Identität aufgrund der Immigration und des Amerikanismus. Unsere Jugend wird durch »Brot und Spiele« (Mc Donalds und Mtv) ruhig gehalten während vergangene Generationen ihren Kampf schon lange aufgegeben haben und ihre Köpfe vor Scham verbergen. [...] 4 revolutionäre Bands haben ihre Kräfte vereinigt, um die Botschaft von Einheit, Identität und Aktion zu verbreiten. Die kommende European Revolution Tour 2007 soll ein Startpunkt für die Pan-Europäische Kooperation sein und eine Zündung für eine neue Welle von nationalistischen Gegenaktionen. Europa ist unsere Zukunft, Europa ist unser Erbe.

Die Bands bei dieser Tour sind *Carpe Diem* aus Baden-Württemberg, *Brigade M* aus den Niederlanden, *Fraction* aus Frankreich sowie *ZetaZeroAlfa* aus Italien. Das Konzert in Deutschland wurde auch im Online-Kalender der NPD beworben – die

Partei spielt vor allem bei der Anmeldung von Musik-Veranstaltungen eine wichtige Rolle, wie eben auch das »Fest der Völker« zeigt, das auch für die Neonazi-Bands die Chance bringt, vor einem größeren Publikum zu spielen. Trotz seiner immensen Bedeutung ist der Widerstand gegen dieses Neonazi-Event überschaubar, Proteste bleiben regionalen linken Gruppen überlassen. Nur im Jahr 2006, als die Fußball-Weltmeisterschaft in Deutschland stattfand, sorgte das geplante Nazi-Festival überregional für Schlagzeilen – und wurde wegen der Überlastung der Polizei verboten. Als es zu dieser Zeit um das Ansehen Deutschlands im Ausland ging, wurden mehrere geplante Neonazi-Veranstaltungen übernervös, fast hysterisch, beobachtet und massiv überbewertet. Hier zeigt sich: Der Kampf gegen Rassismus und Neonazis ist weiterhin oft Standortpolitik.

Beim »Fest der Völker« treffen sich Geschäftemacher und politische Soldaten, Mitläufer und Funktionäre – eine völkische Messe, auf der die Zusammengehörigkeit der »weißen Rasse« zelebriert, das »weiße Europa« beschworen und das »weiße Gesetz« (White Law) realisiert werden soll. Wer zu dieser angeblichen »Menschenrasse« gehört, erscheint allerdings variabel, die Kriterien wurden seit der Nazi-Barbarei von den geistigen Erben etwas aufgeweicht. Während in der NS-Zeit Osteuropäer noch als »Untermenschen« galten, pflegen Neonazis mittlerweile eine enge Zusammenarbeit mit Organisationen in Staaten wie Russland, Rumänien oder der Ukraine. Besonders die Organisation Blood & Honour leistet hier Pionierarbeit, die auch im Sinne der Neuen Rechte ist – auch wenn B&H klar neonazistisch ausgerichtet ist. Doch die Sektionen in Russland gehören zu den aktivsten und stärksten, beim zehnten Jubiläum von B&H in Russland traten auch deutsche Bands wie Oidoxie aus Nordrhein-Westfalen auf.

Diese subkulturell geprägten Kooperationen sollen auch auf ideologischer und organisatorischer Ebene umgesetzt werden. Deutsche Rechtsextremisten streben ein internationales, völkisches Bündnis gegen den liberalistischen Westen an, sie träumen von einer Achse Berlin-Moskau. Im September 2008 nahm NPD-Multifunktionär Jens Pühse laut einem Bericht einer russischen Internet-Seite an einem Kongress in Moskau teil. Unter dem sperrigen Titel »Konferenz des Organisationskomitees für die Vorbereitung des internationalen Forums der nationalistischen Organisationen« trafen sich im Weißen Saal des Zentralen Hauses der Journalisten in Moskau Rechtsextremisten aus mehreren Staaten, darunter George Dimitroulias, Leiter der internationalen Abteilung der Bewegung »Golden Dawn« aus Griechenland, sowie Pühse und weitere Aktivisten. Bei der Pressekonferenz hing über den Köpfen der Teilnehmer ein Transparent mit der Aufschrift:

We must secure the existence of our people and a future for white children. (Wir müssen die Existenz unserer Völker und die Zukunft der weißen Kinder sichern.)

Dabei handelt es sich um die in internationalen Rassisten-Kreisen bekannten »14 Words«, neben der 18 für Adolf Hitler, der 28 für Blood & Honour und der 88 für Heil Hitler gehört die 14 zu den häufigsten Zahlencodes, die auftauchen. Die Zahlenspielchen gehen aber noch weiter. Ein anderer »14-words«-Slogan zur Erweiterung des ersten geht so:

Because the beauty of the White Aryan woman must not perish from the earth. (Weil die Schönheit der weißen arischen Frau nicht von der Erde verschwinden darf.)

Damit immer noch nicht genug, die erstgenannte Parole wurde von dem amerikanischen Rechtsterroristen David Lane aus einem 88 Worte umfassenden Absatz aus Hitlers »Mein Kampf« abgeleitet. Dieser Absatz steht im ersten Band, Kapitel 8 – also noch eine 18. Weitere Zahlencodes und andere rechtsextreme Symbole werden auf der Internet-Seite »Das Versteckspiel« erklärt. So albern diese Zahlenspiele auch wirken mögen, das

Wirken von David Lane war weniger lustig: Als Mitglied einer rassistischen Terrorgruppe war er 1984 an der Ermordung des Radiomoderators Alan Berg beteiligt. Bergs »Vergehen«: er war Jude. Wegen dieser Tat und weiterer Verbrechen wurde Lane zu 190 Jahren Haft verurteilt, im Mai 2007 starb er im Alter von 69 Jahren im Bundesgefängnis Terre Haute, Indiana.

Die NPD vermeldete übrigens kein Wort zu dem Treffen in Moskau, das unter dem Motto eines amerikanischen Rechtsterroristen stand – obwohl die Achse Berlin-Moskau schwer im Kommen ist. Auch beim Krieg im Kaukasus schlägt sich die NPD bedingungslos auf die Seite Russlands. Obwohl sich die Partei sonst wenig um internationale Politik schert, veröffentlichte sie zu dem Konflikt nicht weniger als vier Stellungnahmen. Die NPD denkt in einfachen Kategorien: Gut und Böse. Da die USA schon böse sind, muss Russland gut sein. Rechtsextremisten handeln gerne nach dem Motto »Der Feind meines Feindes ist mein Freund!«. Dabei wird der deutsche Angriffskrieg auf die Sowjetunion zum Irrtum erklärt, denn eigentlich sei Russland – in Anlehnung an Carl Schmitt – ein »natürlicher Verbündeter«, der sich gegen »raumfremde Mächte« zur Wehr setze. Auch zum Wahlsieg Putins Ende 2007 meldete sich die NPD zu Wort. Mit dieser Wahl sei

die Voraussetzung dafür geschaffen, daß in Russland weiterhin eine stabile, an den nationalen Interessen dieses Staates orientierte Politik betrieben wird, damit Russland nicht zum Spielball der amerikanischen Ostküste und – meist nicht-russischer – Oligarchen wird.

Die Kritik von Kanzlerin Angela Merkel an den Verhältnissen in Russland bezeichnete die NPD als Fettnäpfchen: Merkel hatte angeprangert, dass die Wahlen nicht fair verlaufen waren – und dieses nur, so die NPD, »weil die Medien unter Kontrolle stünden, und die Meinungsvielfalt nicht gewährleistet sei. Eine beispiellosere Heuchelei« gebe es wohl nicht, schimpften die

Rechtsextremisten, denn die »Gleichschaltung der Medien in der Bundesrepublik« sei »längst vollzogen«.

Nach der jüngsten Rangliste der Organisation »Reporter ohne Grenzen« hat sich in Russland die Situation für Journalisten seit dem Amtsantritt von Präsident Dimitri Medwedjew kaum verändert. Die Massenmedien stehen nach wie vor unter staatlichem Einfluss, Journalisten müssen mit Übergriffen, Drohungen und Schikanen rechnen. Russland liegt in der Rangliste auf Platz 141. In Deutschland (Platz 20) gibt es von den Reportern ohne Grenzen Punktabzug für Regelungen, die den Quellenschutz gefährden, sowie wegen der gewalttätigen Übergriffe auf Journalisten durch Neonazis.

Übrigens war es der Hamburger Neonazi-Anwalt Jürgen Rieger, der die Stellungnahmen zu Russland verfasste, im NPD-Bundesvorstand wird er als »Leiter des Referats Außenpolitik« geführt. Rieger, der nach eigenen Angaben im Jahr 1969 sein erstes Buch mit dem Titel ›Rasse – Ein Problem auch für uns!‹ veröffentlichte, unterstützte auch die Neonazi-Demonstration am 1. Mai 2008 in Hamburg maßgeblich – auf dieser Demonstration wurden mehrere Reporter von Neonazis bespuckt, geschubst, getreten, geschlagen und beraubt – was von den Reportern ohne Grenzen thematisiert wurde.

An diesem 1. Mai in Hamburg konnten die deutschen Neonazis einer großen Öffentlichkeit wieder einmal zeigen, welches Destruktionspotenzial in ihrer Bewegung steckt. In Russland wird die Raserei der rechtsextremen Schläger hingegen fast nie unterbunden: Wahrscheinlich weit mehr als 100 Menschen wurden im Jahr 2008 in Russland durch rassistische Schläger getötet. Beobachtern zufolge werden vor allem aus Zentralasien stammende Menschen von Neonazi-Skinheads angegriffen. Aber auch politische Gegner werden attackiert und ermordet. Ein Moskauer Journalist, der sich gegen Rechtsextremismus engagiert, wurde im November 2008 von einer antifaschistischen Gruppe nach Deutschland geholt, da er auf der Todesliste von Neonazis steht. Ein Freund des Journalisten war zuvor bereits ermordet worden. Eine deutsche Mitarbeiterin der »Aktion Sühnezeichen« in Moskau berichtete zur gleichen Zeit von Bedrohungen und einem Steckbrief in Neonazi-Foren. Ein NPD-Kader kommentierte die Berichte über die Drohungen gegen die »Aktion Sühnezeichen« im Internet erfreut: »Na endlich regt sich Widerstand gegen diesen ekligen Schuldkult! Danke nach Rußland!«

Neben Russland unterhält die NPD enge Kontakte nach Spanien, zu den Falangisten, also den Nachfolgern der Faschisten, sowie nach Griechenland, Tschechien, Skandinavien, den Benelux-Staaten, Italien, Bulgarien und Ungarn. So pilgern deutsche Neonazis alljährlich nach Budapest, um an einer Kundgebung zum Gedenken an die Waffen-SS teilzunehmen. Nach dem Aufmarsch im Jahr 2007 zeigten zwei damalige Vorstandsmitglieder des NPD-Landesverbands Bayern bei einem Konzert den Hitler-Gruß und brüllten antisemitische Parolen: »Wir stellen die jüdische Drecksau, zum letzten entscheidenden Schlag! (…) Juden raus!« Auch hochrangige Parteifunktionäre wie Udo Voigt oder Eckart Bräuninger waren schon bei dem Gedenken an die Mörderbanden der Waffen-SS in Budapest dabei. Und zu dem Aufmarsch in Budapest im Jahr 1999 schrieb die Bundesregierung im Jahr 2001:

Zum Gedenken an die gefallenen Soldaten der »Waffen-SS« fanden sich auf dem Gelände der Budaer Burg ca. 500 ungarische und ausländische Rechtsextremisten zu einer Kranzniederlegung zusammen. Neben Rednern aus Ungarn, Tschechien, der Slowakischen Republik, Serbien und Großbritannien betraten auch zwei deutsche Rechtsextremisten das Podium und hielten eine kurze Ansprache, in der sie des »Heldenmuts« der Waffen-SS gedachten und zum gemeinsamen Kampf gegen den Bolschewismus aufriefen. Die Veranstaltung war von starken Polizeikräften abgesichert. Mit etwa 120 Personen stellten die deutschen Teilnehmer das stärkste ausländische Kontingent.

Auch am 15. März, dem ungarischen Nationalfeiertag, marschieren ungarische Rechtsextremisten regelmäßig und liefern sich Straßenschlachten mit der Polizei. Im Jahr 2008 bewarfen rechtsextreme Randalierer die Polizei mit Brandsätzen, mindestens 21 Menschen wurden festgenommen, drei Polizisten verletzt, mehrere Polizeifahrzeuge von Brandsätzen getroffen. Einige hundert Demonstranten mit Kapuzen und schwarzer Kleidung waren zuvor aus einer Demonstration von etwa 2000 Rechtsradikalen ausgeschert, die gegen Ministerpräsident Ferenc Gyurcsány protestierten. Die Gewalttäter schlugen einen Fotografen, bedrohten Journalisten. Die Polizei empfahl den Anwohnern der Demonstrationsstrecke, nicht vor die Tür zu gehen. Die Randalierer versuchen zudem immer wieder, die Feiern zur Erinnerung an die gescheiterte Revolution von 1848 zu stören.

Im Juni 2008 attackierten tschechische Rechtsextremisten die Teilnehmer der ersten größeren Homosexuellenparade in Tschechiens Geschichte. Lokale Medien berichteten von mindestens 20 Verletzten, nachdem Rechtsextremisten die rund 500 Teilnehmer der Regenbogenparade in Brünn mit Tränengas angegriffen hatten. In Prag wollten 2007 am Jahrestag der Pogromnacht Neonazis durch ein jüdisches Stadtviertel marschieren. Dies wurde gerichtlich verboten, allerdings kamen trotzdem etwa 400 Neonazis in die tschechische Hauptstadt, um unangemeldet zu demonstrieren. Mehrere tausend Menschen stellten sich den Antisemiten entgegen, dabei kam es auch zu Schlägereien, bei denen mehrere Nazis verletzt wurden. Auch dutzende Rechtsextremisten aus Deutschland, besonders aus Sachsen, waren zu der judenfeindlichen Demonstration ins Nachbarland gereist.

Neonazis aus Deutschland und Tschechien pflegen freundschaftliche Kontakte, die Kooperationen werden enger. Die Verbindung zu Gleichgesinnten in der Bundesrepublik sei für die rund 5000 Mitglieder zählende rechtsextreme tschechische Szene wichtig: »So können sie sich als gleichberechtigte arische Elite fühlen«, erklärte der tschechische Rechtsextremismusforscher

Miroslav Mares von der Universität in Brno (Brünn) dem Fachmagazin *blick nach rechts*. Deutsche Neonazis gelten als Berater und Vorbilder der tschechischen Neonazi-Szene. Die meisten Konzepte tschechischer Neonazis sind von ihren deutschen Vorbildern übernommen. Deutsche Neonazis wiederum nehmen Waffenkäufe vornehmlich in Tschechien vor. Auch an einer illegalen Veranstaltung der tschechischen Neonazi-Partei Delnicka Strana (DS, Arbeiterpartei) nahmen im August 2008 mehrere Vertreter der NPD teil. Der Mitarbeiter der sächsischen NPD-Fraktion Per Lennart Aae überbrachte dabei offizielle Grüße. Auch Katrin Köhler, die Vorsitzende des NPD-Kreisverbands Chemnitz, die für die NPD-Frauen-Organisation »Ring Nationaler Frauen« auftrat, war vor Ort, genau wie Carola Holz vom RNF, die für den NPD-Landesverband Sachsen-Anhalt »die besten Kampfesgrüße« übermittelte. Im November 2008 kam es in der tschechischen Stadt Litvínov zu heftigen rechtsextremen Ausschreitungen. Zehn Polizisten und sechs Zivilpersonen müssen im Krankenhaus behandelt werden, nachdem etwa 500 Neonazis versucht hatten, in ein von Roma bewohntes Viertel zu marschieren. Die Polizei konnte sie zwar daran hindern, doch richtete der braune Mob große Sachschäden an und warf Molotow-Cocktails und Pflastersteine.

Der Wissenschaftler Ondrej Cakl verlangt wegen dieser Vorfälle eine Fachkonferenz, um zu untersuchen, warum rechtsextreme Ideen unter jungen Tschechen so populär sind. Seinen Angaben zufolge sind in Tschechien seit dem Zusammenbruch des Kommunismus 1989 etwa 30 rassistisch und ethnisch motivierte Morde begangen worden. Allein 2007 wurden 26 rechtsradikale Aufmärsche, Demonstrationen oder Konzerte registriert. In Osteuropa sind die Rechtsextremisten ohnehin auf dem Vormarsch, oft wird dies mit den Transformationsprozessen nach dem Zusammenbruch des Kommunismus erklärt. Doch auch in Griechenland gibt es eine starke rechtsextreme Strömung. In Athen kam es im November 2008 zu Schlägereien zwischen Rechtsextremen, Migranten und Autonomen. Anlass war eine Demonstration im Stadtteil Agios Panteleimon gegen die angeblich gestiegene Kriminalität in dem Viertel. Unter die Demonstranten mischten sich Rechtsextreme, die wahllos Migranten angriffen. Mehrere hundert linksgerichtete Autonome eilten den bedrängten Ausländern zur Hilfe, ein Augenzeuge berichtete: »Es war ein Schlachtfeld. Hunderte Menschen flohen in Panik aus der Region. Rechtsextreme, Migranten und Autonome schlugen sich die Köpfe ein.«

NPD-Kader tauchen bisweilen in Griechenland auf – unter anderem, um die deutsche Besatzungsgeschichte während des 2. Weltkriegs umzudeuten. Im Februar 2007 reiste eine NPD-Delegation dorthin. »Die NPD-Abordnung, die vom NPD-Parteivorsitzenden Udo Voigt angeführt wurde, verbrachte drei Tage in der griechischen Hauptstadt, wobei politische und persönliche Kontakte zwischen europäischen Nationalisten – neben den Vertretern der NPD waren auch spanische Falangisten der Einladung der griechischen Gastgeber gefolgt – vertieft werden konnten«, vermeldet die NPD. Im Januar 2006 besuchten Voigt und eine NPD-Delegation unter anderem eine deutsche Kriegsgräberstätte: »Mit Eintragungen in das Friedhofsbuch verließ dann die NPD-Delegation nachdenklich und innerlich aufgewühlt diese deutsche Heldengedenkstätte«, schrieb die NPD dazu.

Neben dem sonnigen Griechenland zieht es die NPD-Oberen auch nach Italien – mit gutem Grund, denn dort verwirklicht die Forza Nuova (Neue Kraft), was die NPD gerne hätte. Zwar erzielt die FN bei Wahlen ähnlich schlechte Ergebnisse wie die NPD im Westen Deutschlands, dennoch gilt sie als vitaler rechtsextremer Akteur mit immer neuen Ansätzen. Die Forza Nuova wurde im Jahr 1997 von Roberto Fiore und Massimo Morsello, zwei ehemaligen Mitgliedern der italienischen Terrororganisation »Terza Posizione« (Dritte Position), in London gegründet. Beide hatten Italien verlassen, da sie wegen eines Bombenanschlags von italienischen Ermittlern mit Haftbefehl gesucht wurden. Erst im März 1999 konnten sie nach Italien zurückkehren. In ihrem Exil bauten sie durch die Eröffnung von

Sprachschulen und Pensionen ein Unternehmen auf, dessen Gewinne für die politische Arbeit genutzt wurden. Die FN arbeitet seit Jahren eng mit der NPD zusammen. Sie unterstützte um die Jahrtausendwende nach Angaben der damaligen Bundesregierung ihre deutschen Gesinnungsgenossen gegen das drohende Parteiverbot. Doch Anfang 2001 wurde die FN selbst Objekt einer Verbotsdiskussion. Auslöser hierfür war ein Bombenanschlag am 22. Dezember 2000 auf die Redaktionsräume der Tageszeitung *Il Manifesto*. Rechtsterroristen hatten bereits zahlreiche Anschläge in Italien verübt, allein in Bologna starben im Jahr 1980 mehr als 80 Menschen bei einem Bombenattentat. Der Attentäter des Anschlags auf die Redaktion von *Il Manifesto*, Andrea Insabato, soll Medienberichten zufolge Mitglied der FN und zeitweise eine Art Schatzmeister der Partei gewesen sein. Der notorische Holocaust-Leugner Horst Mahler, vorübergehend auch in der NPD organisiert und Verteidiger der Partei im Verbotsverfahren, nahm nur wenige Monate vor dem Anschlag im Juli 2000 als Gastredner an einem Treffen der FN teil und referierte über seine Zeit als Angehöriger der RAF.

Neben dem Austausch solcher eher praktischen Erfahrungen spielt die Ideologie eine große Rolle. Schon der Faschismus Mussolinis leistete Pionierarbeit, was die Adaption linker Aktionsformen und Ideologiefragmente anging. Heute verfolgen die italienischen Neofaschisten weiterhin einen dritten Weg – zwischen Moskau und Washington. Robert Fiore entwickelte bereits bei der Terza Posizione seine dritte Position zwischen Marxismus und Kapitalismus, die Grenzen zwischen links und rechts sollten fallen, Volk und Führer vereinigt werden. Fiore verbreitete die Idee, eine revolutionäre Avantgarde zu formieren, die sich an den Eckpfeilern Tradition, nationale Unabhängigkeit, Militanz und Antiimperialismus orientiert, wie die Soziologin Karin Priester im *Eurozine* es beschrieb. Und weiter:

Man glaubt, die Stimme der neulinken Ikonen Antonio Negri und Michael Hardt zu hören, aber es ist die Stimme Roberto Fiores und seiner »Kameraden« von der TP im Kampf für die »Volksrevolution« gegen den »multinationalen Koloss«. Die TP geht »ins Volk«, an die Arbeitsplätze, in die Stadtviertel, Schulen, Vorstädte, aufs Land, um nicht nur den »Volkszorn« zu teilen, sondern die Menschen durch Protest zu politisieren, zu erziehen, zu organisieren, bis sie eine Persönlichkeit mit eigener Würde und Identität ausbilden und von der Masse zum »Volk« werden. Im Sinne des anarcho-syndikalistischen Theoretikers Georges Sorel gelte es, revolutionäre Inseln einer Gegenmacht zu bilden, »regelrechte kleine Staaten«, die, untereinander vernetzt, auf nationaler Ebene als organisatorischer Gegenpol zur bestehenden Macht fungieren.

Gegen die »merkantile Oligarchie« im Verbund mit dem ausländischen Imperialismus muss das Volk Autonomie, Freiheit und Unabhängigkeit erringen, aber nicht mehr als Bourgeois oder Proletarier, sondern als »Menschen«, die durch Gemeinschaftssinn, soziale Gerechtigkeit und eine eigene Kultur miteinander verbunden sind. Revolution heißt nicht nur die Umwälzung der politischen Institutionen, sondern vor allem Kulturrevolution. Der »neue Mensch« im Sinne der TP wird nicht mehr der in seinem privaten Egoismus eingeschlossene Massenmensch sein, sondern der »Mensch als Teil des Volkes«.

Da die NPD kaum fähige Vordenker in ihren Reihen hat, sind solche Impulse aus dem Ausland nicht zu unterschätzen. Rechtsextreme Publizisten wie Jürgen Schwab greifen solche Ideen auf und versuchen, sie in den eigenen Reihen populär zu machen. Durch den Austausch von Ideen und Gedanken können Rechtsextremisten ihre Ideologie also modifizieren – obwohl sie solche Einflüsse von außen eigentlich ablehnen. Hinzu kommen aber auch ganz praktische Probleme bei der Kooperation mit Rechtsextremisten aus anderen Ländern, beispielsweise die Sprache. So schreibt der rechtsextreme Bewegungsunternehmer Christian

Worch im September 2008 nach einem Aufmarsch in Dortmund fast entschuldigend:

> Zusätzlich zu den sonstigen Aufgaben kam noch hinzu die Koordination und Betreuung ausländischer Kameradengruppen. Diese waren aus insgesamt sechs europäischen Nationen angereist: Belgien, Bulgarien, England, Frankreich, die Niederlande und Tschechien. Zu den insgesamt acht Rednern auf der Auftaktkundgebung und den zwei Zwischenkundgebungen gehörten Kameraden aus Bulgarien, England, den Niederlanden und Tschechien. Damit herrschte zwischen den nicht deutschsprachigen Rednern und den deutschsprachigen ein Verhältnis von genau eins zu eins. (Wobei unser holländischer Kamerad lobend zu erwähnen ist, weil er seine Ansprache in deutsch hielt; wegen der großen Ähnlichkeit beider germanischer Sprachen fiel ihm dies naturgemäß relativ leicht.) Berücksichtigt man, daß Herbert Schweiger und Gottfried Küssel als Bürger der Republik Österreich de jure auch Ausländer sind, obwohl sie dem deutschen Volke angehören, wäre insofern gesehen der Anteil tatsächlich oder pro-forma ausländischer Redner gegenüber den (bundes-)deutschen sogar drei zu eins gewesen. Die weiteren Redner waren Veranstaltungsleiter Dennis Giemsch und meine Wenigkeit.

Und NPD-Funktionär Thomas Wulff, der sich gerne nach dem Nazigeneral »Steiner« benennt, brüllte bei einer Demonstration ins Mikrofon – obwohl viele Neonazis aus dem Ausland und insbesondere Osteuropa anwesend waren:

> Uns verbindet nicht nur der Kampf um die Freiheit unserer Völker, uns verbindet auch der gemeinsame Ruck des deutschen, des arischen, des nordischen [!] Widerstandes.

Da die Sache mit den Genen und der Arier-Zugehörigkeit zwischen den Rechtsextremisten aus Spanien, der Ukraine, Skandinavien, Deutschland, Griechenland, Italien und Russland offenbar noch einmal diskutiert werden muss, hält man sich so lange an den gemeinsamen Feinden fest. Der »Westen« und selbstverständlich die Juden. Dabei können die europäischen Antisemiten auf Unterstützung im Nahen Osten bauen. Bereits im Frühjahr 2001 sollte in Beirut eine Konferenz über die »Geschichte« des Holocaust stattfinden. Organisiert wurde das Treffen von einem rechtsextremen amerikanischen Institut, das sich seit Jahren darum bemüht, die internationale Szene der Holocaustleugner zu vernetzen. Als Redner war neben dem französischen Holocaustleugner Robert Faurisson auch Horst Mahler eingeladen, damals prominentes Mitglied der neonazistischen Partei NPD, heute wegen seiner Hitler-Grüße und antisemitischen Hasstiraden Dauergast in deutschen Gerichtssälen. Das erklärte Ziel der Veranstalter bestand darin, den Austausch mit arabischen Aktivisten zu suchen, um den gemeinsamen Feind ins Visier zu nehmen. Der Franzose Robert Faurisson appellierte in seiner Rede an die arabische Welt, die Leugnung des Holocaust als Waffe im Kampf gegen Israel für sich zu entdecken. Wörtlich sprach er davon, dass die Leugnung des Holocaust »die Atomwaffe der Armen« sei.

Die Konferenz von Beirut wurde allerdings verboten, doch die Reden waren im Internet nachzulesen. Mit ihrem Ansinnen dürften die Holocaust-Leugner bei Mahmud Ahmadinedschad und anderen iranischen Politikern offene Türen eingerannt haben. Und so organisierte der Iran Ende 2006 in Teheran eine Holocaust-Konferenz. Ahmadinedschad wurde zum Star der deutschen Neonazis und Revisionisten, die den Präsidenten auch um »humanitäre Hilfe« baten. So soll ein bekannter Holocaust-Leugner in einem offenen Brief an den iranischen Botschafter in Deutschland um finanzielle Unterstützung für seinen Gesinnungsfreund Ernst Zündel gebeten haben. Unterstützung erhalten die europäischen Revisionisten auch aus Australien, wo der deutschstämmige Frederik Toben das »Adelaide-Institut« führt und Schriften von Holocaust-Leugnern im Internet veröffentlicht.

Etwas sachlicher hingegen agieren die rechtsextremen Abgeordneten im EU-Parlament – zumindest wenn es um die eigenen Interessen geht. Doch die Nationalisten scheitern bisher oft an ihrer eigenen Kernkompetenz, dem Fremdenhass. Erstmals seit dreizehn Jahren konnten sie im Jahr 2007 nach der Aufnahme Rumäniens in die EU wieder mehr als 20 Abgeordnete stellen – und so eine eigene Fraktion bilden: die »Identität, Tradition und Souveränität« (ITS). Doch schon nach wenigen Monaten war wieder Schluss, da mehrere Abgeordnete, unter anderem aus Rumänien, ihren Austritt erklärten. Damit schrumpfte die Fraktion der Rechtsextremisten von 23 auf 18 Abgeordnete zusammen – und sie verloren den Fraktionsstatus wieder, denn 20 ist die minimale Anzahl dafür. Somit kamen den Rechtsextremen wichtige Privilegien abhanden: Beispielsweise erhalten die Abgeordneten ohne Fraktionsstatus weniger Geld für ihre Mitarbeiter und werden von den wichtigen Sitzungen der Fraktionspräsidenten ausgeschlossen. Außerdem gibt es weniger Redezeit im Parlament. Der Vorsitzende der Sozialdemokratischen Fraktion im Europäischen Parlament, Martin Schulz, meinte, die ITS habe eindeutig keine gemeinsame politische Zielsetzung gehabt. Die Fraktion sei nur ein »Sammelsurium von Extremisten mit diametral entgegengesetzten Zielen«. Das einzige gemeinsame Ziel sei es, »an die Töpfe zu kommen«. Allerdings, so Schulz, sei es nur »eine Frage der Zeit gewesen, bis sich diese Internationale der Extremnationalisten gegenseitig zerfleischen« würde.

Hintergrund des Austritts der rumänischen Abgeordneten war paradoxerweise das Thema, welches die rechtsextreme Fraktion eigentlich inhaltlich verbindet. Die Abgeordneten der Großrumänien-Partei begründeten ihren Schritt mit den Äußerungen ihrer bisherigen Fraktionskollegin Alessandra Mussolini aus Italien. Die Enkelin des ehemaligen Diktators Benito Mussolini habe nach dem Mord an einer Italienerin, für den ein Rumäne verantwortlich gemacht wurde, das »rumänische Volk beleidigt« und eine »fremdenfeindliche Haltung« eingenommen, so die rumänischen Abgeordneten. Denn nach Mussolinis

Ansicht hätten die in Italien lebenden Rumänen »Gesetzesbruch zu ihrer Lebensart gemacht«.

So erleben die Rechtsextremisten in ihrer Internationalen der Nationalisten auch einmal am eigenen Leib, dass der Spruch »Alle Menschen sind Ausländer – fast überall« zwar ziemlich abgedroschen ist – aber eben doch der Wahrheit entspricht.

Theorie und Praxis: Gegenstrategien

11. Brauner Kleinkrieg

> In unseren Reihen sind Freundschaft, Zusammenhalt, Kamerad-
> schaft und Gemeinschaft nicht bloß leere Worte. Wir leben, füh-
> len und handeln danach. Kamerad und Freund zu sein, ist der
> Geist, der unsere Gruppe leitet.

Mit dieser wenig bescheidenen Selbsteinschätzung wirbt die
»Kameradschaft Kurpfalz« für sich. Doch mit der vorgeblichen
Kameradschaft oder sogar Freundschaft scheint es nicht weit
her zu sein. »Auffällig ist, dass Aussteiger so gut wie nie von
Freundschaft sprechen«, so Reinhard Koch, Leiter der Arbeitsstelle Rechtsextremismus und Gewalt (ARuG) der Bildungsver-
einigung Arbeit und Leben in Braunschweig. Dafür sei die Szene
viel zu aggressiv – »gerade auch nach innen«, erklärt Koch in
der Broschüre »Rechtsabbieger«, die unter anderem vom NDR
initiiert wurde. »Das Verhalten untereinander ist oft hochgradig
feindselig.« Obwohl die Szene Kameradschaft geradezu zwang-
haft idealisiere, sei sie nach innen oft wertlos, da das gegensei-
tige Misstrauen groß sei. »Fast jeder kennt Straftaten des anderen, aus der Mitwisserschaft resultieren Kontrolle, Drohungen
und Gewalt – und im Umkehrschluss natürlich auch Angst«, so
Koch. »Das schweißt die Szene zusammen. Nicht Freundschaft.«
Auch Aussteiger Martin (Name geändert) meint über die »Kameraden« von einst: »Das ist alles eine große Lüge. Sie erzählen
einem viel, aber sie leben gar nicht danach.«
   Die Journalistin Andrea Röpke beschäftigt sich mit den
Frauen in den Neonazi-Cliquen (siehe auch Kapitel »›Von der
Wiege bis zur Bahre‹ – die rechtsextreme Parallelwelt«) und
führte dazu auch Gespräche mit weiblichen Aussteigern. Die
nach außen propagierte »nationale Kameradschaft« entpuppe
sich vor allem für weibliche Szene-Mitglieder als Mythos, berichtet Nicole, eine der Aussteigerinnen. »Wenn einer seiner

schwangeren Frau in den Bauch boxt, dann gucken die anderen nur weg.« Heute wisse sie, dass es kaum Solidarität unter Neonazis gebe. »Die jungen Mädchen sind nur Sexualobjekte«, meint die 25-jährige Cindy. In ihrer damaligen Skinhead-Clique in der ostdeutschen Provinz seien die »Mädels« zwischen den Glatzen »herumgereicht« worden, erzählt sie. Aufgrund ihres Übergewichts sei sie selbst für die Kameraden unattraktiv gewesen. Sie »durfte« sich stattdessen um typisch weibliche Aufgaben kümmern, sie organisierte Rechtsrock-Konzerte in entlegenen Hallen, kassierte Eintrittsgelder und sorgte sich um Kameraden mit Problemen. Mit Gewaltaktionen driftete ihre Clique immer weiter in die Kriminalität ab. An einem Brandanschlag auf ein Flüchtlingsheim beteiligten sich auch zwei junge Mädchen aus der Gruppe. Die Männer betrieben zudem Versicherungsbetrug in größerem Ausmaß und nahmen Drogen.

Lügen, Drohungen und Probleme mit der Justiz prägen aber nicht nur den Alltag in vielen Neonazi-Cliquen, sondern gehören auch zum Repertoire der rechtsextremen Organisationen. Geradezu verzweifelt appellieren beispielsweise die »Jungen Nationaldemokraten« an Mitglieder und Sympathisanten, ein drogenfreies, gesundes Leben zu führen, um mit klarem Kopf für den Kampf bereit zu sein.

Kein Wunder, die Schlammschlachten in der Bewegung sind legendär; mal geht es um zwielichtige Geschäfte, Schulden, veruntreutes Geld, dann um Frauen, angebliche Homosexualität, mögliche jüdische Vorfahren oder auch den Klassiker: angebliche Kooperation mit dem Verfassungsschutz. Dieser Keule bediente sich NPD-Generalsekretär Peter Marx in der Auseinandersetzung mit den aufstrebenden »Autonomen Nationalisten«. Marx wiederum wurde immer wieder selbst gerüchteweise in Verbindung mit V-Mann-Tätigkeiten genannt, zudem wurde ihm in Neonazi-Foren mehrmals »vorgeworfen«, er sei Jude. Auch NPD-Spitzenfunktionär Andreas Molau sah sich mit solchen »Anschuldigungen« konfrontiert.

Marx wollte übrigens von seinem Vorwurf gegenüber den

»Autonomen Nationalisten« wenig später nichts mehr wissen. Kein Wunder, das Aufkommen der »Rechtsautonomen« sorgt für beachtliche Spannungen in der NPD und Machtkämpfe in der Bewegung. »Autonome Nationalisten« präsentieren den alten Hass in neuen Kleidern, es sind junge Neonazis, die sich als linke Autonome verkleiden und auch deren Ausdrucksstil und Aktionsformen kopieren. Diese »Rechtsautonomen« in und im Umfeld der NPD – auch »Freie Nationalisten« genannt – haben ihren Einfluss in der Bewegung deutlich ausgebaut. In den meisten NPD-Landesverbänden geht nichts mehr ohne sie; sowohl im Wahlkampf als auch bei Aufmärschen – die NPD ist auf diese ultra-radikalen Kräfte angewiesen. Und viele von ihnen sympathisieren mit den »Autonomen Nationalisten« – oder definieren sich mittlerweile selbst als solche.

Das bringt Probleme mit sich, denn schließlich bemüht sich die NPD nach außen um ein bürgerliches Auftreten, um Wähler und auch Mitstreiter aus der Mittelschicht für sich zu gewinnen. Je nach regionalen Begebenheiten bezeichnet die NPD entweder die Linkspartei oder die CDU/CSU als wichtigsten politischen Konkurrenten. Doch wo die NPD auch immer meint, Stimmen abfischen zu können: Bei potenziellen NPD-Wählern aus dem kleinbürgerlichen Milieu gelten die »Autonomen Nationalisten« als »Bürgerschreck«. Parolen wie »Europa – Jugend – Revolution« oder »Fuck Authority!« sowie »Schwarze Blöcke« auf Demonstrationen kommen bei Vorstadtbewohnern, Besitzstandswahrern und Kleinunternehmern überhaupt nicht gut an. Das weiß auch Udo Voigt, der deshalb die Geister, die er durch die Öffnung der Partei für militante Neonazis gerufen hat, nicht loswerden, aber zumindest unter Kontrolle bringen will. Doch dies misslingt zunehmend, mit jedem Machtkampf werden die »Autonomen Nationalisten« selbstbewusster.

Im Sommer 2007 bestimmten sie in Frankfurt am Main erstmals bei einem größeren NPD-Aufmarsch das Geschehen und das Außenbild der Demonstration. Zudem hielten sie sich nicht an die Vorgaben der NPD-Ordner, was laut Augenzeugen sogar zu Handgreiflichkeiten führte. Damit ist das Maß für die Parteispitze voll. Sie benötigte die jungen Neonazis zwar, um sich der Öffentlichkeit als junge und aktive Partei präsentieren und flächendeckend Wahlkämpfe führen zu können, doch an die vorgegebenen Spielregeln soll sich der Nachwuchs gefälligst halten. Daher veröffentlichte das Parteipräsidium eine deutliche Distanzierung von den »Autonomen Nationalisten«. In einem Interview mit dem rechtsextremen Blatt *Hier und Jetzt* stellte Udo Voigt klar:

> Nicht alles ist revolutionär, was sich so bezeichnet. Ich bin nicht der Meinung, daß man sich den Anspruch, modern und revolutionär wirken zu wollen, dadurch erkaufen kann, daß man Erscheinungs- und Kleidungsformen der altbackenen Antifa nachahmt. [...] Nicht verbieten kann man zweifellos unsere innere Haltung, die nach außen wirkt. Das nennen wir Persönlichkeit, doch die ist in schwarz vermummten Menschen nicht erkennbar. [...] Vertreter eines »Schwarzen Blocks« sind für die breite Masse unseres Volkes keine Sympathieträger und können auch nicht glaubhaft mit ihrem Aussehen und Verhalten eine neue Ordnung vertreten, die deutsche Werte einfordert. [...] Wir brauchen Führungskräfte und keine Kleiderfetischisten. Die bedeutendste und konsequenteste Organisation der nationalen Kräfte im besetzten Deutschland ist ohne Zweifel die NPD. Ein Nationalrevolutionär, der diese Partei durch Verleumdung, Verächtlichmachung oder Verweigerung zur Mitarbeit schwächt, hat sich – vielleicht ungewollt – doch unweigerlich auf die Seite der Konterrevolutionäre begeben.

»Kleiderfetischisten als Konterrevolutionäre« – klare Worte. Doch die NPD-Spitzen hatten das Kräfteverhältnis zu ihrem eigenen Nachteil falsch eingeschätzt. Im Internet füllten sich die Neonazi-Foren mit zahlreichen Beiträgen und Positionspapieren, die Parteispitze wurde ausführlich und wüst beschimpft. Hier zeigt sich anschaulich, was es bedeutet, dass die rechtsextreme Bewegung in Deutschland vielschichtiger wird, sich ausdifferenziert: noch mehr Kleinkriege und Machtkämpfe zwischen politischen Strömungen und verschiedenen Subkulturen. Wären das intellektuelle Niveau in der rechtsextremen Bewegung nicht so niedrig und die grundlegende Gewaltbereitschaft nicht so ausgeprägt, könnte man fast von Realos und Fundis sprechen – doch dieser Vergleich hinkt zu sehr. Nur um die Struktur der Konflikte darzustellen, sei dieser Hinweis auf die 1980er Jahre gestattet.

Rund 25 Jahre nach dem Grünen-Aufbruch bis in die Bundesregierung haben wir es mit einer reaktionären sozialen Bewegung in Deutschland zu tun – und die NPD-Parteiführung sitzt zwischen den Stühlen: Da die Partei im Vorfeld der niedersächsischen Landtagswahl im Januar 2008 auf die »Freien Nationalisten« bzw. »Autonomen Nationalisten« angewiesen war, legte die NPD-Führung um Udo Voigt und Generalsekretär Marx synchron eine beeindruckende Rückwärtsrolle hin: Beim pompös aufgezogenen Wahlkampfauftakt in Hannover wollte sie von ihrer Distanzierung zu den »Autonomen Nationalisten« nichts mehr wissen. Sogar die szenetypischen Anstecker (Badges) hefteten sich Voigt und Marx an ihre Jackets, um die Verbundenheit mit dem Schwarzen Block und den »Autonomen Nationalisten« zu demonstrieren. Fehlten nur noch Windjacken und ein völkisch-korrekter Rap, mit dem sich die Funktionäre bei den jungen Kadern anbiedern könnten. Bizarr. Der Auftritt von Voigt und Marx zeigte nicht die erwünschte Wirkung, heizte den Richtungsstreit intern sogar weiter an. In einem Beitrag für die NPD-Zeitung *Deutsche Stimme* schrieb der sächsische Landtagsabgeordnete Jürgen Gansel:

Im Land gibt es eine bisher richtungslose antikapitalistische Sehnsucht, die in nationale Protestbahnen gelenkt werden muß – das heißt konsequent gegen Zuwanderung, EU-Fremdbestimmung und Globalisierung zu richten ist. Das gelingt nur, wenn die nationale Solidar- und Gerechtigkeitsbewegung vernünftig im Ton und zivil im Auftreten ist und jedes sektiererhafte oder pubertäre Bürgerschreck-Gehabe unterläßt. »Autonome Nationalisten« mit ihrem antifaschistischen Krawall-Habitus schwächen dabei nur die Position des nationalen Antikapitalismus, weil dessen normaldeutsche Adressaten massiv verschreckt werden.

Eine strategische Sackgasse: Die Öffnung zur militanten Neonazi-Szene verschreckt bürgerliche Wähler, die möglicherweise (!) ihr Kreuz bei der NPD machen würden. Die bürgerlichen Rechtsextremisten sammeln sich im Westen bereits in neuen bürgerlichen rechtsextremen Parteien – und die NPD-Führung bleibt konsequent inkonsequent. Da sie von ihrem eigenen Vor- und Zurücksetzen innerhalb des Wendehammers dieser Sackgasse ablenken will, greift sie zu der in rechtsextremen Kreisen immer wieder beliebten Unterstellung, das »System« versuche – aus Angst vor der NPD – Streit in die Bewegung zu tragen. Man lasse sich jedoch »nicht durch den politischen Gegner auseinanderdividieren und steht auch weiterhin unbeirrt zur Zusammenarbeit mit allen konstruktiven freien« Kräften, hieß es nun in einer Erklärung. Jetzt sollte also durch den relativierenden Einschub »konstruktiv« die Möglichkeit geschaffen werden, zwischen guten und schlechten »freien Kräften« zu unterscheiden oder die Kooperation im Bedarfsfall wieder einzustellen.

Ein Kurs, der höchst umstritten ist. Jürgen Schwab war Redakteur bei der NPD-Zeitung *Deutsche Stimme*, kehrte der Partei aber den Rücken zu, da diese nicht nationalrevolutionär ausgerichtet sei. Er beschreibt das Agieren der NPD im Interview mit dem Autor so:

Die NPD schwankt ständig – einem Alkoholiker gleich – zwischen Pseudoradikalismus und bürgerlicher Anpassung, je nachdem wie stark die gesellschaftliche und staatliche Repression wirkt. Um die jugendlichen Revoluzzer bei der Stange zu halten, läßt man Hitler hochleben, im Parlament angekommen nennt man die BRD »unsere Demokratie«. Dies wechselt – je nach Konjunktur – ständig ab. Auf den Vollsuff folgt der Katzenjammer, dem wieder

der Vollsuff folgt. Man muß scheinbar die Dosis erhöhen, um die »Neonazis« geil zu machen, man muß dann aber auch wieder die bürgerliche Öffentlichkeit beschwichtigen, um einem Verbotsverfahren vorzubeugen und potentielle bürgerliche Bündnispartner nicht zu verschrecken.

Innerhalb der NPD wird weiterhin heftig darüber gestritten, wer den richtigen Kurs fährt. In Sachsen-Anhalt legte sich im Herbst 2008 der gesamte Landesverband im Zuge dieser Auseinandersetzungen selbst lahm, in öffentlichen Debatten warfen sich verfeindete Gruppen innerhalb der Partei gegenseitig fehlende Radikalität vor. Das Ende einer Ära sei in Sicht, orakeln die zurückgetretenen Funktionäre, denn: »Eine revolutionäre Partei braucht keine Reform, sie braucht Revolution.« Die Strategie der Rechtsextremisten ist zwar langfristig angelegt – Stichwort »Kampf um die Köpfe« –, doch auch Neonazi-Führer Christian Worch weiß, dass für dieses langfristige Ziel vor allem kurzfristige Erfolge nötig sind. Der strukturelle Konflikt zwischen Bürgerlichen und Militanten sei

allenfalls durch politische Erfolge zu lösen; nichts ist anziehender als der Erfolg. Indes ist das lustigerweise fast eine contradictio in se, ein Widerspruch in sich selbst, weil eben der strukturelle Konflikt politische Erfolge teilweise verhindert ...

In der Tat, die Erfolge der italienischen Rechtsextremisten zeigen dies: Der NPD-Verbündete Robert Fiore, Generalsekretär der Europäischen Nationalen Front, ist in der Forza Nuova engagiert. Diese ist in Wahlbündnissen mit der Alternativa Sociale sowie mit Casa delle Libertà vereint. Hier marschieren tatsächlich rechtsbürgerliche Kräfte mit Neonazis gemeinsam auf. Dies erträumen sich auch viele NPDler, so soll die »Volksfront von rechts« aussehen, doch in der Realität toben Macht- und Flügelkämpfe; nicht nur wie bereits erwähnt in Niedersachsen und Sachsen-Anhalt, sondern auch in allen anderen Bundesländern.

NPD und militante Neonazis sind dabei so eng miteinander verwoben, dass Beobachter bisweilen kaum erkennen können, wer eigentlich die Richtung vorgibt. Die Frage sei, ob »die NPD überhaupt noch handlungsfähig ist – oder nur noch von den jungen Nazis getrieben wird«, meint der Experte Andreas Klärner von der Universität Rostock. Auch andere Beobachter sehen eher eine Übernahme der NPD durch junge Neonazis als eine erfolgreiche Integration, von der die NPD-Spitze gerne berichtet. In einigen Ländern verliert die NPD mittlerweile massiv Mitglieder, da die jungen Neonazis mit dem Kurs der Partei nicht mehr einverstanden sind und keine Möglichkeiten sehen, diesen zu ihren Gunsten zu korrigieren. In Bayern verlassen wichtige Kader der Neonazi-Szene vorzeitig den Landesparteitag Ende 2008, dabei zerstechen sie angeblich sogar noch an einigen Autos der bisherigen Kameraden die Reifen. In Sachsen erklären ebenfalls Ende 2008 mindestens dreizehn NPD-Funktionäre den Austritt aus der Partei, darunter mehrere Kommunalabgeordnete, sodass Teile der Basis in einigen Regionen regelrecht wegbrachen.

Doch auch nach Wahlerfolgen, so wie bei den Kommunalwahlen in Berlin im September 2008 oder in der rechtsextremen Hochburg Sachsen, werden schnell Vorwürfe gegen die Mandatsträger öffentlich vorgetragen. Diese »verbonzten« und seien nicht radikal genug. Zudem erweist sich die Kommunalpolitik zumeist als recht ungeeignet als Propagandabühne, kaum Zuschauer, kaum Medienberichterstattung, dafür viel kleinteilige Sachpolitik (siehe auch: »Rechtsextremer Aufmarsch in den Parlamenten«). Nichts, was die NPD sonderlich interessiert. Und die Neonazis auf der Straße noch viel weniger. Während Landtagsabgeordnete und deren Mitarbeiter durch eine Wiederwahl ihre berufliche Existenz sichern wollen, steht den »Autonomen Nationalisten« und anderen Neonazis der Sinn nach Straßenkampf. Christian Worch schrieb in diesem Zusammenhang auf der Krawall-Neonazi-Seite *Altermedia*:

Die NPD als Gesamtheit zeigt wohl einmal mehr, daß sie nicht genau weiß, was sie will. Oder daß sie Dinge gleichzeitig will, die schwerlich vereinbar sind. Die Vorstellung, daß eine Partei wie die NPD das große, gemeinsame, wärmende Dach für das ganze »nationale Lager« sein könnte, ist illusorisch.

Die NPD probiert dies aber immer wieder, ihr Anspruch heißt »Volksfront von rechts«, das Konzept sieht die gemeinsame Front von militanten Neonazis über die Neue Rechte bis zu rechtsnationalen Kreisen vor. Bislang reicht es aber hauptsächlich nur zur Integration von Neonazis wie Norman Bordin, dem Gründer der »Kameradschaft Süd«, unter anderem vorbestraft wegen eines brutalen Skinhead-Überfalls auf einen Griechen. Wie vorliegende Bilder zeigen, trägt er auf seinem Bauch eine Tätowierung »100 % Aryan« – »100 Prozent arisch«. Bordin brachte die NPD-Oberen einmal mehr in die Bredouille, als er sich ungeschickterweise bei einem Rechtsrock-Konzert in Budapest beim Grüßen des »Führers« sowie dem Brüllen antisemitischer Hetzparolen hat filmen lassen. Die NPD-Führung distanzierte sich zwar öffentlich, Konsequenzen gab es aber keine, schnell verschwand eine Erklärung zu den Vorfällen wieder von den NPD-Seiten. Nur die Macht der (Fernseh-)Bilder hatte die NPD-Funktionäre gezwungen, sich öffentlich zu positionieren; die Neonazi-Szene wertete dies größtenteils als Schwäche, einige erkennen zumindest die Strategie dahinter an. So schrieb der Neonazi Thomas Brehl zum »Fall Bordin«:

Als Norman Bordin in die NPD eintrat (zu diesem Zeitpunkt war er auch noch KDS-Mitglied [Kampfbund Deutscher Sozialisten, PG]), wußte die Partei doch ganz genau, wer er ist und wie man ihn politisch verorten muß. Was er außerhalb des räumlichen Geltungsbereichs des Grundgesetzes (also im Ausland) und privat macht, ist doch ganz allein seine Sache. Norman Bordin ist ein politischer Kämpfer mit Ecken und Kanten, kein Zweifel, aber ich habe ihn stets als aufrechten Streiter für seine Überzeugungen kennengelernt. Was will denn die Partei? Das bringt die Volksfront nunmal mit sich! Es reicht doch, wenn die Systemmedien jetzt auf Bordin einschlagen, da muß sich doch der Marx nicht noch einreihen. Es gibt ungezählte NPD-Mitglieder, die daheim ihr Führerbild hängen haben aber in der Öffentlichkeit einen auf Superdemokrat machen. Aber wehe, wenn sie losgelassen und nach dem vierten Bier das Dritte Reich hochleben lassen. Hauptsache es sieht keiner ... Da sind mir echte Kerle wie Bordin schon lieber, da weiß man, wo man dran ist und das sollte eigentlich auch der Partei viel lieber sein.

Eine interessante Innenansicht. Christian Worch sieht die Sache hingegen wie gewohnt weit pragmatischer:

Wer sich überhaupt auf eine Parteimitgliedschaft einläßt, sich gar in einen Vorstand wählen läßt, von dem wird man wohl auch erwarten dürfen, daß er die Interessen der Partei im Hinterkopf behält. Der Anspruch auf Loyalität ist ein wechselseitiger. Eine Partei besteht hauptsächlich zu dem Zweck, Leute in Parlamente zu entsenden, damit sie dort das wenige an Mitsprachemöglichkeit ausüben, das einer radikalen Opposition im Parteiensystem der BRD überhaupt möglich ist. Zu diesem Zweck braucht man Wähler. Und wenn Parteifunktionäre irgendwo im Ausland, wo das im Gegensatz zu hier offenbar nicht verboten ist, mit solchen Aktivitäten auffallen, dann bringt das bestimmt keine Wählerstimmen, sondern kostet welche.

Aus parteilicher Sicht hat also eher Peter Marx recht als Udo Voigt, wenn Voigt – möglicherweise um des innerparteilichen Friedens willen – meint, daß ihm das schnurzpiepegal ist. Und wenn man nicht Voigt und Marx als einzelne Personen beziehungsweise führende Funktionäre der NPD betrachtet, sondern »die NPD« als fiktive Gesamtheit, dann ist die Partei eben ein wenig schizophren.

Ein weiteres beliebtes Konfliktthema sind Demonstrationen.

Seit Jahren wird debattiert und gestritten: über die Zahl der Aufmärsche, die Mottos und das Auftreten der Teilnehmer. Auch die Besetzung der Rednerliste birgt Potenzial für Gezänk. Das Aufkommen der Aktionsform »Autonome Nationalisten« und der ehrgeizigen Kader dahinter hat diese Debatten dramatisch verschärft. So sorgte beispielsweise ein Aufmarsch im Juni 2008 in Herford für Spannung in der Bewegung, da der Landesverband der NPD den Aufruf von »regionalen freien Kräften« nicht unterstützte. Die JN »Stützpunkt Herford« antwortete auf die Einladung durch einen der Organisatoren.

Heil dir, bitte entschuldige die verzögerte Antwort, aber wir mussten noch mit einigen Kameraden und dem LV Rücksprache halten. Grundsätzlich stehen wir einer Demonstration, auch in unserer Heimatstadt, offen gegenüber. Allerdings haben die Erfahrungen mit den letzten Demonstrationen in OWL uns gezeigt, das diese nur mit umfangreicher und hochwertiger propagandistischer Vorarbeit und vorallem einer absolut disziplinierten und ordentlich auftretenden Teilnehmerschaft überhaupt Sinn machen. Beides scheint bei den zu erwartenden Teilnehmern, (Skinheads ...) nicht gewährleistet. Aus O.g Gründen und entsprechender Anweisung des Landesvorstandes werden wir die Demonstration am 30.06.07 NICHT unterstützen.
Allerdings gibt es ja auchnoch andere Maßnahmen, dem Bürger unsere Anliegen im Bezug auf unsere politischen Gefangenen näherzubringen. Eine Mahnwache mit Verteilung entsprechendem Propagandamaterials wäre, vor allem da mit geringem und besser kontrollierbarem Personalaufwand durchführbar unserer Meinung nach eine echte Alternative.
Mit Kameradschaftlichen Grüßen Die Stützpunktleitung

Während die »Autonomen Nationalisten« wegen ihres »Überengagements« bei den NPD-Strategen für Nervosität sorgen, gelten viele Nazi-Skinheads als wenig diszipliniert, dazu noch dem Alkohol zugeneigt – und stehen entsprechend weit unten in der Hierarchie. Dies trifft selbstverständlich nicht auf alle zu – aber auf viele.

Jürgen Gansel, der von einer intellektuellen NPD träumt, schimpft offen über das Fußvolk. Im November 2008 sprach er von »unbelehrbaren und politikunfähigen NS-Eseln«, bei einer Demonstration in Sachsen kam es deswegen zum Eklat zwischen »Politbonzen« – so nannten die militanten Neonazis die NPD-Führungsriege – und NPD-Funktionären. Auch in der Fraktion knallte es gehörig. Der parlamentarische Mitarbeiter Peter Naumann, ein Ex-Terrorist, schlug Gansel ins Gesicht – wegen einer »politischen Streitfrage«, wie der Fraktionssprecher einräumen musste. Eine Wirtshausschlägerei im Landtag zwischen den Kameraden, die eine »Volksfront« aufbauen und so die ganze Welt retten wollen – und noch nicht einmal Einigkeit zwischen zwei Lagern erreichen können, die im Prinzip nur Zentimeter voneinander entfernt sind. Das Destruktionspotenzial und die Konfliktunfähigkeit der rechtsextremen Ideologie machen das möglich.

Die »unbelehrbaren NS-Esel«, die Nazi-Skinheads: sie sind das Fußvolk, das mit Rechtsrockkonzerten und billigem Bier bei Laune und der Stange gehalten werden soll, ihre Cliquen sind subkulturell geprägt, neben Politik spielen hier Themen wie Musik, Partys, Tattoos, Outfits und Kleinkriminalität eine gewichtige Rolle. Besonders in Bundesländern wie Sachsen-Anhalt hat der Rechtsextremismus eine subkulturelle Prägung, viele Gewalttaten zeigen die Undiszipliniertheit.

Dementsprechend bewegt sich die Motivation, ständig an Demonstrationen teilzunehmen, bei denen wegen der polizeilichen Auflagen und Protesten von Antifaschisten oft stundenlang herumgestanden wird und bei denen Alkohol streng verboten ist, in diesen Kreisen oft auf niedrigem Niveau. Daher debattieren die Strategen, wie hoch die richtige Dosis an Aufmärschen sei, was den Kameraden zuzumuten sei, welche Themen ziehen. Weiterhin geht es bei der Anmeldung von Aufmärschen auch um Einfluss und Prestige, hier zeichnet sich auch des Öfteren ein Ost-West-Konflikt bzw. Konkurrenz zwischen überregional agierenden Kadern ab. Beispielsweise ließen Neonazis aus Sachsen den Hamburger Christian Worch im Juli 2007 mit gerade einmal 37 anderen Rechtsextremisten durch Leipzig ziehen. Worch sprach danach von Boykott, nannte Namen von sächsischen Neonazi-Kadern, die offen gegen seine Veranstaltung gearbeitet haben sollen. Worch zog als Konsequenz aus dem Desaster die Anmeldungen für 15 Demonstrationen in Leipzig zurück, der Neonazi hatte zuvor bis 2014 pro Jahr jeweils zwei Aufmärsche geplant. Worch rief im Jahr 2001 erstmals zu einer Demonstration in Leipzig auf, seither marschierte er dort jedes Jahr am 1. Mai und 3. Oktober. Die Zahl der Teilnehmer an seinen Demonstrationen schwankte dabei zwischen 38 über einige hundert bis zu mehr als 2000 Rechtsextremisten. Den insgesamt 17 Aufmärschen stellten sich stets bis zu mehrere tausend Menschen entgegen, die die Neonazi-Demonstrationen häufig zum Stillstand und Abbruch brachten. Auch die Stadt Leipzig versuchte, durch Auflagen die Neonazi-Demonstrationen zu erschweren. Worch wollte gegen diese Widerstände ankämpfen: juristisch, durch Ausdauer und Präsenz. Andere Neonazis werteten diese Strategie als sinnlos, zu zermürbend, nicht motivierend genug für die Basis – und als einen Ego-Trip des alternden Neonazi-Führers aus Hamburg. Sie ließen Worch daher ins Leere bzw. fast allein laufen.

Auch innerhalb der NPD verlaufen zahlreiche Konfliktlinien, beispielhaft waren diese in Sachsen zu beobachten: Wessis gegen Ossis, Alteingesessene gegen ambitionierte Nachwuchskräfte, Mandatsträger gegen Straßenkämpfer. Dazu kommen normale persönliche Abneigungen und Streitigkeiten, Konkurrenzsituationen um Posten und Einfluss. Diese lassen sich aber weniger systematisch erkennen; das Wissen über persönliche Abneigungen zwischen verschiedenen Funktionären kann zwar die Recherche erleichtern, für die Entwicklung von wirksamen und sinnvollen Gegenstrategien sind sie aber zu vernachlässigen, da sie keine verlässliche Größe darstellen. Die strategische Sackgasse der Rechtsextremen zwischen Bürgerlichkeit und Militanz öffnet hingegen durchaus Möglichkeiten zur Intervention, doch dafür müsste sich die Öffentlichkeit – Politik, Initiativen, gesellschaftliche Institutionen – auch die Mühe machen, zwischen den Akteuren zu differenzieren: Selbst ernannte »politische Soldaten« der JN, die sich in der Tradition der SA sehen, dürfen kein Jugendzentrum zur Verfügung gestellt bekommen, gewaltbereite, aber nicht ideologisch gefestigte Skinheads brauchen hingegen möglicherweise niedrigschwellige Angebote, um praktische Lebenshilfe zu erhalten – vorerst ohne politischen Anspruch. Somit kann möglicherweise auch der Stellenwert und Einfluss der Neonazi-Clique verringert werden. Die rechtsextreme Bewegung in der Bundesrepublik stellt sich vielschichtig dar, zunehmend heterogen, angriffs- sowie streitlustig. Die öffentliche Debatte über Rechtsextremismus ist all dies nicht.

12. Der K(r)ampf gegen Rechts

Als erstes Bundesland will Mecklenburg-Vorpommern Rechtsextremisten an Kandidaturen bei Bürgermeister- und Landratswahlen hindern. Dazu soll das Kommunalwahlgesetz geändert werden, kündigte Innenminister Lorenz Caffier (CDU) im Spätherbst 2008 an. Wahlausschüsse sollen künftig bei begründeten Zweifeln an der Verfassungstreue von Bewerbern Auskünfte vom Verfassungsschutz anfordern können. Sollten sich die Zweifel bestätigen, fehle die Voraussetzung für ein Wahlamt und damit auch für die Zulassung zur Wahl, hieß es zur Begründung. Eine Regelanfrage für alle Bewerber sei aber nicht geplant, versprach Caffier. Schon 2007 hatte der Minister in einem Erlass festgelegt, dass zu den Direktwahlen nur Bewerber zugelassen werden, die verbindlich ein Bekenntnis zur freiheitlichen demokratischen Grundordnung abgeben. Daraufhin wurden 2008 drei NPD-Mitglieder von Wahlen ausgeschlossen.

Keine rechtsextremen Kandidaten, keine rechtsextremen Wahlerfolge – so einfach geht das also. Oder eben auch nicht. So nachvollziehbar der Wunsch erscheint, die Neonazis von den öffentlichen Futtertöpfen fernzuhalten – die demokratischen Regeln müssen eingehalten werden. Das Problem sind nicht die rechtsextremen Kandidaten, sondern die Bürger, die solchen Kandidaten ihre Stimme geben. Das Problem wird nicht kleiner, nur weil NPD-Kandidaten bei Kommunalwahlen nicht antreten dürfen. Ein möglicher Wahlerfolg der Rechtsextremisten wird zwar so verhindert, doch die NPD-Anhänger bleiben. Das Problem verschärft sich in Bezug auf diese Gruppe sogar noch, weil viele Bürger beispielsweise in Ostvorpommern gar nicht sehen, wo das Problem mit der NPD liegt. Sie kennen die jungen freundlichen Herren, die Flugblätter verteilen und der älteren Dame die Einkaufstaschen nach Hause tragen. Die Parolen für mehr Gemeinschaft und gegen die Globalisierung kommen gut an. Warum sollen diese Leute nicht bei Wahlen antreten dürfen? Dazu das Gerede über Demokratisierung und Zivilgesellschaft – damit können die wenigsten etwas anfangen. Da fallen die NPD-Parolen über eine »korrupte und antideutsche Politikerkaste«, die zugunsten der internationalen Konzerne die Interessen der Bürger vernachlässigt, auf fruchtbaren Boden. Und daher kann es sich die NPD in der Märtyrer-Ecke bequem machen und von hier aus gegen die – in Anspielung an die Volkskammer der DDR – »Block-Parteien« polemisieren. Bei vielen Wählern bleibt so der Eindruck hängen: Das ist tatsächlich gar keine echte Demokratie.

Autoritäre Lösungsvorschläge sind populär – und sie kommen auch aus anderen Bundesländern. Sachsen-Anhalt will rechtsextreme Internet-Seiten sperren lassen. Innenminister Holger Hövelmann (SPD) legte dem Kabinett eine Liste von 231 entsprechenden Internetseiten vor. Hövelmann empfahl Schulen, Bildungs- und Jugendfreizeiteinrichtungen, den Zugriff auf diese zu blockieren. Hövelmann warnte zudem erneut davor, dass das Internet für Rechtsextremisten eine bedeutende Plattform sei, um ihre Ideologie zu verbreiten sowie Anhänger und neue Sympathisanten zu mobilisieren. Das ist zutreffend, doch verfügen Jugendliche nicht nur in der Schule und in Freizeiteinrichtungen über Internet-Zugänge. So billig es klingen mag: Aber hier wird tatsächlich der Reiz des Verbotenen geschaffen. Die NPD gab ihren Schulhof-CDs bereits den Untertitel: »Der Schrecken aller linker Pauker«.

Bei diesem Vorstoß handelte es sich nicht um den ersten zweifelhaften Vorschlag aus Sachsen-Anhalt. Aus dem Bundesland kam auch die Initiative, rechtsextreme Straftaten härter zu bestrafen. Das Problem: Bislang wurde kaum das Strafmaß ausgeschöpft, von der mangelnden Strafverfolgung durch die Polizei ganz zu schweigen. Nach diversen Skandalen in Sachsen-Anhalt sollte eigentlich eine zentrale Beschwerdestelle bei der Polizei eingerichtet werden. Mitglieder der Beschwerdestelle sollten Vertreter des Innenministeriums, des Hauptpersonalrates der Polizei, des Landespräventionsrates, der »Mobilen Opferberatung« und des »Weißen Rings« sein, erklärte Hövelmann im März 2008. Der Minister wollte »die gesellschaftlichen Kräfte« einbeziehen, die »ein legitimes Interesse an einer leistungsfähigen, effektiven, demokratisch verankerten Polizei haben«. Das Gremium sollte zudem »Prüfungs- und Vorschlagsrechte« haben. Kritik kam von Grünen und Linkspartei: Die Unabhängigkeit eines solchen Gremiums sei so nicht gegeben. »Es kann nicht sein, dass eine solche Stelle von Weisungen des Innenstaatssekretärs abhängig wäre«, hieß es von den Grünen. Die Linkspartei sprach von einer »Postverteilungsstelle«, bei der man seine Eingaben auch gleich an den Innenminister richten könnte. Das Magdeburger Innenministerium räumte denn auch ein, dass es sich um einen Kompromissvorschlag handele. Eigentlich brauchte eine unabhängige Stelle für eine wirksame Arbeit auch Ermittlungsbefugnisse, die ihr per Gesetz zugestanden werden müssten. Dafür fehlte eine parlamentarische Mehrheit, weil sich die CDU als Koalitionspartner der SPD gegen die Vorschläge sträubte. Vorbild für Sachsen-Anhalt könnte die Institution des »Police Ombudsman« in Nordirland sein, meinten hingegen die Grünen. So sollten verloren gegangenes Vertrauen und die Glaubwürdigkeit der Polizei wiederhergestellt werden. Ob es dazu kommen wird, bleibt unklar.

Dabei gehören allgemeine Mitbestimmungs- und Kontrollrechte zu den wichtigsten Merkmalen einer demokratischen Gesellschaft – gerade in Bezug auf Institutionen wie die Polizei oder auch die Schule. Mit Verboten und Vorschriften kann keine Demokratie gestaltet werden. Demokratie bedeutet gemeinsam diskutieren und entscheiden, auch streiten. All dies wird so nicht erreicht. Zudem befördern autoritäre Vorschläge – wie die ständige Debatte über das NPD-Verbot oder über härtere Strafen – den Eindruck, gesellschaftliche Probleme ließen sich durch einen starken Staat schnell und nachhaltig lösen. Ein Irrtum.

Zudem steht die Politik in der Verantwortung, endlich auf Stereotypisierung von bestimmten Minderheiten und die ethnische Erklärung von Konflikten zu verzichten. Ein Paradebeispiel stellt die sogenannte Ausländerkriminalität dar. Angeblich sind Ausländer öfter straffällig als Deutsche. Dabei stellen sich mehrere Fragen: Wer sind eigentlich diese Ausländer? Der skandinavische Tourist, der im Vollrausch eine zünftige Kneipenschlägerei auf dem Hamburger Kiez anzettelt? Oder der hier geborene Türke, der sich nie als gleichberechtigtes Mitglied dieser Gesellschaft fühlen durfte und wie viele Jugendliche wegen Kiffens Ärger mit der Polizei hat? Oder der Asylbewerber, der gegen die vollkommen unverhältnismäßigen Auflagen verstoßen hat und unerlaubt mit der S-Bahn von Schleswig-Holstein nach Hamburg gefahren ist, um dort Freunde zu treffen? Oder ist es der islamistische Terrorist, der die Anschläge von New York vorbereitet hat? Die Kategorie »Ausländer« bringt keine sinnvollen Aufschlüsse über Täter, Taten und Motivation – vor allem nicht, wenn man nicht berücksichtigt, wie alt beispielsweise die Täter sind, aus welchem sozialen Umfeld sie stammen usw. Die ethnische Kategorisierung zeigt deutlich die vollkommen undifferenzierte Herangehensweise. Selbstverständlich benehmen sich türkische Jugendliche bisweilen wie kleine Arschlöcher, aber nicht, weil sie Türken sind – bzw. de jure und de facto Deutsche, aber sie werden zumeist wie Türken behandelt –, sondern weil sie sich genau wie ihre Altersgenossen einfach pubertär-asozial verhalten. Patriarchalische Traditionen verstärken diese unangenehmen Verhaltensmuster noch – übrigens eine interessante Parallele zum Rechtsextremismus, genau wie der in einigen Migranten-Gruppen verbreitete Antisemitismus.

Um konstruktiv über gesellschaftliche Probleme zu diskutieren und diese verantwortungsvoll anzugehen, muss eine sachliche Analyse stattfinden. Kampagnen gegen »kriminelle Ausländer« – wie die von *Bild*-Zeitung und Roland Koch im hessischen Wahlkampf 2007/2008 – spalten die Gesellschaft und ermutigen Rechtsextremisten, ihre völkische Ideologie offensiver zu verbreiten. Denn wenn dies in den Zeitungen steht, scheint es ja zu stimmen, heißt es dann.

Die NPD knüpft ständig an verbreitete Ängste vor »Überfremdung« und an Vorurteilen gegen Migranten an. Auch hier wäre es Aufgabe der Mehrheitsgesellschaft und der politisch Verantwortlichen, endlich offen und ohne völkische Konnotation über dieses Thema zu diskutieren. Professor Klaus Bade, das »Urgestein« der Migrationsforschung in der Bundesrepublik, sagte in einem Interview mit dem Autor:

> Wir brauchen einen selbstbewussten und pragmatischen Umgang mit diesen Fragen. Die klassischen Einwanderungsländer verstehen Einwanderung als Hilfe von außen, die man durch entsprechende Steuerungssysteme erfolgreich gestaltet. In Deutschland gilt Einwanderung nach wie vor weithin als eine Bedrohung von außen, die im Inneren vorzugsweise soziale Probleme verursacht. Soziale Probleme, die es tatsächlich in diesem Bereich gibt, sind aber nicht das Ergebnis von Zuwanderung als solcher, sondern die Quittung für jahrzehntelange eklatante Mängel in Zuwanderungssteuerung und Integrationsförderung.

Fremdenfeindlichkeit ist vor allem bei Menschen verbreitet, die Angst vor neuen und ungewohnten Situationen haben. Diese entstehen oft bei der Begegnung mit Migranten. Bade meint dazu:

> Integration ist keine fröhliche Rutschbahn in ein buntes Paradies, sondern ein mitunter anstrengender Lernprozess für beide Seiten. Er kann in den Lebensformen mit Gewinnerfahrungen, aber eben auch Verlusterfahrungen verbunden sein. Wer diesen Lernprozess verweigert und mit einem unhistorischen, statischen Gesellschaftsbild lebt, kann leicht zum Feind von Einwanderung und Einwanderern werden.

Bürgerliche Kleingeister sowie fremdenfeindliche Kampagnen verstärken noch diese Feindseligkeit, nämlich durch die Beschleunigung des sogenannten »Brain Drain«, also die Ab- und Auswanderung von Hochqualifizierten. Wieder Bade:

Die Gründe, die Hochqualifizierte in einer Jahr für Jahr steigenden Zahl veranlassen, Deutschland den Rücken zu kehren, sind, wie Umfragen zeigen, die gleichen, die viele ausländische Hochqualifizierte veranlassen, einen Bogen um Deutschland zu machen; abgesehen einmal von Studenten, Wissenschaftlern und außeruniversitären Forschern, für die Sonderregelungen gelten. Das gilt nicht etwa nur für das viel beklagte Missverhältnis von Leistung und Entgelt für Ärzte unter dem deutschen Kassendiktat oder Krankenhausstress. Wir müssen auch selbstkritisch nachdenken über unser dschungelartiges Steuersystem, über unser ungerechtes Schulsystem, in dem sich soziale Startnachteile stärker vererben als in jedem anderen europäischen Land; über die viel beklagten mangelhaften Entfaltungsmöglichkeiten, die allgemeine Überregulierung des Lebens, über die deutsche Neidkultur und jenen latent depressiven Schleier, den viele Deutsche über sich breiten mit ihrem Gejammer auf hohem Niveau; ganz abgesehen von den vierschrötigen ausländerfeindlichen Halbidioten, die den Ruf Deutschlands als Zuwanderungsland im Ausland ruinieren und nachweislich Hochqualifizierte davon abhalten nach Deutschland zu kommen, wenn sie oder ihre Lebenspartner anders aussehen als die vermeintlichen Ur- oder Biodeutschen.

Tatsächlich wird wenig ernsthaft darüber diskutiert, warum immer mehr Bürger die Bundesrepublik verlassen. Amüsant erscheint in diesem Zusammenhang eine Doku-Soap über Deutsche, die auswandern. Oft beherrschen diese Auswanderer maximal einige Brocken der Sprache, die in ihrem neuen Heimatland gesprochen wird, weiterhin räumen sie offen ein, nur wegen der schönen Landschaft und der besseren Bezahlung auszuwandern. Über die Kultur des Landes, über die Geschichte und Bewohner wissen die Auswanderer zumeist gar nichts, die Kinder sollen, wenn möglich, auf eine deutsche Schule geschickt werden. Wie würden deutsche Politiker und Medien solche Einwanderer wohl nennen? Integrationsunwillige Wirtschaftsflüchtlinge? Wie würden deutsche Auswanderer in Thailand wohl auf einen gesetzlich verordneten Laotisch-Kurs reagieren? In der bundesdeutschen Wahrnehmung werden die Auswanderer zu etwas schrägen Abenteurern. Einwanderung nach Deutschland wird hingegen zumeist thematisiert, wenn es um Probleme geht. Migranten werden fast ausschließlich im Zusammenhang mit Konflikten dargestellt: Arbeitslosigkeit, Kriminalität, politischer Extremismus. In vollkommen normalen Zusammenhängen tauchen sie kaum auf. Erfrischende Ausnahmen sind Fernsehserien wie »Türkisch für Anfänger«, wo mit vorhandenen Vorurteilen gekonnt gespielt wird. Und so fragwürdig die zahlreichen Doku-Soaps auch sein mögen – immerhin bilden sie die gesellschaftliche Realität eher ab als so manche Nachrichtensendung.

Weitere Vorlagen für rechtsextreme Agitatoren und gegen demokratische Einstellungen liefern Politik und Medien durch die Stigmatisierung von armen Menschen. Hier tat sich ausgerechnet die SPD unrühmlich hervor, ihr Bedeutungsverlust scheint in Relation zur wachsenden Distanz zwischen den Parteifunktionären und den einstigen Wählern zu stehen. Berlins Innensenator Thilo Sarrazin beispielsweise gibt im Juli 2008 Menschen, die wegen der immens gestiegenen Preise für das Heizen nicht mehr mit ihrem knappen Budget auskommen, den Rat, doch einfach einen Pullover überzuziehen. »Bei uns waren es zu Hause immer 16 Grad. Am Morgen hat mein Vater die Koksheizung befeuert und sie erst am Abend, wenn er von der Arbeit zurückkam, wieder angemacht. Das hielt dann immer gerade für 16 Grad. Ich habe es überlebt.« Sarrazin scheint es für ausreichend zu halten, wenn Menschen überleben. Dass Menschen vielleicht mehr wollen als nur existieren, kommt ihm wohl nicht in den Sinn. Eine Steilvorlage für die NPD, die mit dieser Munition gegen die Linkspartei schoss, um dieser Wähler abspenstig zu machen. Gitta Schüßler aus dem NPD-Bundesvorstand forderte die Linkspartei umgehend zum Bruch der rot-roten Koalition in Berlin auf. Vollkommen richtig stellte sie fest: »Herr Sarrazin kann sich seine ›warmen Tipps‹, die für viele Betroffene nur blanker Zynismus sind, sparen. In Deutschland leben unzählige alte und kranke Menschen, deren Wärmebedürftigkeit die von Sarrazin empfohlenen 15 oder 16 Grad übersteigt.« Auch das Bild des faulen Arbeitslosen zeichnet Sarrazin gerne: »Ehe jetzt einer im 20. Stock sitzt und den ganzen Tag nur fernsieht, bin ich schon fast erleichtert, wenn er ein bisschen schwarz arbeitet.« Und Finanzminister Peer Steinbrück hat auch offenbar nichts Besseres zu tun, als vielen Eltern zu unterstellen, sie würden ein erhöhtes Kindergeld in Bier und Zigaretten investieren: »Eine Erhöhung um acht oder zehn Euro hat den Gegenwert von zwei Schachteln Zigaretten oder zwei großen Pils. Ich fürchte, das Geld kommt bei den Kindern in vielen Fällen nicht an.« Dabei erwähnte er aber nicht, dass das Kindergeld beispielsweise bei Beziehern von Arbeitslosengeld II als Einkommen angerechnet wird – es reicht also nur für eine Schachtel Kippen. In einem Elternforum schreibt ein Kommentator dazu:

Typisch für die aktuelle Politikergeneration ist nun einmal Beratungsresistenz, Unfähigkeit in der Realität zu leben und die Vorliebe Schwächere zu quälen und zu beleidigen.

So demütigt man Menschen, macht sie zum dümmlichen Objekt staatlicher Politik. Für eine Demokratisierung der Gesellschaft sind solche Aussagen und deren nachvollziehbare Wirkung bei den Betroffenen pures Gift. Der Politikwissenschaftler Richard Stöss, der sich schwerpunktmäßig mit Rechtsextremismus und Parteiforschung befasst, schrieb dazu:

Die Identifikation mit den Werten, Institutionen und Verfahren des demokratischen Systems erwächst vor allem aus der Erfahrung, dass in dessen Rahmen die wesentlichen gesellschaftlichen Probleme fair gelöst oder doch zumindest besser gelöst werden können als in jeder anderen politischen Ordnung.[*]

Auch die Finanzkrise im Herbst 2008 ließ die Rechtsextremisten auf Zulauf hoffen. Während über die Erhöhung des Kindergeldes über Monate ausgiebig gestritten worden war, wurden Bürgschaften für angeschlagene Banken in Höhe von mehreren hundert Milliarden Euro praktisch herbeigezaubert. Warum – vereinfacht gesagt – Profite privatisiert und Verluste aus öffentlichen Kassen bezahlt werden sollen, konnte den Bürgern kaum jemand erklären. Die Kritik am Kapitalismus verbietet sich offenbar nach dem Zusammenbruch der DDR von selbst. Dies öffnet der NPD eine Flanke, da sie zunehmend auf ihren völkischen Antikapitalismus setzt. Dabei wäre es im Zuge der Finanzkrise und der ungerechten Verteilung der Reichtümer weltweit durchaus geboten, über Alternativen oder zumindest eine Weiterentwicklung der bestehenden Wirtschafts- und Finanzordnung nachzudenken: konstruktiv, unaufgeregt und vor allem nicht mit rückwärtsgewandten Konzepten. Stattdessen wird Kritik an den bestehenden Verhältnissen als kommunistische Träumerei abgetan. Obwohl vor der Finanzkrise sich wohl auch niemand hat erträumen lassen, wie laut neoliberale Haudegen plötzlich nach Vater Staat rufen.

Weiterhin zeigt es fatale Folgen, wenn die Globalisierung als gottgegeben oder – noch schlimmer – von wenigen Mächtigen gesteuert dargestellt wird. Dies verleitet zur Suche nach Sündenböcken. Das Bild der Heuschrecke, beliebt auch bei linken Globalisierungskritikern, sei hier exemplarisch angeführt. Dabei gehören Krisen des Kapitalismus nicht unbedingt zu den ganz neuen Phänomenen, doch da Kritik an dem wirtschaftlichen System verpönt ist, werden eben Schuldige präsentiert, die unmoralisch handeln. In einer Gesellschaft, in der Gesundheit, Bildung und Wissen zur Ware geworden sind, die komplett durchökonomisiert wurde, erscheint der Ruf nach Moral an der hemmungslosen Börse absurd.

---

* ›Rechtsextremismus im Wandel‹, von Richard Stöss, veröffentlicht von Friedrich-Ebert-Stiftung, Abteilung Dialog Ostdeutschland, 2005.

Die NPD versucht, die Angst vor der Globalisierung aufzugreifen, und bedient sich dabei dankbar bei dem Bild der Heuschrecke. »Sicherheit gegen fremde Ausbeutung und Heuschrecken«, forderte die NPD-Fraktion im sächsischen Landtag vor dem Hintergrund der Teilprivatisierung der Leipziger Stadtwerke. Die rechtsextremen Bewegungsunternehmer warten auf die Vorlagen und Krisen aus der demokratischen Gesellschaft, denn sie verfügen über gar keine eigenen Konzepte, um die Massen in ihrem Sinne zu politisieren oder zu begeistern. Sie sind auf solche Vorlagen wie oben beschrieben angewiesen, wie der Hamburger Neonazi Christian Worch im Interview mit dem Autor offen einräumt:

Der Nationale Widerstand wird weniger aktiv neue Unterstützerkreise in der Bevölkerung für sich gewinnen als eher durch die zu erwartende weitere Verschlechterung der Lebensverhältnisse.

Warum dies so ist, kann sich Worch offenbar nicht erklären. Zwar betreibt die NPD in Sachsen und Mecklenburg-Vorpommern gezielte Aufbau- und Jugendarbeit, dadurch können aber bei Weitem nicht ausreichend neue Unterstützer mobilisiert werden, um eine Massenorganisation aufzubauen. Die rechtsextreme Bewegung stützt sich auf eine überschaubare Zahl von Aktivisten, die extrem fanatisch für ihre Vision, die Volksgemeinschaft, lebt. »Für mich ist einer, der mitmarschiert, wichtiger als tausend Wähler«, meint der Neonazi Christian Worch im Interview weiter. Das bedeutet im Umkehrschluss: Die rechtsextreme Bewegung speist sich aus den Unzulänglichkeiten der Mehrheitsgesellschaft. Die Stärke und Schlagkraft des Rechtsextremismus sind ein Indikator für Defizite und ungelöste Probleme, die überzeichnet durch das Auftreten der Neonazis dargestellt werden: Neonazis als hässliche Fratze der aktuellen Probleme und Konflikte. Die vollkommen mangelhafte Integration von Migranten sowie das fehlende Selbstverständnis der Bundesrepublik als Einwanderungsland greifen die

Neonazis durch Kampagnen gegen Moscheen auf, die Politik der Vertriebenenverbände wird bei den Rechtsextremisten zum Opferkult erweitert, aus dem von Konservativen mitgetragenen Protest gegen die Wehrmachtsausstellung erwuchs das regelmäßige »Heldengedenken« der Neonazis, sozialer Ungerechtigkeit versuchen die Rechtsextremisten mit völkischen Konzepten zu begegnen. Sie unternehmen alles, um die Probleme zu verschärfen, Konfliktlinien herauszuarbeiten, die Ängste in der Bevölkerung weiter zu schüren, zu verstärken und misstrauische Menschen für ihre hasserfüllte Ideologie zu gewinnen.

Für den Erfolg dieser Bemühungen ist das Angstpotenzial entscheidend, das in dem Thema steckt. Nicht umsonst setzt die NPD auf die soziale Ungerechtigkeit als zentrales Thema; die Sorge der Bürger vor Arbeitslosigkeit und damit verbundenem wirtschaftlichen Abstieg und sozialer Stigmatisierung als faule Schnorrer (siehe Sarrazin) ist nicht aus der Luft gegriffen. Andere Ängste haben einen weniger realen Hintergrund: Angst vor Gewaltkriminalität oder Kindesmissbrauch beispielsweise. Solche Themen sind für die NPD äußerst geeignet, um eine Atmosphäre des Misstrauens und des Hasses zu erschaffen. Die Forderung »Todesstrafe für Kinderschänder« würden viele Eltern bei oberflächlicher Betrachtung sicherlich mittragen. Grundsätzliche Bedenken gegen die Todesstrafe und einen Staat, der seine Bürger umbringen lässt, werden erst einmal beiseitegewischt, und dass härtere Strafen ohnehin keinen Rückgang bestimmter Straftaten bewirken, wird nicht beachtet. Der Ruf nach drastischen Strafen ist populär, der Boulevard spielt sich hier gerne und oft als Anwalt des Volkes auf. Die *Bild*-Zeitung vorneweg: »Sie ist eher Teil des Problems denn der Lösung«, sagt der Leipziger Psychologe Oliver Decker.

Auch die Berichterstattung zum Thema Rechtsextremismus trägt zumeist nicht zu einer sinnvollen Lösung bei. Nach spektakulären Straftaten sind die Zeitungen voll mit Berichten über Rechtsextremismus. Dies wird verständlicherweise immer wieder von Experten beklagt, liegt aber in der Struktur von Nachrichten und Medien begründet: Es wird stets bezogen auf aktuelle Anlässe berichtet. Eine Tatsache, die bereits einen ganzen Dienstleistungszweig hat entstehen lassen: Public Relations. Wenn sich diese Zeitfenster der Aufmerksamkeit öffnen, muss es das Ziel sein, das öffentliche Interesse möglichst sinnvoll zu nutzen. Daher sollte es ausreichend viele Fachjournalisten geben, die sich mit dem Thema genau auskennen. Auch das Projekt NPD-BLOG.INFO hat das Ziel, ein möglichst transparentes Recherche-Instrument für diese Stoßzeiten in der Berichterstattung zu bieten. Doch viele Medien haben wenig Interesse an hintergründiger Berichterstattung, es geht schlicht um Auflage: Mutmaßliche Überfälle von Rechtsextremisten werden zu »Neonazi-Attentaten« – obwohl die Ermittlungen der Polizei noch keine klaren Ergebnisse gebracht haben, Politiker flankieren die Hysterie durch eine Neuauflage der NPD-Verbotsdebatte. Sonst interessieren sich viele Medien kaum für das Thema und schon gar nicht für die Opfer rechtsextremer Gewalt.

Nach dem Anschlag auf den Passauer Polizeichef Alois Mannichl äußerte sich auch Bundeskanzlerin Angela Merkel zu dem Überfall und forderte ein entschiedenes Handeln der Politik gegen den Rechtsextremismus. Wenn hier ein Vertreter des Staates oder andere Menschen durch Rechtsextreme angegriffen würden, dann sei dies ein Angriff auf alle, so Merkel. Diese Aussage muss als Schlag ins Gesicht der Opfer der vergangenen Jahre gewertet werden, denn die Bundesregierung war in den vergangenen Jahren wirklich nicht durch sonderliches Interesse an der Bekämpfung der rechtsextremen Gewalt aufgefallen, dabei liegen die Zahlen seit Jahren auf Rekordniveau. Ohne die monatlichen Anfragen der Linkspartei zu den Straftaten und Opferzahlen würde dieser permanente Skandal überhaupt kein regelmäßiges Thema in einigen Zeitungen sein. Zudem erscheinen die Zahlen der Bundesregierung über Todesopfer durch rechtsextreme Gewalt äußerst fragwürdig, weil zu niedrig. Opferinitiativen kritisierten im Dezember 2008 die Antwort der Bundesregierung auf eine Anfrage der Linkspartei scharf, die Beratungsstellen für Opfer rechtsextremer Gewalt halten die Angaben schlicht für »falsch«. Die Experten gehen von mindestens 136 Todesopfern aus. »Mit den jetzt veröffentlichten Zahlen der Bundesregierung wird die tödliche Dimension von Rechtsextremismus und Rassismus weiter verharmlost«, heißt es in einer Erklärung der Projekte aus Brandenburg, Mecklenburg-Vorpommern, Sachsen, Sachsen-Anhalt und Berlin. Die Bundesregierung hatte die Zahl von 40 Tötungsdelikten seit 1990 genannt.

Tauchen die Opfer der rechtsextremen Gewalt – überwiegend Schwarze, Migranten, linke Jugendliche oder Obdachlose – überhaupt irgendwo in den Medien auf, wird das Geschehen oft nicht präzise genug beschrieben, was falsche Schlussfolgerungen zulässt. Beispielsweise wird nach Überfällen auf Schwarze oft von einer »ausländerfeindlichen Tat« geschrieben. Dies impliziert aber, dass Schwarze keine Deutsche sein könnten. Eine Argumentation, die genau auf der Linie der NPD liegt, sie hetzte bereits des Öfteren gegen den deutschen Fußball-Nationalspieler Asamoah, da dieser nach völkischer Lesart kein Deutscher sein kann. Dies wird korrekterweise als »rassistisch« bezeichnet. Für viel Streit sorgte in den vergangenen Jahren auch eine Modernisierung des Staatsbürgerschaftsrechts – der SPD-Innenpolitiker Sebastian Edathy sprach in diesem Zusammenhang bei der Position von CDU/CSU von »im Kern völkischer Ideologie«. Doch so richtig eine vollständige Abkehr vom »Blutsrecht« ist – nur durch Gesetze verändern sich veraltete Einstellungen der Menschen nicht, betont der Wissenschaftler Klaus Bade:

Gesetze ändern die Mentalitäten nicht. Das ist ein langer Prozess. Viele Menschen sind in der Realität des Einwanderungslandes noch nicht angekommen. Sie denken noch in ethno-nationalen Kategorien nach dem Motto: Deutscher kann man nur sein, aber nicht werden. Das aber war auch schon vor der Reform des Staatsangehörigkeitsrechts falsch.

In diesem Zusammenhang sei auch an die Kampagne der CDU in Nordrhein-Westfalen erinnert, die unter dem Motto »Kinder statt Inder!« stand. Hier war es Jürgen Rüttgers, der sicherlich wider besseres Wissen voll auf die völkische Karte gesetzt hatte – und gewann. Auch Roland Koch hatte 1999 durch eine Unterschriftenkampagne gegen die doppelte Staatsbürgerschaft sein Wahlziel erreicht. Für die völkische Ideologie ist ein Grundsatz entscheidend: Deutscher kann man nicht werden, Deutscher kann man nur sein. Dieses Gedankenkonstrukt stand auch hinter den Kampagnen der CDU-Politiker. Auch Leute, die es gut meinen, argumentieren ungewollt rassistisch, beispielsweise wenn Schwarze als besonders fröhliche Menschen dargestellt werden. Sogar in Gesetzestexten gegen Rassismus finden sich Passagen, die nicht unbedingt den Gleichheitsgedanken fördern.

Das Deutsche Institut für Menschenrechte empfahl den Parlamenten und Regierungen auf Bundes- und Landesebene im Herbst 2008, in Zukunft auf die Verwendung des Begriffs »Rasse« zu verzichten. Die Empfehlung beinhaltet eine Änderung des Allgemeinen Gleichbehandlungsgesetzes und des deutschen Grundgesetzes. Das Deutsche Institut für Menschenrechte definiert seine Aufgabe selbst folgendermaßen:

> Das Deutsche Institut für Menschenrechte wurde im März 2001 auf Empfehlung des Deutschen Bundestages gegründet. Es informiert über die Lage der Menschenrechte im In- und Ausland und trägt zur Prävention von Menschenrechtsverletzungen sowie zur Förderung und zum Schutz der Menschenrechte bei.

Der Begriff »Rasse« sei historisch extrem belastet und enthalte rassistische Implikationen, heißt es zur Begründung. »Theorien und gedankliche Konstrukte, die Menschen in unterschiedliche ›Rassen‹ einteilen, waren und sind schon immer rassistisch. Sie schreiben Menschen pauschal bestimmte Eigenschaften zu und gipfeln in der Annahme höher- und minderwertiger ›Rassen‹.

Dennoch wird bis heute in rechtlichen Bestimmungen, die eigentlich der Bekämpfung rassistischer Diskriminierung dienen, der Ausdruck ›Rasse‹ verwendet. In einigen anderen europäischen Ländern ist es bereits üblich, in Gesetzestexten von dem Begriff Abstand zu nehmen. In Deutschland ist dieser Schritt längst überfällig. Zudem sollte sich Deutschland gegen einen weiteren Gebrauch des Ausdrucks ›Rasse‹ in internationalen Dokumenten einsetzen.«

Auf der Liste mit gut gemeinten Texten, die den Begriff »Rasse« verwenden, steht auch der Vorstoß mehrerer Bundesländer zum schärferen Vorgehen gegen Hass-Verbrechen (oben im Zusammenhang mit Sachsen-Anhalt erwähnt). Die Vorschrift sollte gelten, wenn »ein Beweggrund der Tat die politische Einstellung, Nationalität, Volkszugehörigkeit, Rasse, Hautfarbe, Religion, Weltanschauung, Herkunft oder das äußere Erscheinungsbild, eine Behinderung oder die sexuelle Orientierung des Opfers ist«. Der Rassismus schließt den Glauben mit ein, Menschen könnten wegen ihrer genetisch bedingten ethnischen Merkmale auch bestimmte Prädispositionen haben. Von Menschenrassen zu sprechen, ist wissenschaftlicher Unsinn. Leider wird immer wieder der englische Begriff »race« falsch mit Rasse statt mit Ethnie übersetzt.

Auch bei den Initiativen gegen Rechtsextremismus hapert es bisweilen – vor allem mangelhafte Transparenz wird immer wieder kritisiert. Bei einigen Opferberatungsstellen führt dies bisweilen dazu, dass Journalisten dort gar nicht mehr anfragen. Auch belastbare Aussagen über die tatsächliche Anzahl der Menschen, die sich an bestimmte Einrichtungen wenden, fehlen des Öfteren. So stellte der Autor bei einer Beratungsstelle die Anfrage, wie viele Hilfesuchende denn bislang betreut wurden. Die Antwort: Es gebe regelmäßig Anfragen. Fehlende Transparenz verhindert aber Rückschlüsse für die Analyse, welche Maßnahmen sinnvoll und effektiv sind. Bei einer Beobachtungsstelle für rechtsextreme Internet-Seiten gehen die Ergebnisse nicht über die Meldung der Anzahl der entsprechenden Angebote hinaus. Ein Wert, mit dem sich kaum etwas anfangen lässt – interessant wären Qualität, Vernetzung, Aktualität, Inhalt und natürlich auch die Quantität. Die alleine macht es nicht. Solche Unzulänglichkeiten erwachsen aber auch aus den Förderbedingungen der Bundesregierung, langfristige Arbeit wird fast verunmöglicht, dabei ist Kontinuität die Voraussetzung für eine erfolgreiche Arbeit. Zudem seien kontextbezogene Modelle notwendig, sagt der Pädagogikprofessor und Rechtsextremismus-Experte Wilhelm Heitmeyer im Interview mit dem Autor. Diese dürften aber »nicht nach dem Schrotschuss-Prinzip funktionieren, frei nach dem Motto ›Irgendwas wird schon treffen‹. Die Maßnahmen müssen gebündelt werden auf die Kommunen, wo es am nötigsten ist.«

Dabei muss immer wieder darauf hingewiesen werden: Rechtsextremismus ist kein Jugendproblem! Heitmeyer dazu:

Der Blick muss endlich auf die Stadtgesellschaften gerichtet werden, denn die feindseligen Mentalitäten werden vor allem von den Älteren vertreten – und die Jüngeren bringen dann die Gewalt ins Spiel. Und dann wird eine Gesellschaft plötzlich nervös. Was die Älteren an Denkmustern jeden Tag am Stamm- oder am Abendbrottisch transportieren, das wird überhaupt nicht thematisiert. Es geht nicht darum, sich gegen rechtsextreme Gruppen zu versammeln, sondern die Stadtgesellschaft ist das Problem. Wenn man die Älteren nicht mit ins Boot bekommt, dann hat man ganz schlechte Karten. Man darf sich nicht fixieren auf Jugendgruppen, denn sonst kann man die Wechselwirkung zwischen den Älteren und den Jüngeren, die feindselige Einstellungen übernehmen, nicht unterbrechen. Wenn das nicht passiert, reproduziert sich das Problem immer wieder. Dann laufen wir da immer wieder hinterher.

Doch offenbar ist es nicht gewünscht, den Blick auf die Mitte der Gesellschaft zu lenken, daher wurden viele Programme gegen Rechtsextremismus kommunalen Einrichtungen übertragen.

Bei diesen Trägern gebe es das Problem, so Heitmeyer weiter, dass mehr Bürokratie entstehe. Dadurch solle »gewährleistet werden, dass Ruhe im Karton ist. Die kleinen Initiativen, die immer wieder mahnen, die müssen ermuntert und nicht über Bürokratie gebremst werden. Aber bei der Lage in Ostdeutschland braucht man Unruhe!«

Rechtsextremismus, Rassismus und Antisemitismus sowie menschenfeindliche Einstellungen allgemein können sich nur so weit ausbreiten, wie die Mehrheitsgesellschaft dies zulässt. Wie weit dies gehen kann, zeigt ein Fall aus Brandenburg. In Guben brauchte sich die NPD noch nicht einmal von einer tödlichen Hetzjagd auf einen Flüchtling zu distanzieren, sondern konnte das Opfer noch öffentlich verhöhnen. Vor der Kommunalwahl in Brandenburg im September 2008 reagierte die NPD auf die Berichterstattung über ihren Kandidaten Alexander Bode. In einer Mitteilung warfen die Rechtsextremisten den Medien eine »Verschleierungstaktik« vor. Den Umstand, dass über die Verurteilung ihres Kandidaten berichtet werde, wertete die NPD als ein Indiz für ihre vermeintlich guten Chancen bei der Kommunalwahl. Bode war im Zusammenhang mit einer Hetzjagd in Guben verurteilt worden. Als ein Flüchtling im Februar 1999 in Guben von elf Jugendlichen durch die Stadt gejagt worden war, trat der Asylbewerber in Todesangst die Scheibe einer Haustür ein, um dort Hilfe zu finden. Dabei verletzte Omar Ben Noui sich eine Beinarterie – und verblutete. Rädelsführer der Verfolger war Alexander Bode. Der damals 21-Jährige wurde dafür zu zwei Jahren Jugendgefängnis verurteilt. Die NPD nannte diesen Angriff in ihrer Erklärung zur Kommunalwahl eine »Klamotte«. Was wirklich geschehen sei, so die Rechtsextremisten weiter, sei von den meisten Medien verzerrt worden. Im Folgenden versucht sich die NPD an der bekannten Umkehr von Täter und Opfer: »Bemerkenswert war auch, daß sich der Algerier unter falschem Namen in Deutschland aufhielt und in Guben als Drogendealer bekannt war.« Aus Sicht der NPD sind diese unbelegten Behauptungen also bemerkenswert, da die Hetzjagd der Jugendlichen damit zu erklären sei. Die Absicht ist klar: Das Opfer habe es im Prinzip nicht anders verdient. Der Verfassungsschutz schrieb zu der Attacke und den Folgen:

In Guben hat die rechtsextremistische Szene mit einer Vielzahl von Aktivitäten auch im Jahre 2000 wieder öffentliche Aufmerksamkeit erregt. Ihr militanter Kern umfasst etwa 20 Personen, dazu kommt ein etwa doppelt so großes Unterstützerumfeld. Die Hetzjagd auf den algerischen Asylbewerber Farid Guendoul alias Omar Ben Noui am 13. Februar 1999 stellte einen Wendepunkt dar. Seit Mitte der 90er Jahre war die rechtsextremistische Szene Gubens wenig aktiv und eher unselbstständig geblieben, obschon sie von Berliner Neonazis umworben wurde. Doch im Gefolge der tödlichen Hetzjagd erwies sie sich als virulent. Seither stieg die Zahl der einschlägigen Straftaten drastisch an. Nach dem Tod des Asylbewerbers wusste sich die rechtsextremistische Szene unter öffentlicher Beobachtung. Sie pendelte zwischen Rückzugsverhalten und Trotzreaktionen. Ein Teil der Szene fühlte sich durch das Medienecho und die Anteilnahme der politischen Eliten, aber auch durch die lange Prozessdauer offenkundig zu weiteren Provokationen und Straftaten animiert. Die am 13. November verkündeten Urteile gegen die elf Angeklagten im »Hetzjagdprozess« – acht erhielten Freiheitsstrafen zwischen drei Jahren ohne und einem Jahr auf Bewährung, drei kamen mit Verwarnungen und Arbeitsauflagen davon – entfalteten kaum abschreckende Wirkung. Insbesondere jüngere Angehörige der rechtsextremistischen Szene Gubens hatten weiterhin keine Scheu, ihre Fremdenfeindlichkeit auch gewaltsam auszuleben. Nicht die Untat, sondern der Gedenkstein für das Opfer wurde für die rechtsextremistische Szene – aber auch für Teile der Gubener Bevölkerung – zum Stein des Anstoßes. Mehrfach wurde er geschändet. Zu den Tätern gehörte ein an der tödlichen Menschenjagd Beteiligter, den seine Verurteilung offensichtlich nicht beeindruckt hatte.

Die NPD erklärt rassistische Gewalt zur Notwehr, schürt den Hass, und das dumpfe Fußvolk schlägt zu. Eine durchschaubare Strategie. Eine passende Gegenstrategie fehlt dennoch weitestgehend, stattdessen tauscht die Politik lieber einmal mehr ihre bekannten Positionen zum NPD-Verbot aus.

13. NPD-Verbot jetzt!? Das Problem mit den V-Leuten

Kaum tauchen mutmaßlich rechtsextrem motivierte Gewalttaten überhaupt einmal in der breiten Öffentlichkeit auf, macht schnell das Schlagwort NPD-Verbot die Runde. Nach dem Anschlag auf eine Düsseldorfer Synagoge im Jahr 2000 waren es Gerhard Schröder, Otto Schily und Günther Beckstein, die durch ein NPD-Verbot den Antisemitismus erledigen wollten. Da das hemdsärmelige Trio in den Anträgen aber Aussagen von Neonazis aufführte, die dem Verfassungsschutz Informationen verkaufen, mussten die Richter das Verfahren im Jahr 2003 schließlich einstellen – ohne die Verfassungswidrigkeit der NPD überhaupt verhandelt zu haben. Seitdem gilt die rechtsextreme Partei in Neonazi-Kreisen als »unverbietbare« Struktur, und nach der Verbotswelle gegen diverse rechtsextreme Organisationen entdeckten noch mehr militante Rechtsextremisten die Partei als Waffe für sich.

Seit diesem Desaster flammt immer wieder die Debatte über ein erneutes Verbotsverfahren auf. Schade um die Sendezeit und das Papier, denn bei diesen »Debatten« werden regelmäßig dieselben Meinungen ausgetauscht. So auch im Jahr 2007, als im sächsischen Mügeln mehrere Inder bei einem Volksfest vom Mob gejagt wurden. Nun trat der hilflose SPD-Chef Kurt Beck auf den Plan – und forderte ein NPD-Verbot, um endlich den Rassismus abzuschaffen. Damit würgte Beck wohl ungewollt, aber doch erfolgreich eine einsetzende Debatte über menschenfeindliche Einstellungen in der Mitte der Gesellschaft ab. Die nächste große Diskussionswelle schwappte im Winter 2008 durch die Medien: Nach dem Angriff auf den Polizeichef von Passau oblag es Bayerns Innenminister Herrmann, die öffentliche Aufmerksamkeit von dem nicht vorhandenen Engagement vieler staatlichen Stellen bei der Bekämpfung und Verfolgung rechtsextremer Gewalt abzulenken. Dabei war es ausgerechnet Herrmann, der noch im April 2008 bei der Innenministerkonferenz seinen Kollegen gegen die NPD andere Maßnahmen als ein Verbotsverfahren empfohlen hatte – beispielsweise die Einschränkung des Demonstrationsrechts. Und als die CSU im Herbst des Jahres die sich abzeichnende Wahlniederlage noch abwenden wollte, baute sie auf antikommunistische Reflexe, setzte die Wähler der Linkspartei und der NPD gleich. Davon war nach dem Angriff von Passau plötzlich nichts mehr zu hören, denn dieses Mal – so dachte man – war es kein Vietnamese, kein Punk oder Obdachloser, der mutmaßlich Opfer eines Neonazis wurde, sondern ein hochrangiger und angesehener Polizist – und das auch noch vor seinem Haus. (Es ist bisher noch nicht geklärt, wer die Tat begangen hat, der Täter könnte also auch *nicht* aus der rechtsextremen Szene stammen.) »Fight the System!« und »Nie wieder Krieg – nach unserem Sieg!« – so lauten die Parolen der gewalttätigen Neonazis. Die »deutsche Volkssubstanz« sei nur noch in den kommenden 15 bis 20 Jahren zu retten, malen sie sich in apokalyptischen Endzeitszenarien aus. Da sie beim »Kampf um die Parlamente« im Westen nichts reißen, führen sie verstärkt den »Kampf um die Straße«: Gegen das System – und das trägt eben auch Uniform. Diese Entwicklung ist bereits seit Monaten zu beobachten, in mehreren Bundesländern haben Rechtsextremisten bereits Polizisten angegriffen, die Brutalität der rechtsextremen Schläger ist ohnehin täglich in Polizeiberichten in der gesamten Republik nachzulesen. Dennoch ignorierte die Politik – allen voran die CSU – das Problem. Obwohl Bayern eigentlich gewarnt sein müsste. Denn der bislang folgenschwerste Anschlag von Neonazis in der Geschichte der Bundesrepublik wurde 1980 in der bayerischen Landeshauptstadt verübt. Beim Oktoberfest starben 13 Menschen durch einen Bombenanschlag, mehr als 200 wurden teilweise schwer verletzt. Nach dem Attentat von Passau im Winter 2008 wollte die CSU Entschlossenheit demonstrieren – und dafür eignet sich offenbar die öffentliche Forderung nach einem NPD-Verbot, obwohl diese Maßnahme einen bewaffneten Rechtsterrorismus noch befördern könnte, denn die rechtsextreme Bewegung würde zum Teil sicherlich in den Untergrund abwandern. Dies wird in den öffentlichen Debatten allerdings fast nie thematisiert, auch eine Diskussion über den Sinn eines Verbots sucht man vergebens. Zudem gibt es aber auch noch ganz praktische Probleme: Ein Verbotsverfahren würde mit an Sicherheit grenzender Wahrscheinlichkeit erneut scheitern – an den V-Männern in der NPD.

V-Männer sind sogenannte Verbindungs- oder Vertrauens-Männer des Verfassungsschutzes. Dabei handelt es sich keineswegs um verdeckte Ermittler, die in die Bewegung geschleust werden, sondern um überzeugte Rechtsextremisten, die dem Geheimdienst Informationen verkaufen. »Es sind entweder Kriminelle oder Verfassungsfeinde, von denen man versucht, Informationen abzukaufen«, betont Berlins Innensenator Körting im Interview mit dem Autor. Weil in den Verbotsanträgen Aussagen von V-Leuten aufgeführt waren, mit denen die aggressiv-kämpferische Verfassungswidrigkeit der NPD bewiesen werden sollte, mussten die Verfassungsrichter das Verfahren einstellen. Die NPD konnte behaupten, besonders hetzerische Aussagen ihrer Funktionäre wären vom Verfassungsschutz lanciert worden, um der Partei zu schaden. Während die Antragsteller behaupteten, die Informanten des Staates würden nicht zur Radikalisierung der Partei beitragen und sich im Hintergrund halten, wurde genau dies von mehreren Richtern am Bundesverfassungsgericht sowie von Experten anders eingeschätzt.

Die Duisburger Rechtsextremismus-Experten Martin Dietzsch und Alfred Schobert legten eine Studie über die Tätigkeit der V-Leute vor. Sie kamen zu dem Schluss, dass die Spitzel der NPD keinen Schaden zugefügt, sondern ihr im Gegenteil sogar genutzt hätten. Als Kronzeugen hierfür führten sie die ehemaligen hochrangigen NPD-Funktionäre Udo Holtmann und Wolfgang Frenz an. Deren Agieren habe gezeigt, dass die V-Leute nicht als »Agents provocateurs« gewirkt hätten, sondern es sich bei ihnen um Personen gehandelt habe, die man zu nichts anstiften könne, weil sie ohnehin zu allem bereit seien. Ihre Aktivitäten hätten sich nahtlos mit dem Kurs der Partei gedeckt, und gerade wegen ihrer antisemitischen und rassistischen Hetze hätten diese über Jahrzehnte das Vertrauen der Partei genossen. Deshalb wäre es auch vollkommen unsinnig, von einer Steuerung der NPD durch den Verfassungsschutz zu sprechen, heißt es weiter. Man müsse sich umgekehrt fragen, ob nicht der Verfassungsschutz von NPD-Funktionären manipuliert worden sei.

Dafür sprechen auch die zahlreichen Hinweise, dass es unter dem ehemaligen NPD-Parteichef Günter Deckert interne Absprachen gegeben habe, was dem Verfassungsschutz berichtet werden sollte und was nicht. Das staatliche Geld für diese Informationen wurde dann angeblich zwischen V-Mann und Partei geteilt. Ex-NPD-Bundesvorstandsmitglied Frenz hatte von Anfang der sechziger Jahre bis 1995 dem Verfassungsschutz in Nordrhein-Westfalen Informationen verkauft. Gegenüber dem ARD-Magazin *Panorama* berichtete Frenz, der Verfassungsschutz habe es ihm »immerhin ermöglicht, die NPD in Nordrhein-Westfalen zu gründen und die NPD aufzubauen«. Dies gehöre zu den Absurditäten dieses Systems, meint der Rechtswissenschaftler Jörn Ibsen dazu: Einerseits werde die Forderung gestellt, die NPD finanziell auszutrocknen, auf der anderen Seite werde die Partei aber »über die V-Leute, die in der NPD tätig sind und natürlich einen Teil ihres Einkommens dort auch abliefern, mittelbar in ihren Aktivitäten unterstützt«.

Fliegen V-Männer auf, werden dabei zumeist unappetitliche Vorgänge bekannt: So produzierte ein V-Mann beispielsweise eine besonders hetzerische Neonazi-CD, ein anderer Geschäftspartner des Verfassungsschutzes war an einem Brandanschlag beteiligt, andere hetzten öffentlich gegen Juden und leugneten den Holocaust, ein V-Mann des Verfassungsschutzes in Nordrhein-Westfalen war an der Organisation eines großen Neonazi-Konzerts beteiligt und musste sich wegen schwerer Straftaten vor Gericht verantworten, ein V-Mann baute eine Kameradschaft in Süddeutschland auf.

Aussagen von Innenministern und Geheimdienstlern legen nahe, dass in der Führungsebene der NPD auch weiterhin bezahlte Informanten des Staates sitzen. Heinz Fromm, Chef des Bundesverfassungsschutzes, sagte im Jahr 2006 gegenüber dem *Spiegel*: »In der Realität ist es doch ganz einfach. Je weiter oben Informanten oder V-Leute in der Hierarchie einer extremistischen Organisation sitzen, desto interessanter und wertvoller sind die Informationen, die sie liefern können.« Und in einer Antwort der Bundesregierung auf eine Kleine Anfrage hieß es im Jahr 2007, man ziehe »einen Abzug von V-Leuten aus der NPD aus sicherheitspolitischen Erwägungen nicht in Betracht«. Dies gelte auch, wenn deren leitende Funktion »unmittelbar vor und während eines Verbotsverfahrens ausdrücklich als unvereinbar mit den Anforderungen an ein rechtsstaatliches Verfahren angesehen worden ist«, wie in einem Urteil der Bundesverfassungsgerichts von 2003 festgestellt wurde. Den Vogel schoss Heribert Rech ab, der Innenminister von Baden-Württemberg. Beim politischen Kehraus der CDU in Gechingen im März 2009 sagte Rech: »Wenn ich alle meine verdeckten Ermittler aus den NPD-Gremien abziehen würde, dann würde die NPD in sich zusammenfallen.«

Unabhängig von der dringend zu führenden Diskussion, ob ein NPD-Verbot überhaupt politisch sinnvoll ist: Die rechtsextreme Partei schützt sich also durch ihre eigene Radikalität und Gefährlichkeit gegen ein Verbot. Für ein Verbot gibt es durchaus gute Gründe. Die meisten SPD-Politiker meinen daher, der Staat müsse auf die Spitzel verzichten; die aggressiv-kämpferische Verfassungsfeindlichkeit der NPD – Voraussetzung für ein Verbot – lasse sich auch durch öffentlich zugängliche Informationen belegen. Berlins Innensenator Körting meint zudem: »Alles das, was die NPD macht, an verfassungsfeindlicher Propaganda oder an Aktionen, ist öffentlich. Mit V-Leuten könnte ich aus der NPD nicht sensationell mehr erfahren als das, was die NPD selbst täglich verbreitet. V-Männer mögen Sinn machen, wenn man Interna, Streitigkeiten innerhalb des NPD-

Vorstandes erkunden will. Für die Beurteilung, ob diese Partei verfassungsfeindlich ist und welche Aktionen sie vorhat, ist der V-Mann wertlos.« Sollte es Bundesländer geben, die ihre V-Leute nicht aus den Führungsgremien der NPD abgezogen haben, so Körting weiter, wäre das nicht verfassungsgemäß. »Man kann nicht einerseits eine verfassungswidrige Partei beobachten und gleichzeitig über V-Leute an maßgeblicher Stelle Einfluss auf sie nehmen.« Dies bewerten die meisten Unionsminister allerdings ganz anders. Sie halten die Verbindungsleute für unverzichtbar. Denn die Befürworter der V-Mann-Einsätze argumentieren, die NPD sei so gefährlich, dass die Spitzel nicht abgezogen werden könnten. Dadurch wird ein Verbotsverfahren aber unmöglich. Eine paradoxe Situation, die die Strategie der NPD, sich für militante Neonazis zu öffnen und mit Gewaltaufrufen zu kokettieren, noch honoriert. Je radikaler, umso sicherer kann sich die Partei sein. Dies haben auch führende Rechtsextremisten erkannt. Udo Voigt sagte in einem Interview mit *Panorama* im Mai 2008, die NPD habe

als Lehre aus dem NPD-Verbotsverfahren eingeführt, das Leistungsprinzip verstärkt anzuwenden – also nur noch Leute für den Parteivorstand vorzuschlagen, die auch etwas leisten. Wenn dann bezahlte Leute des Verfassungsschutzes zum Erfolg der NPD beitragen, sollen sie das meinetwegen tun. Und ansonsten sind sie ein guter Schutz vor einem möglichen Verbotsverfahren.

Eine Einschätzung, die auch der Neonazi Christian Worch teilt. Er meint, die V-Männer schadeten der NPD »nur marginal«, tatsächlich bildeten sie »bis zu einem gewissen Maße einen Schutzschirm«. Auch für den NPD-Bundesvorstand und ultra-radikalen Neonazi Jürgen Rieger scheint es nebensächlich zu sein, ob ein Kamerad sein Einkommen durch das Verkaufen von Informationen an den Geheimdienst aufbessert. Auf die Frage einer *Panorama*-Reporterin, welche Neonazis bei einem

Aufmarsch am 1. Mai 2008 in Hamburg denn überhaupt echt seien, antwortete er:

Also das ist mir an sich völlig egal. Wenn einer gute Arbeit tut und er ist nicht echt, dann soll er die gute Arbeit tun. [...] Für mich ist das Kriterium, ob im Sinne der Partei gearbeitet wird, das ist der Punkt.

Nun sind Neonazis als Kronzeugen für die Bewertung von Maßnahmen gegen ihre Bewegung nur bedingt tauglich, aber auch der ehemalige Kriminaloberrat Bernd Wagner, der die Aussteigerinitiative »Exit« ins Leben gerufen hatte, schlägt vor, die V-Leute aus den Parteiorganisationen der NPD zu entfernen. Das bedeute aber nicht, die »V-Leute in den Kameradschaften und den Substrukturen der NPD, die vom Parteienstatus nicht erfasst werden, aus der Beobachtung zu nehmen«, so Wagner im Interview. »Sie sind ja doch das heutige Fundament der Wirksamkeit der NPD.« Der Beobachtungsschwerpunkt sollte auf die Gefahrenabwehr konzentriert werden, meint Wagner, das heißt die »Vorbereitung und Durchführung von Straftaten. Das Opportunitätsprinzip des Verfassungsschutzes müsse neu bestimmt werden«. Denn hier hapert es offensichtlich, wie das Beispiel Neonazi-Aufmarsch am 1. Mai in Hamburg deutlich gezeigt hat. Mehrere hundert »Autonome Nationalisten« aus der ganzen Bundesrepublik sowie den Niederlanden marschierten auf, die Polizei konnte mehrere Angriffe gegen Journalisten nicht verhindern. Der Neonazi-Führer und NPD-Funktionär Thomas Wulff feixte, der Verfassungsschutz hätte, »wenn er ein bisschen genauer hingeguckt hätte«, wissen können, was da auf die Hansestadt und die Polizei zukommt. Die Polizei konnte nur knapp das Aufeinandertreffen von gewaltbereiten Antifaschisten und militanten Neonazis verhindern. Der Einsatzleiter der Polizei, Peter Born, bilanzierte sichtlich mitgenommen:

Die Polizei musste sich fast zwangsläufig dazwischen schmeißen. Das hat sie auch getan. Und meine Prognose ist, wenn wir das nicht getan hätten, da wären wirklich Tote zurückgeblieben. Das ist meine feste Überzeugung.

Die Polizei hatte die Lage offenbar unterschätzt, weil unzureichende Informationen über die tatsächliche Anzahl der »Autonomen Nationalisten« und anderer militanter Neonazis vorlagen. Born:

Es galt bis zu diesem Ereignis aus dem Bereich des Landesamtes für Verfassungsschutz und auch aus unserer Staatsschutzabteilung die Zahl: Mehr als 200 gibt es nicht. So. Die Erkenntnisse an dem Tag waren eben: Es waren 400.

Rund 400 militante »Autonome Nationalisten« und dazu noch Dutzende altbekannte Neonazi-Kader zogen so in einem Zug von insgesamt 1200 größtenteils gewaltbereiten Rechtsextremisten durch Hamburgs Straßen. Dieses Beispiel zeigt: Die Verfassungsschützer können nur mit deutlicher Verzögerung auf aktuelle Entwicklungen reagieren. Für Experten ein Versagen des Verfassungsschutzes. Der Rechtswissenschaftler Ipsen meint dazu:

Wenn derartige Aktivitäten nicht im Vorfeld aufgeklärt werden können, ist das zweifelsfrei ein Versagen der Verfassungsschutzbehörden. Insofern wären sie gut beraten, ihre V-Leute in den nicht offen agierenden Gruppen unterzubringen und nicht in den politischen Parteien.

Und sein Kollege Günther Frankenberg sagt:

Man hat sehen können, dass der Verfassungsschutz nicht das tut, was er hätte tun sollen, nämlich die Bevölkerung vor den Ausschreitungen, die drohten und die man mit sorgfältiger Ausforschung der Szene auch hätte erkennen könne, zu bewahren.

Immerhin: Die Neonazis, die dem Geheimdienst für Geld Informationen verkaufen, bringen Unruhe in die rechtsextreme Bewegung, wie der Neonazi-Anwalt Jürgen Rieger einräumt. Die Gerüchteküche behindere die Arbeit, »deswegen wäre uns schon sehr lieb, wenn die V-Leute insgesamt abgezogen würden«. Die Spitzel gelten bei Fanatikern wie Rieger als »miesester menschlicher Dreck«. Und auch Neonazi-Führer Worch urteilt: »Charakterlich gesehen gilt der Grundsatz: Der größte Lump im ganzen Land ist und bleibt der Denunziant.«

Tatsächlich dürfte es vor allem Geltungsbedürfnis sein, was die Rechtsextremisten zu einer Zusammenarbeit mit dem Verfassungsschutz treibt, aber auch das Geld sowie ein möglicher Strafnachlass bei Kriminalität spielen eine Rolle. Daher stellen Kritiker den Wert der Informationen infrage, oft handele es sich bei den Informanten schlicht um Wichtigtuer – oder sie sind in Geldnöten. »Alles, was ich von V-Leuten aus der NPD höre, muss ich nicht nur mit spitzen Fingern anfassen«, warnt Körting, »sondern auch drei mal mit der Lupe ansehen«. Denn man wisse nicht, ob nicht irgendwas verkauft werde, »bloß um Geld zu verdienen«. Doch diese Prüfung scheint nicht stattzufinden, wie ein Praxistest des Journalisten Jörg Fischer zeigte: Er verkaufte gemeinsam mit dem Neonazi Peter Viola Berichte an den Verfassungsschutz, die Informationen bezogen sie aus öffentlichen Quellen: »Da wurden Berichte einfach abgeschrieben, beispielsweise von Demonstrationen, bei denen Peter Viola gar nicht dabei war«, berichtete Fischer gegenüber *Panorama*. Viola habe »einfach die Zeitungsberichte abgeschrieben und dann dem jeweiligen Ansprechpartner oder seinem V-Mann-Führer gegeben. Und das Faszinierende daran war, dass die Mitarbeiter dieses Geheimdienstes es nicht merkten, dass ihnen hier allgemein zugängliche Informationen, die schon längst veröffentlicht waren, als exklusive Informationen verkauft wurden«, so Fischer. Und er trieb das Spiel weiter: »Wir wurden im Lauf der Zeit immer frecher, weil wir gesehen haben: Es geht! Es wird nicht nachgefragt, die schlucken das, die zahlen, die glauben das offensichtlich auch noch alles, und da wird man dann natürlich immer frecher und guckt: Wie weit kann ich gehen? Wie dumm sind die wirklich?«

Der Einsatz der V-Männer bringt also teilweise höchst fragwürdige Informationen ein, beschert den Neonazis zudem Einnahmen für ihren »Kampf gegen das System«, und diese Praxis verhindert auch noch ein Verbot der NPD. Hinzu kommt, dass die meisten brauchbaren Informationen ohnehin mit anderen Mitteln gewonnen werden: »Wir haben ja übrigens neben den V-Leuten noch andere nachrichtendienstliche Mittel, die man einsetzen kann – um das mal ganz am Rande zu sagen«, betont Berlins Innensenator Körting. Natürlich könne man »bei bestimmten Verfassungsfeinden auch Telefonüberwachung machen. Das heißt, man kommt auch anders an Informationen als nur über V-Leute.« Zudem sieht Körting ein grundsätzliches Problem. Es komme dann zu Situationen wie bei der Zusammenarbeit mit Frenz: »Der Vorsitzende des Landesverbandes der NPD ist gleichzeitig V-Mann des Verfassungsschutzes – das verbietet sich meines Erachtens für einen demokratischen Staat. So interessant die Informationen von diesem Mann sein mögen«, so Körting, »der ist ein Gegner dieses Staates, mit dem darf ich unter keinen Umständen zusammenarbeiten.« Er glaube zudem nicht, dass man aus sicherheitsrelevanten Gründen nicht auf V-Männer verzichten könnte: »Die NPD tritt offen verfassungsfeindlich auf, die planen die Revolution nicht im Hinterzimmer.«

Dieser Absurdität setzte Innenminister Schäuble im Dezember 2008 noch die Krone auf, als er ein NPD-Verbotsverfahren als »nicht chancenlos« bezeichnete. Wenn der Partei Verbindungen zu gewalttätigen Neonazi-Gruppen nachgewiesen werden könnten, dann könne sich die Sache neu darstellen, so der Innenminister. Aber auch dann gebe es noch das Problem mit den V-Männern, so Schäuble weiter. Da fragt sich der interessierte Beobachter aber schon, was der Verfassungsschutz denn eigentlich macht, wenn nicht die enge Kooperation zwischen

NPD und militanten Neonazi-Gruppen zu dokumentieren. Und eigentlich sollten die V-Männer doch gerade zur Gefahrenabwehr die militanten Strukturen ausspähen – offenbar sitzen aber gerade dort keine entsprechenden Rechtsextremisten, die Informationen verkaufen. Denn ansonsten hätte man solche Informationen ja schon längst vorliegen. Andererseits dürfte man sie dann wiederum nicht benutzen in einem Verbotsverfahren – da sie von V-Männern stammen. Wie man es auch dreht, der Sinn dieser Debatten und der Einsatz von V-Männern in der NPD ist nur sehr schwer zu erkennen.

14. Fazit

»Die« NPD existiert nicht: Sie ist zwar eine kleine Partei, aber in gewisser Hinsicht sehr heterogen. Es toben interne Machtkämpfe zwischen jungen und alten Kadern, zwischen Wessis und Ossis, NS-Nostalgikern und ambitionierten Funktionären. Zwischen diesen Flügeln gibt es wiederum zahlreiche Schnittmengen, das Ganze wird angereichert mit persönlichen Animositäten und Feindschaften. Wo genau die Gräben innerhalb der Partei verlaufen, lässt sich kaum nachvollziehen – ist aber letztendlich nicht entscheidend. Denn die grundlegenden Konflikte und Strukturen gleichen sich; die Protagonisten wechseln. Die Fähigkeit, Probleme sinnvoll und konstruktiv zu lösen, ist kaum vorhanden – wie die zahlreichen Spaltungen im organisierten Rechtsextremismus belegen. Wer stets meint, er sei unfehlbar, kann nicht mit abweichenden Meinungen umgehen.

Aktuell zeigt sich das destruktive Potenzial durch die Machtkämpfe in der NPD. Diese setzen sich auch nach dem Sonderparteitag im April 2009 in Berlin unvermindert fort. Auf dem Parteitag konnte sich zwar Parteichef Udo Voigt in seinem Amt halten, aber mehrere einflussreiche Funktionäre zogen sich aus der Parteispitze zurück. Während die Bundespartei auf strikt neonationalsozialistischem Kurs marschiert – Voigt forderte in seinem Schlusswort nach Medienberichten den »nationalen Sozialismus« –, bangen die Parlamentarier in Sachsen und Mecklenburg-Vorpommern um ihre gut dotierten Posten und propagieren daher eine andere Strategie. Nach außen soll eine bürgerliche Fassade aufgebaut werden bzw. erhalten bleiben, hinter der die menschenfeindliche Ideologie versteckt wird. Die NPD soll als eine ganz normale Partei dargestellt werden. Der Sonderparteitag hat aber einmal mehr demonstriert: Die NPD ist eben keine ganz normale Partei. Delegierte und Funktionäre beleidigen sich gegenseitig auf unterstem Niveau, Journalisten wurden offen bedroht. Die NPD ist eine »Kampftruppe«, eine »Waffe«, wie es Neonazis selbst formulieren. Sie wird durch den Kampf gegen die gemeinsamen Feinde zusammengehalten. Die NPD verfolgt nicht das Ziel, die Interessen bestimmter Gruppen zu artikulieren oder Probleme in der Gesellschaft sinnvoll und konstruktiv zu lösen; sie will Probleme verschärfen, Freiheiten missbrauchen, um diese abzuschaffen. Sie dient der rechtsextremen Bewegung zur Geldbeschaffung und ist der parlamentarische Arm. Das »Label« ist dabei nebensächlich, Neonazis treten auch unter diversen Namen auf. Nicht um Politik zu gestalten, sondern um die völkische Propaganda auf großer Bühne zu verbreiten, um Neonazis in den Fraktionen zu versorgen – und um Strategien gegen demokratische Parteien zu testen und anzuwenden.

Dies wird unter anderem an den Anträgen und Vorschlägen der rechtsextremen Parlamentarier deutlich. Diese orientieren sich fast nie an lokalen Missständen, sondern an der völkischen Ideologie, die stets auf alle kommunalen Probleme heruntergebrochen wird. Ob unerlaubtes Grillen an den Isarauen in München, die Sicherheit in Nahverkehrsbussen im Ruhrgebiet oder Probleme der Fischer auf Rügen: sämtliche Probleme, Gefahren und Bedrohungen kommen demnach stets von außen, ob in Gestalt von türkischen Familien oder polnischen Fischern – die Deutschen müssen sich, so das Weltbild der NPD, gegen die auf sie einprasselnden Attacken und Angriffe wehren. Dieses Weltbild hat paranoide Züge; überall werden Verschwörungen und Feinde gewittert. Sinnvolle Lösungen, die auf einer unvoreingenommenen Analyse basieren, werden so ausgeschlossen. Die NPD gibt auf jede denkbare Frage immer die gleichen (monokausalen) Antworten.

Eine Auseinandersetzung auf sachlicher Ebene ergibt daher zumeist keinen Sinn. Wer wichtige Themen missbraucht, um nur die eigene Ideologie zu verbreiten, hat sich als ernsthafter Verhandlungspartner disqualifiziert. Von den meisten Fachthemen verstehen die NPD-Abgeordneten in der Regel ohnehin wenig bis gar nichts. Nur wenige von ihnen machen sich die Mühe, in die Sachpolitik und Aktenberge einzutauchen. Aus Sicht der NPD erscheint dieses Wissen auch überflüssig, da mit Hilfe der völkischen Propaganda jedes Themenfeld beackert und jedes Problem sofort erklärt werden kann. Das Konzept der Völkischen ist dabei immer dasselbe: Die schicksalhafte Volksgemeinschaft muss verteidigt werden, das Individuum ist dabei nachrangig, störende Personen, Ideen und Einflüsse sollen beseitigt werden. Statt Egalität wird Homogenität angestrebt. Der freie Wille wird als grenzenloser Egoismus gebrandmarkt.

Die NPD wird in den meisten Regionen der Bundesrepublik geächtet, ihre Funktionäre gelten in öffentlichen und verantwortungsvollen Positionen als untragbar. Und sie sind es auch. Die NPD entwirft vollkommen überzeichnete Krisenszenarien, Neonazis ergötzen sich an Bürgerkriegsfantasien. Wie sollen solche Personen verantwortungsvoll für andere Menschen handeln? Es ist daher keine große Herausforderung (mit regionalen Einschränkungen), die NPD auszugrenzen. Wer den Terror und die Massenverbrechen in Nazi-Deutschland verharmlost oder glorifiziert, wer Gewalt (oft als Notwehr deklariert) als politisches Mittel sieht und Gewalttäter in den eigenen Reihen hat, wer gegen Menschen hetzt, der kann kein Diskussionspartner sein. Daher ist es auch legitim, Neonazis von Veranstaltungen auszuschließen. Neben dem Bedrohungsszenario durch die Anwesenheit von Neonazis muss zudem bedacht werden, dass sie jede Gelegenheit dazu nutzen, vom eigentlichen Thema abzulenken und sich selbst als Opfer zu gerieren bzw. ihre völkische Propaganda darzustellen.

Wie soll man mit Rechtsextremen umgehen, wenn man konkret mit ihnen konfrontiert ist? Demokratie bedeutet nicht Beliebigkeit, Toleranz nicht Gleichgültigkeit. Man muss nicht mit Leuten diskutieren, die Andersdenkende – wenn sie denn könnten – in Lager sperren würden. Es muss nicht mit Neonazis und Holocaust-Leugnern erörtert werden, ob der Nationalsozialismus ein sinnvoller Entwurf sei und bei wem die Schuld für den

2. Weltkrieg liegt. Sollten Neonazis dennoch bei öffentlichen Veranstaltungen auftreten, muss stets penibel darauf geachtet werden, dass die Beiträge zum eigentlichen Thema gehören. Weisen Sie darauf hin, dass es den Rechtsextremisten frei steht, eine eigene Veranstaltung abzuhalten. Sprechen Sie die anwesenden Rechtsextremisten höflich, aber bestimmt an – wenn möglich mit Namen. Sollten die Neonazis doch eine Debatte eröffnen können, fragen Sie nach Details zu den aufgestellten Behauptungen: Woher wissen Sie das? Wer genau steuert eine angebliche Verschwörung? Wir funktioniert das praktisch?

Es gilt viel zu kritisieren an der gesellschaftlichen Realität in der Bundesrepublik, die ungerechte Verteilung von Reichtum beispielsweise oder die teilweise misslungene Integration von Zuwanderern. Dieses Problem muss offen und verantwortungsvoll diskutiert werden, denn die Rechtsextremisten benutzen besonders dieses Thema, um die Gegensätze zu verstärken, Intoleranz zu predigen, Gräben aufzureißen. »Gegen Rechts« zu sein, bedeutet also vor allem für etwas zu sein: für Toleranz, Respekt, Menschlichkeit, aber auch Streitlust, Individualität, Unabhängigkeit. Bei allen Aktivitäten »gegen Rechts« muss der Gedanke »für« etwas mitgedacht werden. Was die Neonazis wollen, ist klar. Aber was wollen diejenigen eigentlich, die sich »gegen Rechts« positionieren? Wie soll unsere Stadt aussehen? Welche Probleme müssen dringend gelöst werden? Wie soll der öffentliche Raum gestaltet werden? Kann es für eine Gesellschaft gut sein, wenn öffentliche Räume nur noch zum Konsum dienen, aber bestimmte Gruppen ausgeschlossen werden? Wie soll überhaupt mit Minderheiten umgegangen werden? Bei der Beantwortung dieser und anderer Frage wird es viele sehr unterschiedliche Antworten geben. Das macht nichts. Es gilt, überhaupt eine öffentliche Debatte anzustoßen, die diesen Namen verdient. Das Desinteresse vieler Bürger am Parteigeplänkel in den Nachrichten darf nicht mit Politikverdrossenheit verwechselt werden. Politik bedeutet nicht, darüber zu streiten, ob das Kindergeld ein Jahr früher oder später um zehn Euro erhöht

wird. Politik bedeutet, langfristige Perspektiven und Gesell-
schaftsentwürfe zu entwickeln, ein gerechtes Zusammenleben
aller Menschen zu organisieren.

Da NPD und Neonazis nicht einheitlich auftreten, sondern
die verschiedenen Gesichter ihr Markenzeichen darstellt, gibt
es auch keine einheitliche Gegenstrategie. Eine Differenzierung
nach Aktionsformen und Anlässen ist dringend geboten. Es
bringt zudem nur wenig, alle äußeren Erscheinungsformen des
Rechtsextremismus zu kennen, wenn man nicht die Ideologie
dahinter versteht. Politiker fordern gerne die »inhaltliche Auseinandersetzung« mit dem Rechtsextremismus. Dieses Buch ist
der Versuch, diese inhaltliche Auseinandersetzung zu führen –
indem die völkische Weltanschauung erklärt wird. Durch die
Analyse dieser Ideologie wird es auch einfacher, andere autoritäre oder ausländerfeindliche Einstellungen zu erkennen –
auch bei sich selbst. Solche Einstellungen und Ideen sind weit
verbreitet, Unsicherheit und Angst vor allem, was als fremd
wahrgenommen wird, ist in vielen Regionen eher die Regel als
die Ausnahme. Zudem ertönt gerne der Ruf nach einem starken
Staat. Wenn dieser schon keine soziale Sicherheit mehr bietet,
soll offenbar zumindest die innere Sicherheit und der Status
Quo gewährleistet werden. Rechtsextremisten wollen den Status
Quo allerdings nicht bewahren. Sie wollen das Rad der Geschichte zurückdrehen, nicht bis 1933, sondern viel weiter, in
eine Art »Urgesellschaft«, die sich historisch gar nicht datieren
lässt. Auf jeden Fall vor die Zeit der Aufklärung.

Die Rechtsextremisten haben allerdings auch etwas zu bieten:
ein klares Ziel. In Zeiten, in denen Milliarden von Euro im
Handumdrehen aus öffentlichen Kassen in marode Banken und
die abgewirtschaftete Autoindustrie gepumpt und gleichzeitig
über die weitere Absenkung von Hatz-IV-Sätzen diskutiert wird,
muss sich niemand wundern, wenn Menschen nach (vermeintlich neuen) Lösungen suchen. Die Neonazis präsentieren einfache Antworten auf komplizierte Fragen, viele demokratische
Parteien hören sich hingegen nicht einmal die Fragen an. In Ost-

deutschland geht es nicht darum, die Demokratie zu verteidigen, sie muss erst einmal mit Leben erfüllt werden. Sonntagsreden und kurzfristige Programme helfen gar nichts. Abseits von wirtschaftlichen Interessen bedarf es erheblichen Investitionen in Bildung, Jugendarbeit und Kultur, damit sich eine demokratische Gesellschaft entwickeln kann. Wenn es keine Jugendzentren oder ähnliche Einrichtungen gibt, fällt es der NPD leicht, mit niedrigschwelligen Angeboten Leute zu ködern. Durch den Aufbau eines neuen Straßennetzes und steuerlichen Anreizen für Industriegebiete lässt sich keine demokratische Gesellschaft aus dem Boden stampfen. Öffentliche Mittel für Kultur und Jugendarbeit oder demokratische Programme dürfen nicht nach dem Gießkannenprinzip verteilt werden: Es bedarf einer genauen Analyse vor Ort, welche Instrumente sinnvoll sind. Es ist beispielsweise höchst kontraproduktiv, in einem Dorf mit einer fest organisierten Neonazi-Szene einfach ein Jugendzentrum zu eröffnen, dass von den Rechtsextremisten dann als eine Art Zentrale genutzt werden kann. Eigene Gegenkonzepte sind gefragt, alternative Jugendkulturen brauchen Freiräume – und Schutz vor rechten Schlägern.

Die politische Verwahrlosung in Gestalt des Rechtsextremismus ist ein Ausdruck einer gesellschaftlichen Krise. Es handelt sich nicht um ein Jugendproblem. Um effektive Konzepte gegen Rechtsextremismus und menschenfeindliche Einstellungen weiterzuentwickeln, ist zunächst eine umfangreiche Bestandsaufnahme notwendig. Und um endlich bundesweit die Quantität und Qualität der rechtsextremen Bewegung möglichst realistisch einschätzen zu können, bedarf es dringend einer unanhängigen Beobachtungsstelle. Besetzt mit Experten und Wissenschaftlern, transparent in ihrer Arbeit und langfristig finanziell abgesichert. Denn die engagierte Arbeit von vielen Initiativen oder Journalisten gegen Rechtsextremismus wird von Kritikern und Lokalpolitikern, die die Existenz einer rechtsextremen Szene in ihrem Ort leugnen wollen, gerne durch den Vorwurf abqualifiziert, man übertreibe das Problem, um die eigene Existenz zu sichern. Auch diese Unterstellung ließe sich so entkräften. Es obliegt der Bundesregierung, eine solche unabhängige Beobachtungsstelle einzurichten. Denn wirksame Strategien gegen den Rechtsextremismus basieren auf einer einheitlichen Bestandsaufnahme. Solche Analysen liegen bislang nicht vor; die Zahlen des Verfassungsschutzes sind nur Schätzwerte, die erheblich von anderen Untersuchungen abweichen. Die jährlichen Berichte bestätigen lediglich Trends, die bereits abzusehen waren. Durch die vorherrschende Extremismustheorie wird zudem suggeriert, es gebe Probleme »an den Rändern«. Dass dies Unsinn ist, wird besonders in Sachsen und Mecklenburg-Vorpommern deutlich: Nirgendwo sonst wird die NPD so oft als eine normale, akzeptierte Partei beschrieben. Mit »Rand« hat das alles nichts zu tun. Eine politische Bewegung, die den Nationalsozialismus glorifiziert, Millionen Menschen deportieren will und eine ernstzunehmende Gefahr für die körperliche Unversehrtheit von Menschen darstellt, geht uns alle an. Die NPD ist Symptom des Problems, nicht die Ursache.

Definitionen

Was ist Rechtsextremismus?

Eine allgemein anerkannte Definition von Rechtsextremismus gibt es bis heute nicht – aber Fachleute sind sich weitgehend einig, dass die folgenden Elemente zentral sind für das rechtsextreme Denken und Handeln:

– *Einheitliche, ethnisch sowie kulturell homogene Volksgemeinschaft als gemeinsame Vision*: Rechtsextremismus strebt nach einer ethnisch und kulturell einheitlichen Volksgemeinschaft. Dies geht einher mit der Herabsetzung und Verächtlichmachung von Menschen, die anderen Ethnien oder Kulturen angehören. Ihnen werden pauschal negative Eigenschaften zugeschrieben, und es wird ihnen vorgeworfen, allein durch ihre angebliche oder tatsächliche Andersartigkeit die eigene Volksgemeinschaft zu zersetzen. Das Bild einer einheitlichen Volksgemeinschaft wird meist gewonnen aus dem Rückgriff auf eine frühere, idealisierte Zeit, als die Volksgemeinschaft angeblich noch frei war von äußeren Einflüssen. Im gleichen Zug werden auch klassische konservative Tugenden wie Ordnung, Sauberkeit oder Pflichtbewusstsein propagiert – und zugleich benutzt, um sich von den anderen abzugrenzen, denen diese Tugenden abgesprochen werden.

– *Ablehnung demokratischer Werte*: Rechtsextremismus lehnt die zentralen Errungenschaften des demokratischen Staatswesens ab: die Gewaltenteilung zwischen Regierung, Parlament und Gerichten, das Recht auf Opposition, das Mehrparteiensystem und die Rechenschaftspflicht der Regierenden vor dem Volk. Stattdessen wird ein Kollektiv propagiert, das von starker Hand geführt wird und dem sich der Einzelne bedingungslos unterzuordnen hat.

– *Bereitschaft zur Gewalt*: Rechtsextremismus verherrlicht Eigenschaften wie Kraft, Ausdauer, Härte oder Durchsetzungsvermögen, auch Grausamkeit oder Mitleidslosigkeit – wer stark ist, der hat recht. Gewalt ist für Rechtsextremisten deshalb ein legitimes Mittel zur Durchsetzung politischer Ziele. Rechtsextremisten fühlen sich stets bedroht von äußeren Einflüssen und definieren die eigene Aggressivität auf diese Weise zu Notwehr um.

Warum ist der Begriff »Rasse« falsch?

Rechtsextremisten propagieren die Existenz von »Rassen«, um andere vermeintlich homogene Menschengruppen abzuwerten und auszugrenzen. Der Begriff »Rasse« ist wissenschaftlich nicht haltbar und beruht im Deutschen zumeist auf einer falschen Übersetzung des englischen Begriffs »race«, Ethnie. Dennoch findet sich der Begriff »Rasse« selbst in Gesetzestexten und Antirassismus-Erklärungen. Passender wäre im Deutschen die Bezeichnung »Ethnie«.

UNESCO-Erklärung gegen den »Rasse«-Begriff

Populär»wissenschaftliche« Rassenkonzepte wurden/werden immer wieder laut. Die im Folgenden abgedruckte ›UNESCO-Erklärung‹, die dem Begriff »Rasse« eine klare Absage erteilt und im Vorfeld der UNESCO-Konferenz »Gegen Rassismus, Gewalt und Diskriminierung« am 8. und 9. Juni 1995 in Stadtschlaining entstand, hat daher nichts von ihrer Aktualität und Relevanz verloren. Sie wurde auf einer wissenschaftlichen Arbeitstagung unter der Leitung des Wiener Anthropologen Univ. Prof. Dr. Horst Seidler von den dort anwesenden internationalen Fachleuten einstimmig verabschiedet.

Das Konzept der »Rasse«, das aus der Vergangenheit in das 20. Jahrhundert übernommen wurde, ist völlig obsolet geworden. Dessen ungeachtet ist dieses Konzept dazu benutzt worden, gänzlich unannehmbare Verletzungen der Menschen-

274

rechte zu rechtfertigen. Ein wichtiger Schritt, einem solchen Mißbrauch genetischer Argumente vorzubeugen, besteht darin, das überholte Konzept der »Rasse« durch Vorstellungen und Schlußfolgerungen zu ersetzen, die auf einem gültigen Verständnis genetischer Variation beruhen, das für menschliche Populationen angemessen ist.

»Rassen« des Menschen werden traditionell als genetisch einheitlich, aber untereinander verschieden angesehen. Diese Definition wurde entwickelt, um menschliche Vielfalt zu beschreiben, wie sie beispielsweise mit verschiedenen geographischen Orten verbunden ist. Neue, auf den Methoden der molekularen Genetik und mathematischen Modellen der Populationsgenetik beruhende Fortschritte der modernen Biologie zeigen jedoch, daß diese Definition völlig unangemessen ist. Die neuen wissenschaftlichen Befunde stützen nicht die frühere Auffassung, daß menschliche Populationen in getrennte »Rassen« wie »Afrikaner«, »Eurasier« (einschließlich »eingeborener Amerikaner«), oder irgendeine größere Anzahl von Untergruppen klassifiziert werden könnten. Im einzelnen können zwischen den menschlichen Populationen, einschließlich kleineren Gruppen, genetische Unterschiede festgestellt werden. Diese Unterschiede vergrößern sich im allgemeinen mit der geographischen Entfernung, doch die grundlegende genetische Variation zwischen Populationen ist viel weniger ausgeprägt. Das bedeutet, daß die genetische Diversität beim Menschen gleitend ist und keine größere Diskontinuität zwischen den Populationen anzeigt. Befunde, die diese Schlußfolgerungen stützen, widersprechen der traditionellen Klassifikation in »Rassen« und machen jedes typologische Vorgehen völlig unangemessen. Darüber hinaus hat die Analyse von Genen, die in verschiedenen Versionen (Allelen) auftreten, gezeigt, daß die genetische Variation zwischen den Individuen innerhalb jeder Gruppe groß ist, während im Vergleich dazu die Variation zwischen den Gruppen verhältnismäßig klein ist. Es ist leicht, zwischen Menschen aus verschiedenen Teilen der Erde Unterschiede in der äußeren Erscheinung (Hautfarbe, Morphologie des Körpers und des Gesichts, Pigmentierung etc.) zu erkennen, aber die zugrundeliegende genetische Variation selbst ist viel weniger ausgeprägt. Obwohl es angesichts der auffälligen genetisch determinierten morphologischen Unterschiede paradox erscheint, sind die genetischen Variationen in den zugrundeliegenden physiologischen Eigenschaften und Funktionen sehr gering, wenn Populationsdurchschnitte betrachtet werden. Mit anderen Worten: Die Wahrnehmung von morphologischen Unterschieden kann uns irrtümlicherweise verleiten, von diesen auf wesentliche genetische Unterschiede zu schließen. Befunde deuten darauf hin, daß es im Verlauf der Evolution des modernen Menschen relativ wenig Veränderungen in der genetischen Grundauststattung der Populationen gegeben hat. Die molekularen Analysen von Genen legen außerdem sehr nahe, daß der moderne Mensch sich erst vor kurzer Zeit in die bewohnbaren Gebiete der Erde ausgebreitet hat und in diesem Prozeß während einer relativ kurzen Zeitspanne an sehr unterschiedliche und zuweilen extreme Umweltbedingungen angepaßt worden ist (z. B. an rauhes Klima). Die Notwendigkeit der Anpassung an extreme unterschiedliche Umweltbedingungen hat nur in einer kleineren Untergruppe von Genen, die die Empfindlichkeit gegenüber Umweltfaktoren betrifft, Veränderungen bewirkt. Es ist wert zu erwähnen, daß die Anpassungen als Antort auf Umweltbedingungen größtenteils historisch zu verstehen sind und keine Konsequenzen für das Leben in der modernen Zivilisation haben. Nichtsdestoweniger werden sie von einigen so ausgelegt, als spiegelten sie Unterschiede zwischen Menschengruppen wider, wodurch sie zum Konzept der »Rassen« beitragen. Nach wissenschaftlichem Verständnis ist die Einteilung von Menschen anhand der Verteilung von genetisch determinierten Faktoren daher einseitig und fördert das Hervorbringen endloser Listen von willkürlichen und mißleitenden sozialen Wahrnehmungen und Vorstellungen. Darüber hinaus gibt es keine überzeugenden

Belege für »rassistische« Verschiedenheit hinsichtlich Intelligenz, emotionaler, motivationaler oder anderer psychologischer und das Verhalten betreffender Eigenschaften, die unabhängig von kulturellen Faktoren sind. Es ist allgemein bekannt, daß bestimmte genetisch bedingte Merkmale, die in einer Lebenssituation nützlich sind, in einer anderen nachteilig sein können. Rassismus ist der Glaube, daß menschliche Populationen sich in genetisch bedingten Merkmalen von sozialem Wert unterscheiden, so daß bestimmte Gruppen gegenüber anderen höherwertig oder minderwertig sind. Es gibt keinen überzeugenden wissenschaftlichen Beleg, mit dem dieser Glaube gestützt werden könnte. Mit diesem Dokument wird nachdrücklich erklärt, daß es keinen wissenschaftlich zuverlässigen Weg gibt, die menschliche Vielfalt mit den starren Begriffen »rassischer« Kategorien oder dem traditionellen »Rassen«-Konzept zu charakterisieren.

Es gibt keinen wissenschaftlichen Grund, den Begriff »Rasse« weiterhin zu verwenden.

Übersetzt aus dem Englischen von Prof. Dr. Uwe Karrmann, Carl-von-Ossietzky-Universität Oldenburg.

Rechtsextremisten glauben an eine naturgegebene ethnische und/oder rassische Ungleichwertigkeit der Menschen. Ethnische, kulturelle, geistige und körperliche Unterschiede begründen für sie einen minderen Wert und Rechtsstatus bestimmter Individuen und Gruppen. Der Rechtsextremismus lehnt daher das an den Menschenrechten orientierte Gleichheitsprinzip ab. Menschen seien durch biologische Abstammung kulturell so weit vorgeprägt, dass kein friedliches, gleichberechtigtes Zusammenleben verschiedener Ethnien in einem Staat möglich ist.

In der Politikwissenschaft ist der Begriff »Rechtsextremismus« umstritten, da Elemente dieser Ideologie auch bei anderen Ideologien vorzufinden sind. Daher wird hier unter anderem der Begriff »Gruppenbezogene Menschenfeindlichkeit« benutzt: »Bei diesem Konzept wird die Gleichwertigkeit und Unversehrtheit von spezifischen Gruppen dieser Gesellschaft infrage gestellt; der gemeinsame Kern des Syndroms ist somit die Ideologie der Ungleichwertigkeit.«[*]

Was sind »moderne Nazis«?

Beim modernen Rechtsextremismus wird nicht eindeutig rassistisch argumentiert. Stattdessen beziehen sich die Rechtsextremisten auf die »Eigenarten der Völker«. Dieses Konzept wird »Ethnopluralismus« genannt und ist im Programm der NPD stark vertreten. Statt der Höherwertigkeit der eigenen Nation betont dieses Konzept meist eine Höherwertigkeit der eigenen Kultur und leitet daraus einen Anspruch auf die Vorherrschaft der europäischen Völker ab.

Welche Rolle spielt die NS-Zeit?

Die Rechtsextremisten knüpfen an verschiedene politische und ideologische Ideen des Faschismus und Nationalsozialismus an. Die Übereinstimmung mit der NS-Ideologie zeigt sich an einigen besonderen Merkmalen, die aber nicht von allen Rechtsextremisten gleichermaßen vertreten werden:

- Antisemitismus, heute meist verbunden mit extremer Feindseligkeit gegenüber den Staat Israel
- Geschichtsrevisionismus, der den NS-Staat verharmlost oder gar als Vorbild verherrlicht, seine Verbrechen zumindest relativiert oder gar Holocaustleugnung betreibt
- Gewaltbereitschaft gegen staatliche Institutionen und Minderheiten. Obwohl rechtsextreme Parteien offiziell solche Gewalt ablehnen, dulden sie Neonazis in ihren Reihen oder gehen praktische und politische Zweckbündnisse mit ihnen ein.

---

[*] Weitere Informationen unter: http://npd-blog.info/2009/06/15/extremismustheorie/

– Verherrlichung von militärischer Gewalt und Traditionen des Militarismus, besonders der je eigenen Nation (beispielsweise jährliche »Heldengedenken« für Wehrmacht und Waffen-SS)
– Verachtung und Gewalt nicht nur gegen bestimmte Ausländer und ethnische Minderheiten, sondern auch gegenüber Homosexuellen, Behinderten und ideologischen Gegnern. Diese werden ebenfalls als »Volksfeinde« diffamiert.

Warum ist der Rechtsextremismus eigentlich ein Problem?

In Deutschland muss von einer rechtsextremen Bewegung gesprochen werden. Neben der parlamentarischen Vertretung durch die NPD gibt es verschiedene rechtsextreme Subkulturen und Organisationen, unter anderem für Frauen, Kinder, Jugendliche, Studenten usw. Rechtsextremisten treten bürgerlich auf, um mögliche Sympathisanten nicht zu verschrecken. Rechtsextremisten nutzen die Rechte, die ihnen die demokratische Grundordnung zusichert, um diese Ordnung zu beseitigen.

Auf der anderen Seite arbeiten rechtsextreme Organisationen und Parteien eng mit militanten Neonazis zusammen. Außerdem gibt es eine enorme ausländerfeindliche, rassistische und rechtsextrem motivierte Gewalt in Deutschland. Seit 2001 werden nach offiziellen Angaben – Opferinitiativen gehen von einer hohen Dunkelziffer aus – jährlich etwa 1000 Menschen bei rechtsextrem motivierten Angriffen verletzt, seit 1990 sind in Deutschland mehr als 100 Menschen von Rechtsextremisten getötet worden. Allein im Jahr 2008 gab es offenbar mehrere Todesopfer, vor allem in Ostdeutschland. Aber auch in Hessen wurde ein 13-jähriges Mädchen von einem bundesweit bekannten Neonazi fast totgeprügelt. Die Gewalt leitet sich aus der angeblichen Ungleichwertigkeit von Menschen und dem kriegerischen Weltbild der Rechtsextremisten ab. Die Neonazis wollen ihre Gegner auslöschen, auf Demonstrationen skandieren sie: »Nie wieder Krieg – nach unserem Sieg!«

Längere Ausschnitte aus den Interviews, weiterführende Informationen sowie aktuelle Berichte zum Thema Rechtsextremismus finden Sie auf der Seite NPD-BLOG.INFO

Danksagung

Für Interviews und die Beantwortung – zumindest der meisten – Anfragen bedanke ich mich bei folgenden NPD-Funktionären beziehungsweise Personen aus dem sogenannten »Nationalen Widerstand«:

Andreas Molau, Arne Schimmer, Christian Worch, Frank Schwerdt, Günter Deckert, Jürgen Gansel, Jürgen Rieger, Jürgen Schwab, Klaus Beier, Patrick Wieschke, Peter Marx, Udo Voigt und Wolfgang Frenz.

Für Interviews und die Beantwortung meiner Anfragen bedanke ich mich bei

Andreas Klärner, Erhart Körting, Florian Leuthner, Klaus-Jürgen Bade, Monika Lazar, Niels Annen, Oliver Decker, Sebastian Edathy, Wilhelm Heitmeyer und Wolfgang Gessenharter.

Dank für Unterstützung, Inspiration und/oder Zusammenarbeit geht an:

Albrecht Kolthoff, Alexander Geisler, Alexander Richter, Almuth Knigge, Andrea Röpke, Andreas Speit, Andrej Reisin, Anton Maegerle, Astrid Geisler, Benjamin Schöler, Birgit K., Britta von der Heide, Christian Bangel, Christian Böhme, Christoph Ruf, Dietmar Schiffermüller, Eike Werner, Ernst Piper, Nina Krause, Fanladen St. Pauli, Helge Jannik, Holger Kulick, Jan Oltmanns, Jörg Sadrozinski, Jörn Menge, Kai Budler, Knut Degner, Martin Jander, Margret Chatwin, Miro Jennerjahn, Ole Schulz, Robert Bongen, Robert von Seeve, Sebastian Brux, Stefan aus Berlin, Stefan Schölermann, Susanne Hüttenhain, Sven Bruns, Timo Reinfrank, Volker Steinhoff und Wolfram Warnecke.

Ganz besonderer Dank gebührt den geliebten Menschen um mich herum, die während der Arbeit für dieses Buch leider oft zu kurz gekommen sind.

Patrick Gensing

Aktuelle Themen im dtv

Timothy Garton Ash
Freie Welt
Europa, Amerika und die
Chance der Krise
Übers. v. S. Hornfeck und
H. G. Holl
ISBN 978-3-423-34322-0

Olaf Baale, Werner Bergholz
**Das deutsche Führungs-
problem**
Kompendium der Arbeits-
freude in Staat und Wirtschaft
ISBN 978-3-423-24480-0

Abbau Ost
Lügen, Vorurteile und sozia-
listische Schulden
ISBN 978-3-423-34468-5

Alexander Bahar
Folter im 21. Jahrhundert
Auf dem Weg in ein neues
Mittelalter?
ISBN 978-3-423-24713-9

Benjamin R. Barber
Imperium der Angst
Die USA und die Neuord-
nung der Welt
Übers. v. K. H. Siber
ISBN 978-3-423-34438-8

Christian Berg
Manuel J. Hartung
Welt retten für Einsteiger
30 Gründe für ein gutes
Gewissen
ISBN 978-3-423-24649-1

Wolfgang Blau
Alysa Selene
German Dream
Visionen für Deutschland
ISBN 978-3-423-24646-0

Vincent Bugliosi
**Anklage wegen Mordes
gegen George W. Bush**
Übers. v. H. Dierlamm,
N. Juraschitz, W. Roller
ISBN 978-3-423-24714-6

Colin J. Campbell
Ölwechsel!
Das Ende des Erdölzeitalters
und die Weichenstellung für
die Zukunft
Übers. v. H. Roth
ISBN 978-3-423-34389-3

Jim Collins
Der Weg zu den Besten
Die sieben Management-
Prinzipien für dauerhaften
Unternehmenserfolg
Übers. v. M. Baltes und
F. Böhler
ISBN 978-3-423-34039-7

Joseph Croitoru
Der Märtyrer als Waffe
Die historischen Wurzeln
des Selbstmordattentats
ISBN 978-3-423-34326-8

Bitte besuchen Sie uns im Internet: www.dtv.de

Geschichte des 20. Jahrhunderts

Bitte besuchen Sie uns im Internet: www.dtv.de

Aktuelle Themen im dtv

Irshad Manji
Der Aufbruch
Plädoyer für einen aufge-
klärten Islam
Übers. v. S. Aeckerle
ISBN 978-3-423-34193-6

Paul Nolte
Riskante Moderne
Die Deutschen und der
neue Kapitalismus
ISBN 978-3-423-34440-1

Nikolaus Nützel
**Gesundheitspolitik ohne
Rezept**
Warum Deutschlands
Medizinbetrieb so schwer
zu kurieren ist
ISBN 978-3-423-24614-9

Katrin Rohnstock, Ralf Pasch
**Mein Leben im Schatten
der Blutrache**
Die Geschichte der
Gülnaz Beyaz
ISBN 978-3-423-34480-7

Roberto Saviano
Gomorrha
Reise in das Reich der Camorra
Übers. v. F. Hausmann und
R. Seuß
ISBN 978-3-423-34529-3

Volker Seitz
**Afrika wird armregiert oder
Wie man Afrika wirklich hel-
fen kann**
Mit einem Vorwort von
Rupert Neudeck
ISBN 978-3-423-24735-1

Kurt Seinitz
Vorsicht China!
Wie das Reich der Mitte unser
Leben verändert
ISBN 978-3-423-34466-1

Daniel Friedrich Sturm
Wohin geht die SPD?
ISBN 978-3-423-24709-2

Berndt-Georg Thamm
Der Dschihad in Asien
Die islamistische Gefahr in
Russland und China
ISBN 978-3-423-24652-1

Frederic Vester
Phänomen Streß
Wo liegt sein Ursprung,
warum ist er lebenswichtig,
wodurch ist er entartet?
ISBN 978-3-423-33044-2

Wolf Wagner
Wie Politik funktioniert
ISBN 978-3-423-34163-9

Bitte besuchen Sie uns im Internet: www.dtv.de

Hagen Schulze

Kleine deutsche Geschichte

Aktualisierte und erweiterte Ausgabe

ISBN 978-3-423-34360-2

Wer die Gegenwart verstehen will, muß die Vergangenheit kennen.
Nach den turbulenten Entwicklungen der letzten Jahre mit der
Entstehung eines neuen deutschen Nationalstaats und auch im
Hinblick auf die Zukunft in der EU ist das wichtiger denn je.
Dem Autor ist es gelungen, 2000 Jahre deutscher Geschichte von
den Anfängen bis zur Vereinigung des geteilten Deutschland im
Jahre 1990 zusammenzufassen, in ihren Grundzügen darzustellen
und alle wesentlichen Aspekte prägnant und anschaulich zu
schildern. Gebündelte Information führt so zu solidem Wissen.

»Eine deutsche Geschichte, wie sie das Publikum lange nicht
hatte: knapp, temperamentvoll, modern ...«
Frankfurter Allgemeine Zeitung

»Schulze zeigt einmal mehr, daß große Geschichtsschreibung
nicht unverständlich sein muß.«
Die Welt

»... die großen Linien, die oft zupackende, pointierte und
überdies flüssige Darstellung machen die anregende Lektüre
des Buches für jeden Leser zu einem Gewinn.«
Rheinischer Merkur

Bitte besuchen Sie uns im Internet: www.dtv.de

Lust auf Philosophie

Mit Buddha unterm Sonnenschirm
Ein Lesebuch für Nachdenkliche
Hg. v. Brigitte Hellmann
ISBN 978-3-423-34488-3

Mit Kant am Strand
Ein Lesebuch für Nachdenkliche
Hg. v. Brigitte Hellmann
ISBN 978-3-423-34200-1

Annemarie Pieper
Glückssache
Die Kunst gut zu leben
ISBN 978-3-423-30872-4

Mit Platon unter Palmen
Ein Lesebuch für Nachdenkliche
Hg. v. Brigitte Hellmann
ISBN 978-3-423-34416-6

Hans-Martin Schönherr-Mann
Simone de Beauvoir und das andere Geschlecht
ISBN 978-3-423-24648-4

Der Sinn des Lebens
Hg. v. Christoph Fehige,
Georg Meggle, Ulla Wessels
ISBN 978-3-423-30744-4

George Steiner
Der Meister und seine Schüler
Übers. v. M. Pfeiffer
ISBN 978-3-423-34541-5

Texte zur Ethik
Hg. v. Dieter Birnbacher und Norbert Hoerster
ISBN 978-3-423-30096-4

Wilhelm Weischedel
Die philosophische Hintertreppe
Die großen Philosophen in Alltag und Denken
ISBN 978-3-423-30020-9

Robert Zimmer
Das Philosophenportal
Ein Schlüssel zu den klassischen Werken
ISBN 978-3-423-34118-9

Das neue Philosophenportal
Ein Schlüssel zu klassischen Werken
ISBN 978-3-423-34439-5

Jörg Zittlau
Die philosophische Rolltreppe
Kleines Lexikon der Denker und ihrer universellen Weltweisheiten
ISBN 978-3-423-34291-9

Bitte besuchen Sie uns im Internet: www.dtv.de